연구보고서 2022-11

국채발행 증가의 영향과 정책방향

김미루 편

연구보고서 **2022-11**

국채발행 증가의 영향과 정책방향

연구총괄

김미루 | 한국개발연구원 연구위원

저 자

홍종수 | 한국개발연구원 연구위원

최우진 | 서울시립대학교 교수

연구지원

양숙영 | 한국개발연구원 전문연구원

임경원 | 한국개발연구원 전문연구원

정하경 | 한국개발연구원 연구원

발간사

본 보고서는 코로나19 경제위기 이후 급격히 증가한 국고채 발행량 증가의 영향을 분석하고 국고채 대내외 수요 기반에 대한 연구를 진행한다. 우리나라의 국고채 발행량은 코로나19 대응을 위한 확장적 재정정책의 재원조달 과정에서 큰 폭으로 상승하였다. 국고채발행이 증가하면 국고채 금리(수익률)가 상승한다. 자금시장의 수요는 크게 가계, 기업, 정부, 그리고 대외부문으로 구성된다는 점을 고려할 때 국고채 발행량 증가는 국고채 금리뿐 아니라 가계와 기업이 마주하는 금리의 상승도 야기한다.

이에 따라 국고채 대내외 수요 기반의 중요성이 증대되고 있다. 이와 관련하여 국고채 대내 수요 측면에서 금융시장의 거시건전성 규제가 국고채 수익률에 미치는 영향을 분석한다. 금융건전성 규제는 금융기관과 그로부터 비롯되는 제반 금융시스템의 안정성을 유지하기 위해 도입되었다. 하지만 일부 금융건전성 규제는 시스템 안정성뿐 아니라 국고채 수요에도 직간접적인 영향을 미침으로써 시장금리에도 영향을 미치고 결국 자원의 배분에도 영향을 미칠 수 있다. 본 연구의 결과는 향후 금융건전성 규제 도입이나 기존 거시건전성 규제의 강도를 조정할 때 국고채 수요를 통한 금융시장 파급효과도 고려할 필요가 있음을 시사한다.

마지막으로 국고채 대외 수요 측면에서 대외불확실성이 외국인 자본유출입과 환율에 미치는 영향을 고찰한다. VIX로 대표되는 대외불확실성이 증가하는 경우 외국인 자본은 유출되고 환율은 절하되는 것으로 알려져 있다. 그러나 최근 이러한 변동성이 감소하였음을 확인하였다. 즉 VIX가 증가함에 따라 외국인 자본이 유출되고 환율이 상승(절하)되는 규모가 과거 대비 감소했다. 특히 외국인의 국채 수요가 이러한 변화를 야기한 것으로 사료된다.

본 보고서의 저자들은 연구과정에서 조언과 비판을 아끼지 않은 본원의 동료 연구위원들에게 깊은 감사를 표하고 있다. 또한 보고서를 개선하는 데 기여한 익명의 검토자들과 자료의 수집 및 정리를 위해 수고로움을 아끼지 않은 본원의 정하경 · 임경원 · 양숙영 연구원에게 심심한 감사를 표하고 있다.

마지막으로 본 보고서에 제시된 견해는 집필자 개인의 의견이며, 본원의 공식 견해가 아님을 밝혀 두는 바이다.

2022년 12월

한국개발연구원 원장

조 동 철

목 차

◈ 표 목 차

◈ 그 림 목 차

그림목차

요 약

본 연구는 코로나19 경제위기 이후 급격히 증가한 국고채 발행량 증가의 영향을 분석하고 국고채 대내외 수요 기반에 대한 연구를 진행한다. 우리나라의 국고채 발행량은 코로나19 대응을 위한 확장적 재정정책의 재원 조달 과정에서 큰 폭으로 상승하였다. 국고채발행이 증가하면 국고채 금리(수익률)가 상승한다. 자금시장의 수요는 크게 가계, 기업, 정부, 그리고 대외부문으로 구성된다는 점을 고려할 때 국고채 발행량 증가는 국고채 금리뿐 아니라 가계와 기업이 마주하는 금리의 상승도 야기한다. 한편, 그 방향은 반대이지만, 국고채 발행량 감소에 따른 국고채 수익률 변화의 측면에 국고채 조기상환(buy-back; 바이백)이 있다. 본 연구에서는 거시경제변수를 포함한 동태적 넬슨-시겔 모형(dynamic Nelson-Siegel model with macro factors)을 이용하여 국고채 발행량 증가 및 국고채 바이백에 따른 수익률 곡선의 변화를 추정한다. 실증분석 결과, 국고채발행이 1조원 증가할 때 국고채 수익률은 약 2.5~2.9bp 상승하며, 이러한 현상은 국고채 발행량이 빠르게 증가한 코로나19 이후 더 두드러지고, 국고채 수요 저변이 비교적 부족한 중장기물에서 더욱 크게 나타난다. 한편, 국고채 긴급 바이백(buy-back) 상황을 분석한 결과, 국고채 바이백 규모가 1조원 증가할 때 국고채 수익률은 약 1.9~2.1bp 감소한다. 국고채 바이백에 따른 수익률 감소의 영향도 발행량 증가에 따른 수익률 증가의 영향과 마찬가지로 상대적으로 수요 기반이 적은 중장기물에서 더욱 크게 나타난다.

다음으로 국고채 대내 수요 측면에서, 금융시장의 거시건전성 규제가 국고채 수익률에 미치는 영향을 분석한다. 금융건전성 규제는 금융기관과 그로부터 비롯되는 제반 금융시스템의 안정성을 유지하기 위해 도입되었다. 하지만 일부 금융건전성 규제는 시스템 안정성뿐 아니라 국고채 수요에도 직간접적인 영향을 미침으로써 시장금리에도 영향을 미치고 결국 자원의 배분에도 영향을 미칠 수 있다. 본 연구에서 중점적으로 분석하는 금융건전성 규제는 단기자금시장 안정성 규제인 증권사 콜시장 참여 제한과 은행권 유동성 규제인 LCR(Liquidity Coverage Ratio) 규제이다. 이들은 글로벌 금융위기 이후 각 시장에서 시스템 안정성 확보를 위해 도입되었으며, 다른 한편으로는 국고채 수요에도 영향을 미칠 수 있는 대표적인 금융안정성 규제이다. 본 연구의 분석 결과, 증권사의 콜시장 참여를 자기자본 대비 25% 이하로 제한하고 그 이후 원칙적으로 배제한 결과 증권사의 환매조건부채권매매(Repo)시장 참여가 유의미하게 증가했다. 이에 따라 증권사의 국고채 수요가 증대되었고 그 결과 도합 10.8~12.5bp 내외로 국고채 수익률이 감소한 것으로 분석된다. 한편, LCR 규제가 단계적으로 도입됨에 따라 은행의 국고채 수요도 증가하고, 그 결과 국고채 수익률은 도합 약 6.1~7.3bp 내외로 감소하는 것으로 나타난다. 이러한 결과는 향후 금융건전성 규제 도입이나 기존 거시건전성 규제의 강도를 조정할 때 국고채 수요를 통한 금융시장 파급효과도 고려할 필요가 있음을 시사한다.

마지막으로 국고채 대외 수요 측면에서 대외불확실성이 외국인 자본유출입과 환율에 미치는 영향을 고찰한다. VIX로 대표되는 대외불확실성이 증가하는 경우 외국인 자본은 유출되고 환율은 절하되는 것으로 알려져 있다. 그러나 최근 이러한 변동성이 감소하였음을 확인하였다. 즉, VIX가 증가함에 따라 외국인 자본이 유출되고 환율이 상승(절하)되는 규모가 과거 대비 감소했다. 특히 외국인의 국채 수요가 이러한 변화를 야기한 것으로 사료된다.

제1장

서 론

김 미 루 (한국개발연구원)

코로나19 대응을 위한 확장적 재정정책이 지속됨에 따라, 2020년부터 국고채 발행량이 큰 폭으로 증가하였다. 정부는 2020년에만 총 4차례에 걸쳐 66.8조원 규모의 추경(세출 54.6조원 확대, 세입 12.2조원 감액)을 진행하였다. 이는 결국 국고채 발행 규모 확대와 직결되었다. 글로벌 금융위기 이후부터 코로나19로 인한 경제위기가 본격화된 2020년 이전 기간인 2010~19년 사이의 연평균 국고채 총발행량은 약 95.3조원으로 100조원을 하회한다(그림 1-1 참조). 하지만 2020년 국고채 발행량은 전년(101.7조원) 대비 약 71.6% 상승한 174.5조원을 기록하며 큰 폭으로 증가하였다. 또한 2021년 국고채 발행계획에 따르면, 2020년(174.5조원) 대비 추가로 11.8조원 증가한 186.3조원이 예정되어 있으며, 손실보상제・재난지원금 지급 등의 논의에 따라 예정 발행량을 초과할 가능성이 높은 상황이다. 뿐만 아니라 국가재정운용계획에 따르면, 코로나19 대응으로 확대된 재정적자가 2024년까지도 유사한 수준을 유지함으로써 국고채 발행량 증가세는 이어질 전망이다.

단기적으로 자금 총공급의 탄력성이 낮은 상황에서 국고채발행이 증가하면 민간 채권 발행을 구축하고 동시에 국고채 수익률 및 시장금리 상승을 야기하여 정부의 재원조달비용을 상승시킨다. 국고채발행이 1조원 증가함에 따라 국고채 수익률이 평균적으로 약 1bp 증가한다고 가정하면,

[그림 1-1] 국고채 총발행량 / 국고채 발행잔액 및 GDP 대비 통합채무

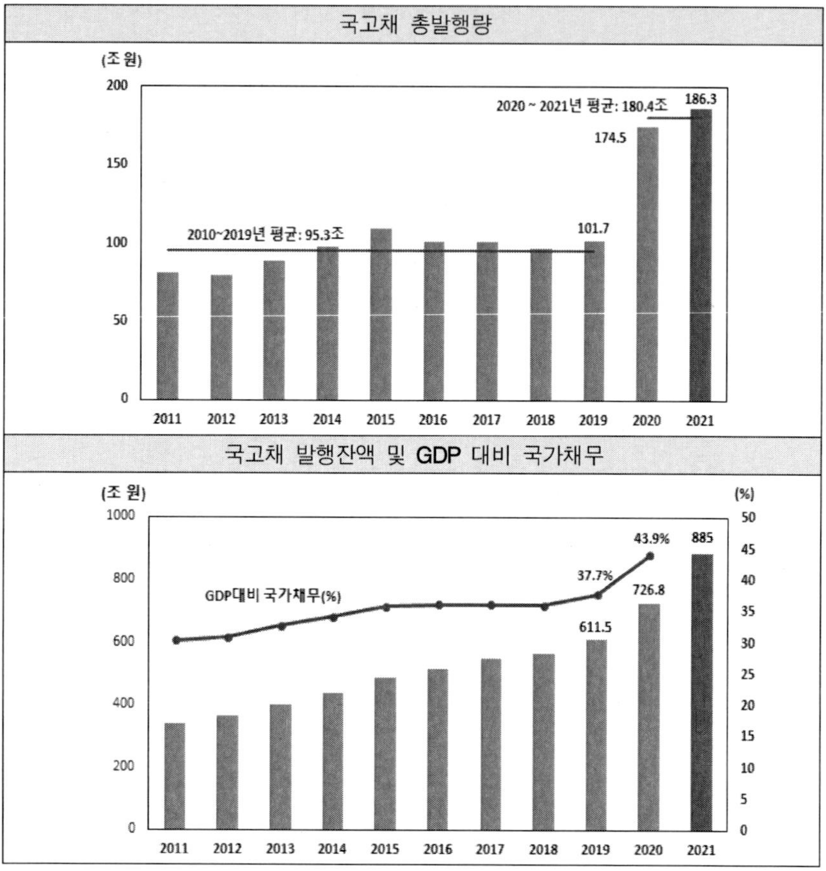

자료: 지표누리 e-나라지표; 국채시장 웹사이트 국고채 종류별 발행액 및 잔액을 참고하여 저자 계산.

2021년 기준으로 2019년 대비 정부의 자금조달비용은 약 1.6조원 증가한다. 또한 국고채 수익률 상승은 시장금리 상승을 야기함으로써 가계 및 기업의 부채 상환 부담을 증가시킨다. 실제로 한국은행이 코로나19에 대응하기 위한 완화적 통화정책을 시행하며 기준금리가 0.5% 수준까지 하향 조정되었음에도 불구하고 2020년 7월~2021년 3월 단기지표금리(COFIX, CD91일물, 은행채 3개월물 등)는 평균 +8.1bp 상승하였다. 그 결과, 한국은행에 따르면, 같은 기간 가계대출 및 기업대출 평균 이자율은

[그림 1-2] 금리 상승 시 국내은행의 대출이자율 및 이자증가액 변화

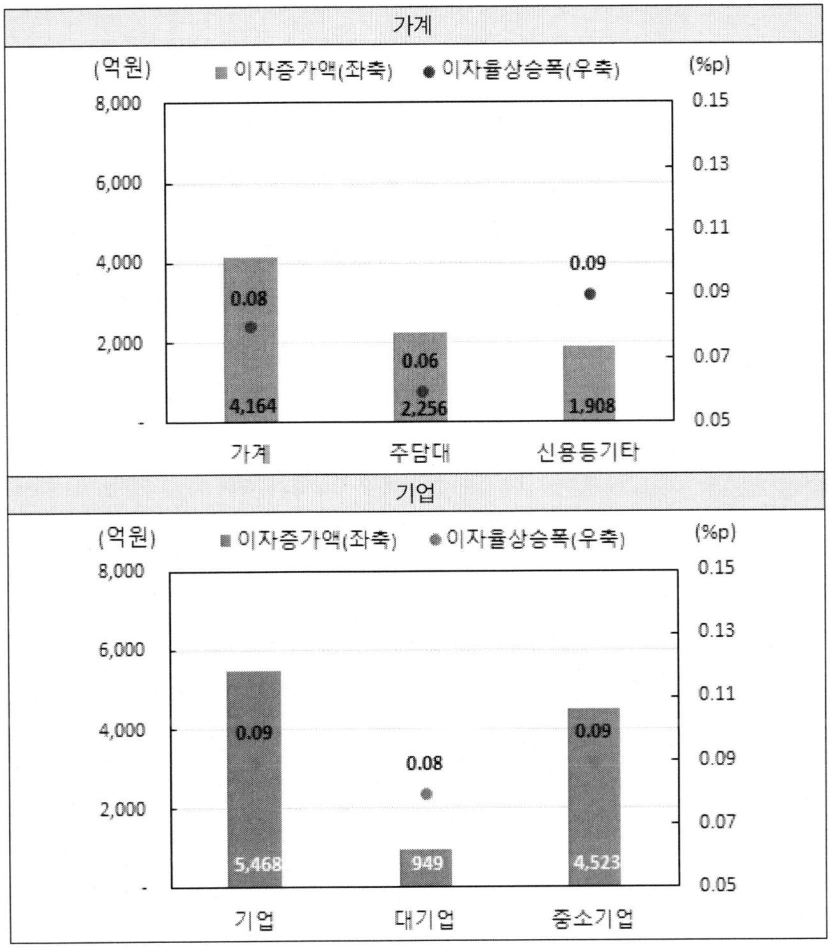

자료: 한국은행, 「금융안정 상황(2021년 3월)」, 보도자료, 2021. 3. 25.

각각 +8bp, +9bp 상승하였으며, 이에 따른 이자 부담 증가액은 각각 약 4,000억원, 5,000억원으로 추산된다(그림 1-2 참조).[1]

이를 좀 더 자세히 살펴보면, 국고채 발행량 증가에 따른 수익률 증가폭은 연물별로 다르게 나타날 수 있다. 이는 연물별 발행량 차이, 연물별

1 한국은행, 『금융안정보고서』, 2021. 3.

수요 기반의 차이, 국고채전문딜러(Primary Dealer)의 리스크 헤징(hedging) 수요 등에 기인한다. 단기금융시장 금리는 주로 정책금리의 영향을 많이 받으나, 중·장기 시장금리는 중·장기 국고채 금리의 영향을 많이 받는다. 또한 예금금리는 단기채의 영향을 많이 받고, 대출금리는 장기채의 영향을 많이 받음에 따라, 장단기 기간 스프레드(term spread)가 확대되면서 은행의 예대마진이 확대될 수 있다. 따라서 국고채 발행량이 증가할 때 평균적인 금리 상승폭을 추정하는 것도 중요하지만 연물별 금리의 변화, 즉 수익률 곡선(yield curve)의 변화를 모두 관측하는 것도 중요하다.

한편, 국고채 발행량 증가는 기업이 발행하는 채권이나 가계·기업의 차입을 구축할 가능성이 높다. 시장에서 자금의 수요가 국채발행 증가 등의 영향으로 빠르게 증가할 때 단기적으로 자금의 공급은 빠르게 증가하지 못하며 가계와 기업의 차입이 구축된다. 이는 현상적으로는 국고채 발행량 증가에 따라 국고채권 금리가 증가하고 이에 따라 가계·기업이 마주하는 금리도 높아지게 되는 것으로 나타난다. 아울러 금리 인상을 통한 구축효과 이외에도 간접적으로 금융기관의 포트폴리오 구성에 영향을 미침으로써 가계·기업 대출 및 투자의 감소로 이어질 수 있다.

이에 따라, 우리나라 국채에 대한 대내·대외 수급 관리가 더욱 중요해지고 있다. 대내 수요의 경우 금융기관 거시건전성 규제 등에 영향을 받을 가능성이 크다. 특히 업권마다 다양한 건전성 규제가 시행되고 있고 그 영향도 매우 제각각임에 반해 관련된 연구는 매우 부족한 실정이다. 보험업계에 대한 거시건전성 강화 규제 수단인 IFRS-17의 도입에 따라 장기 국고채 수요는 증가하고 있다. 또한 비은행 금융기관의 콜시장 참여제한은, 국고채를 주요 담보증권으로 하는, 환매조건부채권매매(Repurchase Agreement: RP) 거래를 확대함으로써 국고채 수요를 증가시켰을 가능성이 있다. 한편, 환매조건부채권매매(Repurchase Agreement: RP) 매도 기관에 대한 현금성자산 보유 강화 규제는 국고채 수요를 감소시킬 수 있다(그림 1-3 참조). 현금성자산 확보가 어려운 금융기관의 RP 매도 유인 저하로 인해 주요 담보증권인 국고채에 대한 수요가 감소할 수 있기 때문이다. 반면, 최소증거금 차등화제도 도입은 국고채 수요를

[그림 1-3] 환매조건부채권매매(Repurchase Agreement: RP)의 연중 거래 규모

RP 연중 거래 규모

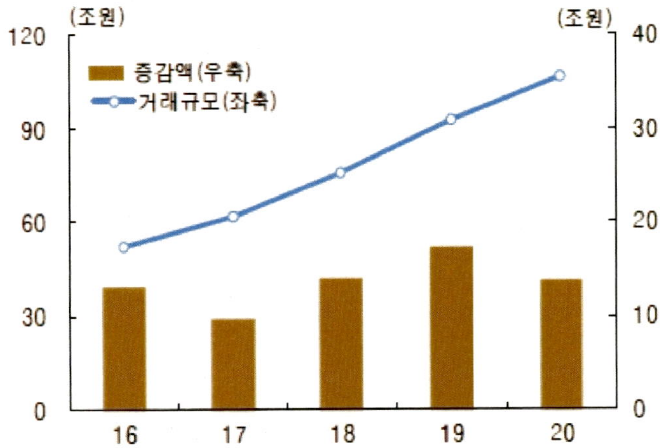

주: 기간 중 일평균 잔액
자료: 한국예탁결제원, 「KSD 청산결제보고서 2020」, 2021 자료를 바탕으로 저자 작성

RP 담보증권별 비중

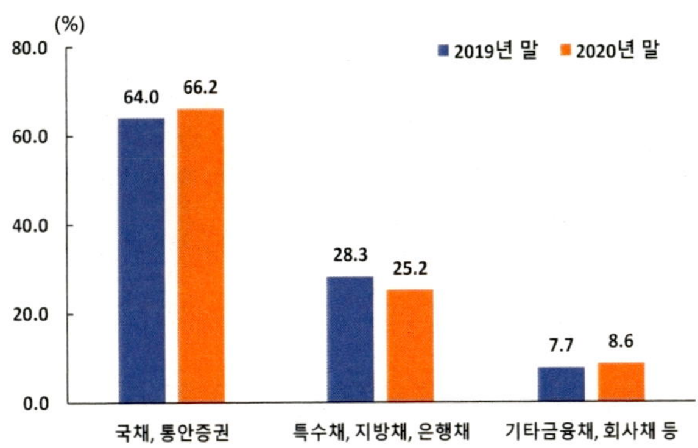

주: 기간 말 담보증권 시가 기준
자료: 한국예탁결제원, 「KSD 청산결제보고서 2020」, 2021 자료를 바탕으로 저자 작성

증가시켰을 가능성이 있다. 국고채 담보 기반 RP 거래의 최소증거금 감소로 인해 담보증권으로서 국고채에 대한 수요는 증가할 수 있다.

아울러 코로나19의 확산에도 불구하고 외국인의 우리 채권 보유가 증

가하는 등 우리 자산에 대한 대외 수요에서 근본적인 변화가 관찰되고 있는 상황이다. 신흥국 및 개발도상국의 경제는 일반적으로 불확실성 증가 등의 대외충격에 따라 대외자본이 이탈하는 특징을 보인다. 그러나 최근 코로나19 보건위기의 글로벌 확산 과정에서는 우리 채권 및 주식에 대한 외국인 투자자들의 투자가 오히려 증가하는 패턴이 관찰되고 있다. 이에 따라 우리 자산이 글로벌 안전자산의 위상에 가까워지고 있다는 주장들이 제기되는 상황이다. 일례로 Hansen and Krogstrup(2019)에서는 최근 한시적인 안전자산과도 같은 대외자본의 채권시장 유입(occasoinal safe-have type flows into Korean bond markets)이 우리 경제의 대외변동성을 줄이고 있다고 평가하고 있다.

이러한 상황하에서 외국인 투자자들의 국내 채권 보유의 결정요인에 대하여 이해하고, 최근 이러한 요인들에 변화가 발생하였는지 고찰할 필요가 있다. 소규모 개방경제하에서 대외 자본이동의 결정요인을 이해함은 거시경제정책(통화정책 및 재정정책)을 운용하는 데 있어 가장 중요한 근간이다. 이에 따라 대외자본의 국내투자 결정요인을 분석하고 이러한 요인들이 우리 경제가 발전하면서 변화를 보이고 있는지에 대하여 분석할 필요가 있다. 특히 본문에서는 국내 상장 채권의 대부분을 차지하고 있는 국고채를 분석함으로써 최근 제기되고 있는 한시적(occasional)인 안전자산(safe asset)의 지위에 대하여 분석하고자 한다.

이에 따라 본 연구는 우리나라 국채시장의 제도적 특성하에서, 최근 국채 발행량 급증이 야기한 제반 문제를 탐구하고, 더욱 중요해진 대내외 국채 수급 문제를 탐구하여 정책적 시사점을 제시하고자 한다. 이에 본 연구는 먼저 최근 국채 발행량 급증에 따르는 영향을 살펴보고 더욱 중요해진 대내외 수요 기반에 대하여 탐구한다. 제2장에서는 국고채발행 증가가 수익률 곡선에 미치는 영향을 살펴보고, 제3장에서는 대내 수요에 영향을 미치는 금융기관 거시건전성 규제에 대해 살펴본다. 다음으로 제4장에서는 최근 더욱 중요해진 국채 대외 수급 문제 및 관련 정책에 대하여 탐구한다.

제2장

국채 발행량 증가가 수익률 곡선에 미치는 영향

김 미 루 · 홍 종 수 (한국개발연구원)

우리나라의 국고채 발행량은 코로나19 대응을 위한 확장적 재정정책의 재원조달 과정에서 큰 폭으로 상승하였다. 국고채발행이 증가하면 국고채 금리(수익률)가 상승한다. 자금시장의 수요는 크게 가계, 기업, 정부, 그리고 대외부문으로 구성된다는 점을 고려할 때 국고채 발행량 증가는 국고채 금리뿐 아니라 가계와 기업이 마주하는 금리의 상승도 야기한다. 한편, 그 방향은 반대이지만, 국고채 발행량 감소에 따른 국고채 수익률 변화의 측면에 국고채 조기상환(buy-back; 바이백)이 있다. 본 연구에서는 거시경제변수를 포함한 동태적 넬슨-시겔 모형(dynamic Nelson-Siegel model with macro factors)을 이용하여 국고채 발행량 증가 및 국고채 바이백에 따른 수익률 곡선의 변화를 추정한다. 실증분석 결과, 국고채발행이 1조원 증가할 때 국고채 수익률은 약 2.5~2.9bp 상승하며, 이러한 현상은 국고채 발행량이 빠르게 증가한 코로나19 이후 더 두드러지고 국고채 수요 저변이 비교적 부족한 중장기물에서 더욱 크게 나타난다. 한편, 국고채 긴급 바이백(buy-back) 상황을 분석한 결과, 국고채 바이백 규모가 1조원 증가할 때 국고채 수익률은 약 1.9~2.1bp 감소한다. 국고채 바이백에 따른 수익률 감소의 영향도 발행량 증가에 따른 수익률 증가의 영향과 마찬가지로 상대적으로 수요 기반이 적은 중장기물에서 더욱 크게 나타난다.

제1절 서론

우리나라의 국고채 발행량은 코로나19 대응을 위한 확장적 재정정책의 재원조달 과정에서 큰 폭으로 상승하였다. 정부는 2019년에는 예상할 수 없었던 코로나19로 인한 경제적 충격에 대응하기 위해 2020년 총 4차례에 걸쳐 66.8조원 규모의 추경을 진행하였으며, 코로나19 장기화 대응 과정에서 2021년에 2차례에 걸쳐 총 49.8조원 규모의 추경을 진행하였다. 이에 따라, 2020년 국고채 발행 규모는 전년(101.7조원) 대비 약 71.6% 상승한 174.5조원을 기록하였으며, 2021년에는 그보다도 규모가 증가한 180.5조원을 발행함으로써 발행량은 더욱 증가하였다.

100조원을 크게 상회하는 국고채 발행량 추세는 2022년에도 지속되고 있다. 정부는 2022년에 국고채를 전년 대비 14.5조원 축소된 166조원을 발행할 것이라 발표하였다.[2] 그러나, 연초 오미크론 대유행에 따른 소상공인 지원을 위해 2022년 1차 추경(16.9조원)을 편성하고 11.3조원의 국채를 추가발행하기로 결정하며 2022년 발행한도를 177.3조원까지 확대하였다.[3]

국고채발행이 증가하면 국고채 금리(수익률)가 상승한다. 이는 자금시장에서, 다른 모든 조건이 동일하게 유지된다면, 자금에 대한 총수요가 증가함으로써 자금에 대한 가격인 금리가 상승하는 자연스러운 현상이다. 자금시장의 수요는 크게 가계, 기업, 정부, 그리고 대외부문으로 구성된다는 점을 고려할 때 국고채 발행량 증가는 국고채 금리뿐 아니라 가계와 기업이 마주하는 금리의 상승도 야기한다. 이는 현상적으로는 대표적 무위험 지표 금리인 국고채 금리의 상승이 여타 시장금리를 상승시키

2 순증발행 규모는 104.7조원(전년비 △15.9조원), 차환발행 규모는 72.6조원(+12.7조원)이며, 순증발행 규모는 「2022년 국고채 발행계획」 수치(93.4조원)에 제1차 추경의 국채추가발행분 수치(11.3조원)를 더한 것이다.

3 2022년 5월에 제2차 추경도 실시되었으나 추가로 국채발행은 하지 않았고 초과세수(53.3조원), 세계잉여금・기금여유자금 등 가용재원(8.1조원), 지출구조조정(7.0조원) 등을 통해 마련되었다(국회예산정책처, 「2022년도 제2회 추가경정예산안 분석」, 2022).

는 형태로 나타난다. 실제로 한국은행(2021. 3)에 따르면, 2020년 7월부터 2021년 3월 사이에 단기지표금리(COFIX, CD91일물, 은행채 3개월물 등)는 평균 8.1bp 상승하였고, 같은 기간 가계대출 및 기업대출 평균 금리는 각각 8bp, 9bp 상승하였다. 그리고 한국은행은 이에 따른 이자부담 증가가 가계대출의 경우 약 4,000억원, 기업대출의 경우 약 5,000억원이 될 것이라 추산했다. 즉, 국고채발행의 증가로 재정정책을 위한 재원의 조달비용이 상승하고 동시에 가계와 기업의 부채상환 부담이 가중된 것이다.

그 방향은 반대이지만, 국고채 발행량 감소에 따른 국고채 수익률 변화의 측면에 국고채 조기상환(buy-back, 바이백)이 있다. 국고채 조기상환은 아직 만기가 도래하지 않은 국고채권을 매입하여 소각하는 것을 의미한다. 일반적인 조기상환의 경우 국고채 만기의 시기별 평탄화를 목적으로 한다. 일시에 대량의 국고채 만기가 도래할 경우 발행량이 일시적으로 급증함으로써 시장금리가 왜곡되는 등의 영향이 존재할 수 있기 때문이다. 일반적인 조기상환의 특징 중 하나는 국고채를 신규 발행한 자금으로 실시하기 때문에 총잔액에는 변동이 없다는 것이다.

반면, 긴급 바이백의 경우 중앙은행의 통화긴축 과정에서 국고채 금리가 급격히 상승하거나 외국 자본 흐름이 급격히 변동하여 채권시장에 변동성이 확대되는 등 국채시장의 변동성이 확대될 때 실시하게 된다. 일례로, 최근 미국 재무부는 국채시장의 변동성 확대 및 유동성 저하 문제가 지속됨에 따라 1~2천억달러 규모의 바이백을 검토하고 있다. 국고채 긴급 바이백을 실시하게 되면 국고채의 잔액이 감소하기 때문에 국고채 발행량이 감소하는 것과 마찬가지의 효과가 나타난다. 이에 따라 정부는 긴급 바이백을 통해 국고채의 유동성을 증진시켜 국고채 금리 하락을 유도하는 효과가 있을 것으로 기대한다.

이처럼 국고채 발행량 증가 혹은 국고채 조기상환 등은 국고채 수익률의 변화를 야기하고, 이를 통해 가계와 기업의 부채상환 부담의 변화를 야기할 수 있다. 따라서 국고채 발행량 증가의 영향을 정확히 파악하고 적정 긴급 바이백 규모를 결정하기 위해서는 이들이 국고채 수익률에 어떠한 영향을 미치는지 명확히 분석할 필요가 있다.

특히 국고채 발행량 증가(혹은 바이백 규모 증가)에 따른 수익률 증가(혹은 감소)폭은 국고채 만기별로 다르게 나타날 수 있다. 국고채 수익률 곡선은 국고채 금리와 만기의 함수관계를 의미한다. 일반적으로 국고채 수익률은 기대기준금리 경로(expected short-term rate)와 기간프리미엄(term premium)의 합으로 구성되는데, 기간프리미엄은 다시 물가상승 위험 프리미엄(inflation risk premium)과 유동성 프리미엄(liquidity premium/real term premium)으로 분해될 수 있다. 국고채 발행량 증가를 통한 재정지출 확대는 물가상승 가능성을 높이므로 이에 대한 중앙은행의 향후 대응을 기대하여 기대기준금리 경로가 상승할 수 있다. 또한 물가상승 위험 프리미엄도 상승하고 국고채 물량 증가에 따른 유동성 프리미엄도 증가하여 기간프리미엄이 상승할 수 있다. 이때 기대기준금리 경로의 상승은 주로 단기물 위주로 국고채 금리 상승을 야기하고 인플레이션 위험 프리미엄과 유동성 프리미엄의 경우 연물별 상황에 따라 다르게 나타날 수 있다. 이에 따라 국고채 발행량 증가는 수익률 곡선의 수준(level)뿐 아니라 기울기(slope)와 곡률(curvature)의 변화도 야기한다.

가계와 기업 모두 국고채 수익률 곡선의 변화에 영향을 받는다. 일반적으로 예금금리는 단기채의 영향을 많이 받고, 대출금리는 중기채의 영향을 많이 받는다. 이에 따라 장단기 금리차(기간 스프레드)가 확대되면 금융소비자의 부담이 확대될 수 있다. 한편, IFRS-17와 K-ICS 등의 도입이 예정됨에 따라 보험사의 경우 2017년 이후 장기 국채 매입을 지속해 왔는데, 장기채 금리 변화에 따른 장기채권 가격의 변화는 보험사의 대차대조표에도 큰 영향을 미칠 수 있다.[4,5]

---

4 IFRS-17이 도입되면 보험사가 가진 부채에 대한 평가방식이 원가에서 시가로 바뀐다. 현행 제도에서는 자산만 시가평가 대상이며 자산 듀레이션에 따라서만 자본이 변동된다. 반면, IFRS-17하에서는 부채가 시가평가 대상이 되어 자산-부채 듀레이션에 따라 자본 변동성이 결정된다. 일반적으로 보험사는 장기 투자를 주로 하는 만큼 자산보다 부채듀레이션이 길기 때문에 IFRS-17 시행 시 자본변동성 확대 위험에 노출된다. 이에 따라 자산-부채 듀레이션 갭을 줄이기 위해 장기 국채와 같은 장기 자산 수요가 증가하게 된다.

5 IFRS-17의 도입으로 보험부채가 시가평가로 대체될 것임에 따라 보험회사의 재무건전성 지표도 자산·부채의 현재가치 평가 기준의 K-ICS로 대체될 예정이다(금융위원회, 「보험 자본건전성 선진화 추진단 9차 회의 개최」, 보도자료, 2022. 2. 24).

따라서 본 연구에서는 거시경제변수를 포함한 동태적 넬슨-시겔 모형(dynamic Nelson-Siegel model with macro factors)을 이용하여 국고채 발행량 증가 및 국고채 바이백에 따른 수익률 곡선의 변화를 추정한다. 국고채 발행량 및 국고채 바이백 규모 증가가 수익률 곡선에 미치는 영향을 정확히 추정하기 위해서는 국고채 수요에 미치는 다양한 요인들이 통제되어야 한다. 이를 위해 본 연구에서는 국고채 수요에 영향을 미치는 제반 거시경제변수를 통제하고 추가로 국고채발행을 위한 경매 시 PD 및 PPD가 응찰한 금액을 통제함으로써 수요에 의한 국고채 수익률의 변화를 제한한다. 이를 통해 국고채발행에 따른 수익률 곡선 전체의 변화를 파악한다.

본 장의 구성은 다음과 같다. 제2절에서는 거시경제변수를 고려한 수익률 곡선 연구 동향에 대해 살펴본다. 제3절에서는 국고채 발행시장 현황 및 바이백 현황 등을 살펴본다. 제4절에서는 본 연구에서 국고채 발행량 증가에 따른 수익률 곡선의 변화를 추정하기 위한 분석 모형과 추정 방법을 소개하고, 제5절에서는 본 연구의 실증분석에 사용하는 자료에 대해 서술한다. 제6절에서는 실증분석 결과를 소개하고, 마지막으로 제7절에서는 결론과 함께 보고서를 마무리한다.

제2절 기존 연구 및 문헌

본 절에서는 본 연구와 관련된 주요 선행연구를 살펴본다. 본 연구와 관련된 선행연구로는 크게 보아 거시경제변수를 반영한 수익률 곡선에 관한 연구와 국채 발행 또는 매입량이 국채 금리에 미치는 영향을 분석한 연구가 있다.

수익률 곡선에 관한 해외 선행연구를 살펴보면 Ang and Piazzesi(2003)은 최초로 선형기간구조(affine term structure)모형에 거시경제변수를 반영한 수익률 곡선 연구를 수행하였다. 그러나 수익률 곡선이 거시경제변수에 미치는 영향을 배제하고 모형을 설계한 점이 한계로 지적된다. 이에 따라,

후속연구인 Ang *et al.*(2006)에서는 이러한 한계를 보완한 선형기간구조모형 설정을 통해 수익률 곡선의 거시경제 예측력을 연구하였다. 그러나 선형기간구조모형은 무재정차익 조건 반영에는 이점이 있으나, 예측력이 낮고 전역최적화 계수를 찾기 어렵다는 문제가 내재한다(Duffie, 2002). 이를 해결하기 위해 Diebold *et al.*(2006)은 Nelson-Siegel(1987)을 기반으로 동태적 Nelson-Siegel 모형인 DNS 모형을 고안하였다. 동 모형에는 미국의 정책금리, 물가상승률, 제조업자본가동률이 거시경제변수로 반영된다. DNS 모형은 확장이 용이하고 추정이 쉽다는 측면 외에도 표본 내 적합도가 높고 표본 외 예측성 또한 우수하다는 점에서 수익률 곡선 추정에 광범위하게 사용되고 있다.

우리나라의 선행연구로 강동익・이환웅・강규호(2021)는 MF-DNS 모형을 기반으로 국채발행의 효과 분석을 통해 개인투자용 국채상품 도입 방안에 대한 연구를 진행하였다. 윤재호(2011)는 DNS 모형을 기반으로 다양한 거시경제변수를 고려한 SVAR(Structural VAR) 모형을 추정하고 이로써 우리나라 거시・금융기간구조모형을 분석하였다. 실증분석 결과, 거시경제변수(경기동행지수・CPI・콜금리・환율)를 고려한 해당 모형이 단순히 국고채 수익률만을 고려한 모형에 비해 추정 결과가 우수함이 입증되었다. 강규호・오형석(2015)은 미국의 장기금리를 고려한 선형기간구조모형을 이용하여 2008년 12월 우리나라의 수익률 곡선에 구조적 변화가 있음을 주장한다. 또한 해당 구조변화 이후 미국 장기금리가 한국 장기금리에 미치는 영향력이 확대된 것으로 나타났다. 또한 정현석・강규호(2017)는 미국의 장단기 금리를 반영한 DNS 모형을 이용하여 우리나라 수익률 곡선의 동태성을 변동성의 고저(高低) 수준으로 구분하였다. 분석 결과, 변동성이 높으면 미국 장기금리가 한국 장기금리에 미치는 영향이 큰 것으로 나타났다. 반면, 미국 단기금리는 우리나라 수익률 곡선에 유의한 영향을 미치지 못하는 것으로 밝혀졌다. 한편, 구병수(2020)는 그동안의 선행연구가 수익률 곡선 추정모형에 포함하는 거시경제변수가 다르다는 점에 착안하여 모형 불확실성을 보완하기 위해 DNS 모형에 베이지안 변수선택을 적용했다.

한편, 다수의 선행연구가 기존 수익률 곡선의 추정에서 논의를 확장시켜 시장기대와 기간프리미엄으로 양분하고 정책적 시사점을 제안하였다. Kim and Wright(2005)는 무재정차익 기간구조모형을 이용하여 美국채 수익률의 기간프리미엄을 연구하였다. Li and Wei(2013), Wu(2014)는 기간프리미엄 경로를 분석하여 연준의 대규모 국채 매입(Large Scale Asset Purchases) 프로그램은 기간프리미엄을 낮춤으로써 장기금리 하락에 효과적이었음을 밝혀냈다. 또한 윤재호(2011)와 강규호·오형석(2015)은 국고채 수익률을 시장기대와 기간프리미엄으로 양분하여 단기금리는 시장기대에 영향 받으나 장기금리는 기간프리미엄에 의해 형성된다는 것을 입증했다.

한편, 국채 매입이 국채 금리에 미치는 영향에 관한 다수의 선행연구가 존재한다. 특히 글로벌 금융위기 이후, 양적완화 정책이 시행됨에 따라, 국채 매입이 국채 수익률에 미치는 영향에 대한 연구가 활발하게 진행되었다. <표 2-1>은 양적완화가 국채 수익률에 미치는 효과에 대한 선행연구를 국가별로 보여주고 있다.

<표 2-1>에 있는 연구는 크게 세 종류로 구분할 수 있다. 첫 번째는 양적완화 시행 발표가 국채금리 스프레드에 미치는 효과를 분석한 연구이다. Krishnamurthy and Vissing-Jorgensen(2011)은 2008년에서 2009년에 실시된 1차 양적완화와 2010년에서 2011년에 실시된 2차 양적완화가 국채, 모기지유동화증권(MBS), 회사채 등의 수익률에 미치는 영향을 추정하였다. Krishnamurthy and Vissing-Jorgensen(2011)에 따르면, 중앙은행의 채권 매입에 따라 국채 금리가 약 91bp 유의미하게 감소한다.

두 번째는 양적완화가 기대기준금리 경로와 기간프리미엄 각각에 미치는 영향에 관해 추정하는 연구이다. Christensen and Rudebusch(2012)는 양적완화의 시행이 단기금리에 대한 시장 기대를 감소시키며, 기간프리미엄에 대한 양적완화의 효과는 작은 편이지만 장기적으로 양적완화의 효과는 작지 않다고 주장한다. Bauer and Rudebusch(2011)는 정부 차원의 대량 채권 매입에는 시그널링 효과가 있어 기대단기금리를 낮추는 데 영향을 미친다고 주장한다.

<표 2-1> 양적완화 매입이 10년물 국채 수익률에 미치는 영향에 관한 선행연구 (양적완화 매입액을 GDP의 10%로 정규화)

연구	샘플기간	방법론	수익률 감소 (bp)
미국			
Greenwood and Vayanos(2008)[1]	1952~2005	Time series	82
Gagnon, Raskin, Remache, and Sack(2011)	2008~2009	Event study	78
	1985~2007	Time series TP only	44
Krishnamurthy and Vissing-Jorgensen(2011)	2008~2009	Event study	91
	2010~2011	Event study	47
Hamilton and Wu(2012)	1990~2007	Affine model	47
Swanson(2011)	1961	Event study	88
D'Amico and King(2013)	2009~2010	Micro event study	240
D'Amico, English, Lopez-alido, and Nelson(2012)	2002~2008	Weekly time series	165
Li and Wei(2012)	1994~2007	Affine model of TP only	57
Rosa(2012)	2008~2010	Event study	42
Neely(2012)	2008~2009	Event study	84
Bauer and Neely(2012)	2008~2009	Event study	80
Bauer and Rudebusch(2011)[2]	2008~2009	Event study TP only	44
Christensen and Rudebusch(2012)[2]	2008~2009	Event study TP only	26
Chadha, Turner, and Zampolli(2013)	1990~2008	Time series TP only	117*
Swanson(2015)[2]	2009~2015	Yield curve TP only	40
Christensen and Rudebusch(2016)[2]	2008~2009	Event study TP only	15
영국			
Joyce, Lasaosa, Stevens, and Tong(2011)	2009	Event study	78
	1991~2007	Time series	51
Christensen and Rudebusch(2012)[2]	2009~2011	Event study TP only	34
Churm, Joyce, Kapetanios, and Theodoris(2015)	2011~2012	International comparison	42
일본			
Fukunaga, Kato, and Koeda(2015)	1992~2014	Time series TP only	24
	2013~2014	Event study	17
유로존			
Middeldorp(2015)[3]	2013~2015	Event study	45~132
Altavilla, Carboni, and Motto(2015)[4]	2014~2015	Event study	44
Middeldorp and Wood(2016)[3]	2015	Event study	41~104
스웨덴			
De Rezende, Kjellberg, and Tysklind(2015)	2015	Event study	68

주: 1) Greenwood and Vayanos(2008)는 국채시장의 규모에 비례하여 효과를 추정하였음. 이때 수익률 추정치는 GDP 대비 국채의 부채비율을 기준으로 함.
2) 수익률 추정치는 포트폴리오 효과만을 고려하였으며, 이는 Signaling 효과와 포트폴리오 효과의 차이를 더욱 명확하게 함.
3) 작은 값은 독일 채권에 대한 수익률 추정치이며, 큰 값은 이탈리아 채권에 대한 수익률 추정치를 의미함.
4) 유로존 채권 평균에 대한 수익률 추정치를 의미함.
5) 1%p는 100 basis 포인트로 구성됨.
6) 대부분의 연구는 다양한 추정치를 제시하고 있으며, 위 표는 연구에서 선호하는 특정 추정치가 있는 경우 이를 표시함; 만약 특정 추정치가 없는 경우 범위의 중간값을 의미함.
7) Event Study의 경우 국채뿐만 아니라 모든 장기 채권을 고려하여 normalize되었으며, 정규화는 event 마지막 해의 GDP를 기반으로 추정되었음.
8) Non-Event study 연구 중 일부는 비정부 채권 매입을 포함하는 경우도 있음.
9) "TP Only" 연구는 채권수익률의 기간프리미엄 구성요소를 추정하는 연구를 의미함.

자료: Joseph E. Gagnon, "Quantitative Easing: An underappreciated success, Peterson Institute for International Economics," *Policy Brief*, PB16-4, 2016.

세 번째는 양적완화가 장기채권의 기간프리미엄에 미치는 영향에 관한 연구이다. Chadha, Turner, and Zampolli(2013)는 양적완화가 미국의 장기채권 금리에 미치는 영향을 기간프리미엄에 초점을 두어 실증분석하였으며, 중앙은행의 채권 매입은 시장수요에 변화를 주어 채권의 거래량과 만기에 영향을 미치므로 장기채권의 금리를 감소시킨다고 주장한다.

제3절 국채시장 현황

1. 발행 현황

국채는 크게 국고채권, 외화표시 외국환평형기금채권(외평채), 국민주택채권, 재정증권 등의 4종류로 분류된다. 외평채는 외국환평형기금[6]을 조성하기 위해 발행된다. 한편, 국민주택기금의 재원으로 사용되는 국민주택채권은 부동산 거래 후 등기 과정에서 의무매입 형태로 발행된다. 재정증권은 정부의 일시적인 재정부족자금을 조달하기 위해 발행하는 채권이며 회계연도 말까지 상환해야 하는 특징이 있다. 마지막으로 본 연구에서 다루는 국고채권은 정부가 재정정책을 수행하기 위해 필요한 자금을 조달하기 위한 채권으로 공공자금관리기금의 부담으로 발행한다.

국고채는 만기에 따라 2, 3, 5, 10, 20, 30, 50년물의 고정금리부 채권이 존재하고 원금이 물가에 따라 변동하는 10년 만기 물가연동국고채권이 존재한다. 2015~21년의 분석기간 동안 우리나라 국고채 잔액 및 발행 추이를 살펴보면 다음과 같다. 우선, [그림 2-1]에서 볼 수 있듯이 2020년과 2021년의 국고채 잔액 및 발행량 규모는 기존 대비 큰 폭 증가한 것으로 확인된다. 국고채 잔액의 전년 대비 증가폭은 2015~19년 기간 동안 최소 20.3조원, 최대 46.8조원을 기록했으나, 2020년과 2021년에는 각각 전년 대비 115.3조원, 116.9조원으로 급격한 양적 성장을 이루었다(연도 말 잔액

6 외국환평형기금은 외환보유액을 마련하기 위한 수단 중 하나이며, 이를 통하여 정부는 외환시장에 개입하여 외화자금의 수급불균형을 조정한다.

[그림 2-1] 2015~21년 국고채 월별 잔액·발행 추이

(단위: 조원)

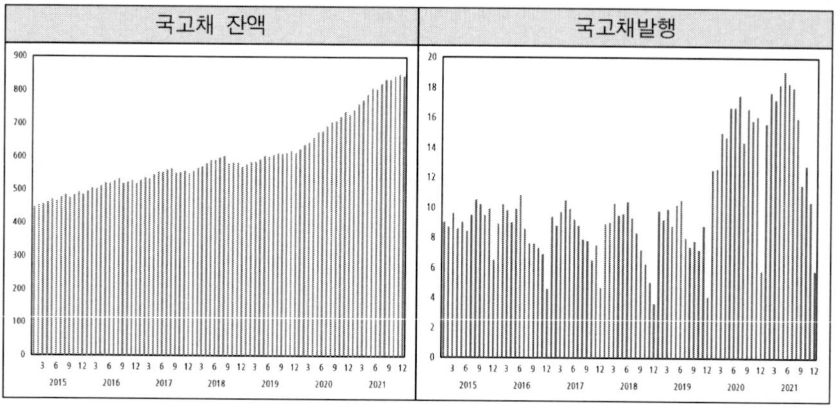

자료: 기재부 국채시장 웹사이트.

기준). 그 결과, 2020년 말과 2021년 말 국고채 잔액은 각각 726.8조원, 843.7조원을 기록했다.

[그림 2-1]의 국고채발행 월별 추이를 통해서도 코로나19 발생을 기점으로 월별 발행량이 큰 폭 증가했음을 볼 수 있다. 구체적으로 2019년 월평균 발행량은 8.5조원이었으나 2020년과 2021년의 동 수치는 각각 14.5조원, 15.1조원을 기록했다. 참고로 [그림 2-1]의 국고채발행 월별 그래프를 보면 대체로 상반기에 발행물량이 하반기 대비 더 많이 분포되어 있는데, 이는 월별 균등발행 기조를 유지하되 재정 조기집행을 지원하기 위한 목적으로 보인다.[7]

발행 규모 추이를 연간으로 살펴보면, 2015년부터 2019년까지 매해 100조원 내외로 발행되다가 2020년에 174.5조원, 2021년에 180.5조원 발행됨으로써 기존 수준 대비 약 70~80% 이상 급격히 증가했다. 즉, 코로나19로 인한 경제충격이 본격화된 2020년도부터 국고채 발행 규모가 큰

---

7 다만, 2015년에는 하반기 추가편성으로 인해 하반기 발행물량이 상반기 발행물량을 소폭 상회한다(기획재정부, 『국채 2016』, 2017). 한편, 매년 12월의 발행량이 현저히 적은 이유는 Book closing 등 시장 수급 여건을 감안하여 발행물량을 탄력적 조정하기 때문으로 보인다(기획재정부, 「2022년 국고채 발행계획」, 2021. 12. 24).

[그림 2-2] 2015~2021년 국고채 만기물별 발행 비중

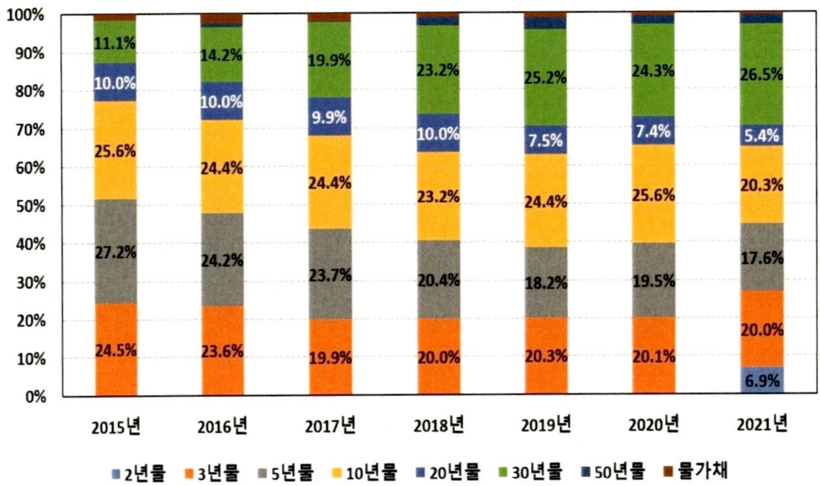

자료: 기재부 국채시장 웹사이트.

폭 상승한다. 2020년에는 확장적 재정정책을 수행하기 위해 우리 정부는 총 4차례에 걸쳐 66.8조원 규모의 추경을 진행하게 된다. 그 결과, 2020년 총 국고채 발행량은 앞서 서술한 대로 2019년(101.7조원) 대비 72.8조원(71.6%) 상승한 174.5조원을 기록하였다. 2021년에도 적극적 재정대응이 지속됨에 따라 2020년(174.5조원) 대비 6조원(3.4%) 상승한 180.5조원을 기록하였다.

국고채 잔액과 발행 추이를 종합 정리하면, 정부는 코로나19 위기 극복과정에서 국채시장을 통해 재정자금을 안정적으로 조달했으며, 국채시장이 국가경제 회복을 위한 뒷받침 역할을 했다고 해석된다. 아울러, 팬데믹으로 글로벌 금융시장의 변동성이 크게 확대되는 등 어려운 대내외 여건에서도 우리나라 국채시장이 한층 더 성장했다고 평가된다.

다음으로 [그림 2-2]와 관련하여 만기물별 국고채발행의 주요 특징을 살펴보겠다. 첫째, 새로운 만기물 신규 발행이 있다. 2016년에는 장기 재정소요에 선제적으로 대응하고 재정자금을 안정적으로 운용하기 위해 50년 만기 국고채가 신규 도입되었다. 다음으로 2021년에는 2년 만기 국고채의 신규 발행으로 국고채 연물의 다양화가 두드러진다.

둘째, 대표적 장기물인 30년물의 연간 발행 비중이 2015년(11.1%) 대비 2021년(26.5%)에 +15.4%p 크게 증가한 점이 눈에 띈다. 또한 해당 비중은 분석기간 동안 2020년을 제외하고 전년 대비 지속적 증가 추세를 보인다. 이는 보험사 등 장기투자기관의 견조한 투자수요[8]에 부응하기 위한 노력에 기인하며, 중장기 재정자금을 안정적으로 조달하기 위한 노력으로 보인다. 특히 2021년에 2년물이 연간 국고채 발행 규모에서 6.9%의 비중을 차지하고(그림 2-2 참조) 다른 만기물의 연간 발행 비중은 전년 대비 소폭 감소 혹은 유지되었으나,[9] 예외적으로 30년물의 2021년 연간 발행 비중은 전년 대비 +2.2%p 증가한 점이 특징으로 보인다. 이에 따라, 2021년 기준 국고채 평균 잔존만기는 11.66년으로[10] 코로나19 발생 이전과 동일하게 잔존만기 확대 기조를 유지했다. 이로써, 차환위험이 지속적으로 감소하여 국가채무 관리에 도움이 된다고 볼 수 있다. 한편, 장기물 발행 확대 기조로 인해 분석기간 동안 단기물 발행 비중은 자연스럽게 감소하였다.

한편, 외국인의 중장기 보유성향 비중이 70%를 상회[11]한다는 점에서 외국인의 국채 매수세 유입이 분석기간의 장기물 확대 발행 기조에 도움이 되었다고 판단된다.

2. 바이백 현황

본 항에서는 국고채 바이백(buy-back, 조기상환) 현황에 대해 살펴본다. 바이백은 정부가 만기도래 이전 국고채를 매입하여 소각하는 행위이며,

---

8 보험사는 IFRS17 개편과 금리 측면에서의 이점 등으로 장기물 수요를 안정적으로 지속했다.

9 특히 10년물의 발행 비중이 '2020년: 25.60% → 2021년: 20.3%'로 가장 큰 폭 감소(△5.3%p)하였다(그림 2-2 참조).

10 참고로 국고채 평균잔존만기는 2015년 7.62년에서 매해 지속적으로 증가하였다(기획재정부, 『국채 2021』, 2022).

11 기재부의 2022년 국고채 발행계획과 2020년 발행계획을 토대로 정리. 중장기 보유성향 투자자는 중앙은행, 국부펀드 등 공공부문 투자자를 의미. '15년: 59.2% → '16년: 70.6% → '17년: 72.1% → '18년: 73.4% → '19년: 71.5% → '20년 11월: 73.6%.

[그림 2-3] 2015~21년 국고채 바이백 규모

(단위: 조원)

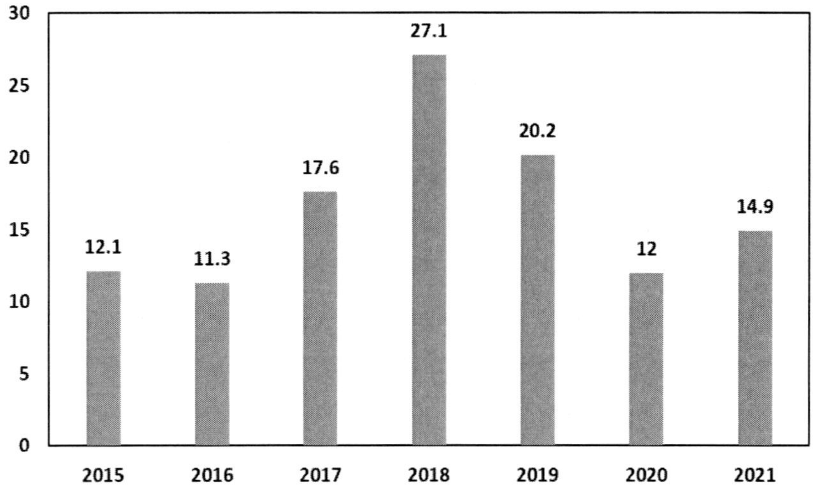

자료: 기획재정부, 『국채 2021』, 2022.

매입 재원에 따라 두 가지로 구분된다. 첫째, 통상적인 바이백은 국고채를 신규 발행하여 조달한 자금으로 기존 국고채를 매입(차환발행)하는 방식이다. 따라서 동 방식은 국고채 잔액에 변동이 없다. 둘째, 초과 세수 등 정부 여유 재원을 활용하여 국고채를 매입하는 방식이 있다. 이는 그만큼 국고채 잔액의 감소가 이루어지며, 국고채 순상환이라 한다.

바이백의 주요한 목적은 국고채 만기의 평탄화이다. 국고채 만기가 단기간 내 집중 도래하여 이를 차환하기 위해 일시적으로 국고채발행을 크게 확대하는 경우 시장금리 급등 등 시장 왜곡이 초래된다. 따라서 바이백을 통해 국고채 만기를 분산시키면 시장금리가 급등하여 재정부담이 일시에 가중되는 차환위험을 감소시킬 수 있다.[12]

한편, 2020년 10월 정부는 긴급바이백 제도를 신설하였다. 동 제도는 국채시장의 역량 강화를 통해 대내외 충격에 효율적으로 대응하기 위한 목적이다. 실제로 2021년 8월과 11월 통화정책 정상화에 따른 변동성 확

---

12 바이백에 대한 설명은 기획재정부, 『국채 2021』, 2022를 토대로 서술하였다.

대와 금리 급등에 대응하기 위해 시행되었다(아래 ④, ⑤사례 참조).

2015년부터 2021년까지의 분석기간 동안 바이백은 [그림 2-3]과 같은 규모로 진행되었다. 바이백 계획(일시・규모)은 기재부 월별 국고채 발행계획 보도자료를 통해 시장참여자에게 사전에 공시하고 있다. 그러나 예상치 못한(unexpected) 바이백 실시 또는 규모 확대도 이루어지고 있다. 본 연구에서 사용된 예상치 못한 바이백 사례는 총 6개이며, 이를 정리하면 다음과 같다.

① 2017년 10월 25일경 바이백 규모의 예상치 못한 증액(계획: 1조원 → 실시: 1.6조원)이 있었다. 당해 9월 21일 발표된 '10월 국고채 발행계획' 관련 보도자료에 따르면, 10월 국고채 매입은 9월 27일(1.5조원), 10월 18일(1조원), 10월 25일(1조원) 세 차례가 예정되었다. 즉, 25일 1조원 매입계획이 사전에 공시되었으나, 당일 실제 1.6조원 바이백이 실시됨으로써 예상치 못한(unexpected) 규모 확대가 발생했다.

② 2017년 11월 15일경 예정되어 있던 1조원 바이백 실시가 취소되었다. 이에 대해 2019년 1월 기재부는 해당 취소 건은 그 당시 적자국채 추가발행 여부 논의, 국채시장에 미치는 영향, 연말 국고자금 상황 등을 종합적으로 고려하여 불가피하게 내린 결정이었다는 입장을 밝혔다.[13]

③ 2018년 12월 12일에는 입찰금액 2.7조원 규모의 바이백이 실시되었다.[14] 하지만 '2018년 12월 국고채 발행계획' 보도자료에 따르면, 12월 12일에는 2조원의 국고채 매입이 예정되어 있었다. 즉, 예상치 못한(unexpected) 바이백 입찰금액 +0.7조원 확대가 발생했다.

④ 2021년 8월 25일 긴급 바이백이 역사상 처음 실시되었다. 긴급 바이백은 사전 공고 없이 시장 상황 등을 감안하여 입찰 시점에 임박하여 공고하는 형식이다. 그 배경으로는 8월 금통위(26일)에서 첫 기준금리 인상이 예상됨에 따라 정부는 금통위 전후인 25일과 31일 각 1조원씩

---

13 기획재정부, 보도자료(2019. 1. 1).

14 기획재정부, 「제14차 국고채 매입 입찰결과」(2018. 12. 12).

긴급 바이백을 실시하였다. 동 내용은 갑자기 20일에 발표되었고, 보통의 만기분산용[15] 바이백이 아니라 국채 순상환이라는 점이 특징으로 관찰된다. 아울러, 그간 추경을 통해 추진한 국채 상환 중 최대 규모이다. 동 조치로 인해 국가채무비율 감소와 국채시장 변동성 축소 효과가 발생하였다.

⑤ 11월 5일에는 대내외 통화정책 정상화 경계감 확산으로 금리가 급등하자 이에 대응하기 위해 2조원 긴급 바이백을 추가 실시하였다. 구체적으로 10월 국고채 금리가 급등하자 정부는 긴급간담회를 개최(2일)하여 긴급 바이백(2조원) 계획을 발표하고 5일 즉시 실행하였다. 국채시장은 정부의 시장안정 의지를 반영하고, 이로써 급등했던 금리가 하락하며 다소 안정을 되찾아갔다. 정리하자면, 2021년 총 4조원(④, ⑤) 긴급 바이백을 통해 시장 변동성이 완화되고 금리가 큰 폭 하락하였다.[16]

⑥ 2021년 12월 28일에 7천억원 입찰금액의 만기분산용 국고채 매입이 시행되었다. 이는 당해 시장조성용 한도의 잔여분을 활용한 것이다. 동 매입계획은 국고채 발행전략협의회 개최(22일)를 통해 발표되었다. 한국은행 금융경제동향에 따르면, 27일 국고채(3년물) 금리는 바이백 실시 예정을 반영하며 하락하였다.[17]

제4절 모형 및 추정방법

1. 국채 수요(자금공급) 통제 필요성

본 연구에서는 선형 회귀분석과 Diebold *et al.*(2006)의 거시-금융 동태

15 매월 국고채 발행계획에서 사전 공고하는 기존의 만기분산용 바이백을 의미한다.

16 금리 하락 현상은 한국은행의 「금융경제동향」(2021. 11. 3; 2021. 11. 8)과 기획재정부의 『국채 2021』(2022)을 토대로 정리했다.

17 한국은행, 「금융경제동향」, 2021. 12. 28.

[그림 2-4] 국채 자금 수요/공급 곡선

(a) 국채 공급(자금 수요) 증가 시

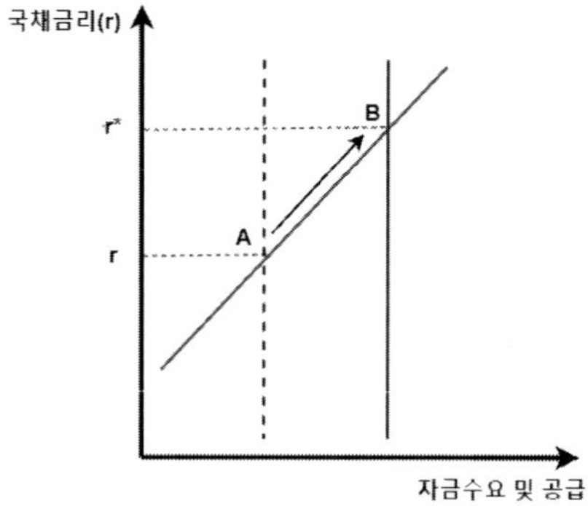

(b) 국채 공급(자금 수요) 및 국채 수요(자금 공급) 증가 시

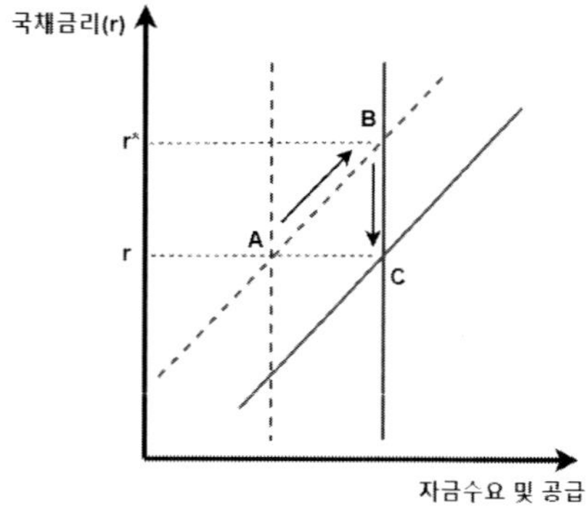

적 넬슨-시겔 모형(Macro-Finance Dynamic Nelson-Siegel Model 이하 MF-DNS)을 활용하여 국고채 발행량이 수익률에 미치는 영향을 추정한다. MF-DNS 모형을 통해 거시경제변수의 외생적 변화가 수익률 곡선에 미치는 영향을 추정할 수 있다. 다음 절에서 MF-DNS 모형과 추정 방법에 대해 설명하였다.

국채 발행량이 국채금리에 미치는 영향을 정확히 분석하기 위해서는 국채시장 내 자금 공급에 대한 통제가 필요하다. 이는 국채시장 내 자금 수요와 자금 공급 곡선 그림을 통해 확인할 수 있다.

[그림 2-4]는 국채 자금 수요(국채발행) 곡선과 자금 공급 곡선을 나타낸다. X축은 국채시장의 자금의 양을 표시하며, Y축은 국채 금리를 표시한다. 국채 금리가 높을수록 자금을 공급하고자 하는 유인이 증가할 것이므로 자금 공급 곡선은 우상향하는 형태이다. 반면, 자금 수요(국채발행)는 재정정책의 규모에 의해 결정되는 외생변수이다. 이에 따라 자금 수요(국채발행) 곡선은 그림상에서 수직선으로 표현된다. 그리고 국채 금리는 자금 수요 곡선과 자금 공급 곡선이 만나는 균형점에서 결정된다.

국채 발행량이 증가한다는 것은 자금 수요 곡선이 오른쪽으로 이동하는 것을 의미한다(그림 2-4 (a) 참조). 정부의 갑작스러운 지출 증가로 인해

[그림 2-5] 우리나라 기준금리와 월별 국채 발행량 추이

(단위: %, 조원)

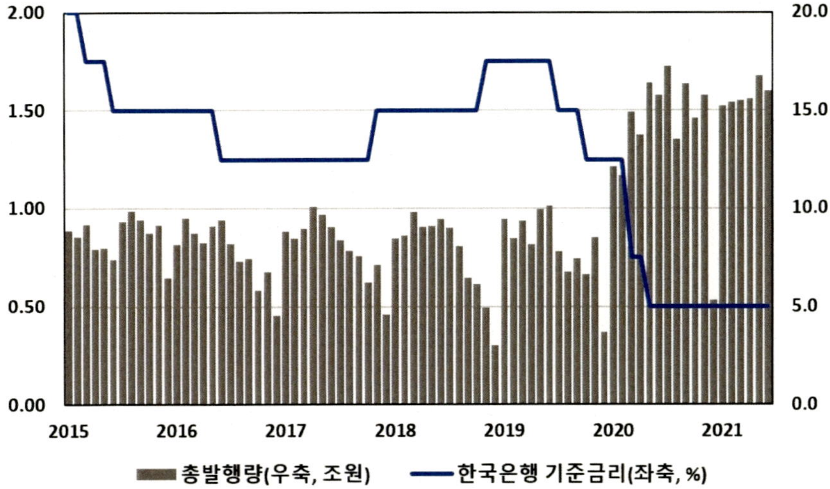

주: 발행량은 3, 5, 10, 20, 30년물의 합산액임.
자료: 기획재정부 내부자료; 한국은행 경제통계시스템.

국채발행이 증가한다면 자금 수요 곡선은 오른쪽으로 이동한다. 이때 자금 공급 곡선이 고정되어 있다면, 자금 수요와 공급의 균형은 A에서 B로 이동하며, 국채 금리는 r에서 r^*로 증가한다. 하지만, [그림 2-4 (b)]와 같이 자금 공급 곡선 또한 오른쪽으로 이동한다면, 자금 수요와 공급의 균형은 B에서 C로 다시 이동하며, 국채 금리는 r^*에서 r로 감소한다. 즉, 국채발행이 증가하더라도 관찰되는 국채 금리의 변화는 나타나지 않을 수 있다. 이에 따라 국채 발행량이 국채 금리에 미치는 영향을 정확히 분석하기 위해서는 국채시장 내 자금 공급 곡선에 대한 통제가 필요하다.

[그림 2-5]는 우리나라의 기준금리와 월별 국채 발행량의 추이를 보여준다. 2019년 코로나 위기 이후 완화적 통화정책에 따라 기준금리는 0.50%까지 낮아졌다. 기준금리 인하에 따라 시중 유동성이 증가한 가운데 국고채와 같은 안진자산에 대한 수요가 증가하여 국채시장으로의 자금 공급 유인이 커졌다. 즉, 완화적 통화정책 시기에는 자금 공급 곡선이 이동하였을 가능성이 크다. 반면, 코로나19로 인한 확장적 재정정책에 따라

같은 시기에 국채 발행량은 크게 증가하였다. 이에 따라 기준금리 인하에 따른 자금 공급의 외생적 변화를 고려하지 않았을 경우, 국채 발행량 증가가 국채 금리에 미치는 영향은 실제보다 과소 추정될 가능성이 높다.

따라서 본 연구에서는 국고채 수요(국고채시장 자금 공급)에 영향을 미칠 수 있는 제반 거시경제변수에 더하여 국고채 입찰 당시 나타난 수요를 반영할 수 있는 국고채 응찰량도 설명변수로 추가하여 통제한다. 이를 통하여 자금 수요 변화에 의한 금리 변화의 영향을 살펴보도록 한다.

2. 모형설정: MF-DNS 모형

본 연구는 강동익・이환웅・강규호(2021)의 MF-DNS 모형을 기반으로 국고채 발행량이 수익률에 미치는 영향을 분석하였다. 강동익・이환웅・강규호(2021)는 국고채 10년물과 20년물의 순발행을 MF-DNS 모형에서 거시경제변수로 설정하여 국고채 10년물과 20년물 순발행이 국고채 수익률 곡선에 미치는 영향을 분석하였다. 본 연구는 MF-DNS 모형의 제반 거시경제변수로 모든 연물의 국고채 총발행량과 단기(2년물과 3년물), 중기(5년물과 10년물), 장기(20년물과 30년물) 각각의 총발행량을 고려하였다.

또한 본연구의 경우, 코로나19 시기 이전과 이후 각각 0과 1의 값을 가지는 더미변수를 MF-DNS 모형의 제반 거시경제변수로 사용하여 코로나19 시기 이전과 이후 시기 변화에 따른 국고채발행이 국고채 수익률에 미치는 영향을 분석하였다. 이를 통해 국고채발행이 금리에 미치는 영향이 코로나19 이전과 이후 변화하였는지를 분석하였다.

거시경제변수를 포함하여 분석하는 MF-DNS 설명에 앞서, 우선 거시경제변수를 고려하지 않은 기본적인 동태적 넬슨-시겔(Dynamic Nelson-Siegel 이하 DNS) 모형에 대해 간략히 기술한다. 이를 통해 잠재 요인(factor)을 이용한 수익률 곡선 모형을 소개하고, 다음으로 거시경제변수를 고려한 MF-DNS 모형에 관해 설명한다.

기본적인 DNS 모형에서 시점별 수익률 곡선은 수준(level), 기울기(slope), 곡률(curvature)의 세 가지 요인(factor)에 의해서 결정되며, 다음과 같은 식으로 표현된다.

$$\begin{pmatrix} y_t(\tau_1) \\ y_t(\tau_2) \\ \vdots \\ y_t(\tau_N) \end{pmatrix} = \begin{bmatrix} \Lambda(\tau_1) \\ \Lambda(\tau_2) \\ \vdots \\ \Lambda(\tau_N) \end{bmatrix} \begin{pmatrix} l_t \\ s_t \\ c_t \end{pmatrix} + \begin{pmatrix} e_t(\tau_1) \\ e_t(\tau_2) \\ \vdots \\ e_t(\tau_N) \end{pmatrix} \tag{1}$$

식 (1)에서 $y_t(\tau)$는 t시점의 만기가 τ인 국채 수익률이고, 총 N개 만기 $\{\tau_1,\ \tau_2,\ \cdots,\ \tau_N\}$의 국채 수익률을 모형화한다. l_t, s_t, c_t는 각각 수준(level), 기울기(slope), 곡률(curvature) 세 가지 요인을 표현한다.

$\Lambda(\tau)$는 만기 τ의 수준(level), 기울기(slope), 곡률(curvature) 요인의 요인 계수(factor loading)이며, 다음과 같이 설정된다.

$$\Lambda(\tau) = \left(1 \quad \frac{1-e^{-\tau\lambda}}{\tau\lambda} \quad \frac{1-e^{-\tau\lambda}}{\tau\lambda} - e^{-\tau\lambda}\right) \tag{2}$$

요인 계수($\Lambda(\tau)$)를 위와 같은 함수로 설정함으로써 l_t, s_t, c_t를 수준(level), 기울기(slope), 곡률(curvature)로 해석할 수 있다. 첫 번째 요인 계수는 1이므로 l_t는 전 만기(τ)에 걸쳐 동일한 영향을 주는 일반적인 수준(level) 요인으로 해석할 수 있다.

두 번째 요인계수 $\frac{1-e^{-\tau\lambda}}{\tau\lambda}$는 만기($\tau$)가 커짐에 따라 1에서 0으로 수렴하므로, 만기가 짧을수록 그 값이 크다. 따라서 s_t는 장·단기 금리차에 영향을 미치는 수익률 곡선의 기울기 요인으로 해석할 수 있다. 기울기 요인 계수 $\frac{1-e^{-\tau\lambda}}{\tau\lambda}$가 0에 수렴하는 속도는 decay 파라미터인 λ의 값에 따라 결정된다.

세 번째 요인 계수 $\frac{1-e^{-\tau\lambda}}{\tau\lambda} - e^{-\tau\lambda}$는 만기가 커질수록 값이 커지다가 특정 만기 이후 감소하여 0으로 수렴한다. 따라서 c_t는 중기 수익률에 미치는 영향이 크므로 곡률 요인으로 해석할 수 있다. 마지막으로 e_t는 정규분포 $N(0, \Sigma)$를 따르는 측정오차이며, Σ는 대각행렬 $diag(\sigma^2_{\tau_1} \cdots \sigma^2_{\tau_n})$

을 따른다고 가정한다.

거시경제변수를 고려한 MF-DNS 모형에서는 수익률 곡선의 세 가지 요인(l_t, s_t, c_t)이 전기 수익률 곡선의 세 가지 요인(l_{t-1}, s_{t-1}, c_{t-1})과 당기 거시경제변수(m_t)에 영향을 받는다고 가정한다. 이는 다음과 같은 식으로 표현된다.

$$f_t = \mu + G_{ff} f_{t-1} + G_{fm} m_t + v_t \tag{3}$$

$f_t = (l_t, s_t, c_t)'$이며, v_t는 정규분포 $N(0, \Omega)$를 따른다고 가정한다. Ω는 대각행렬이라는 제약을 두지 않는다.

식 (1)과 (3)은 상태공간모형의 형태로 각각 다음과 같은 측정식(measurment equation)과 전환식(transition equation)으로 표현할 수 있다.

측정식: $y_t = \Lambda f_t + e_t$ (4)

전환식: $f_t = \mu + G_{ff} f_{t-1} + G_{fm} m_t + v_t$ (5)

$\Lambda = [\Lambda(\tau_1)' \Lambda(\tau_2)' \cdots \Lambda(\tau_N)']'$이며, 측정식의 측정오차 e_t와 전환식의 충격 v_t은 독립적이다.

식 (4)과 (5)를 통해 거시경제변수(m_t)가 당기 수익률 곡선(y_t)에 미치는 영향은 다음과 같이 유도할 수 있다.

$$\frac{\partial y_t}{\partial m_t} = \frac{\partial y_t}{\partial f_t} \frac{\partial f_t}{\partial m_t} = \Lambda G_{fm} \tag{6}$$

3. 추정방법

측정식 (4)와 전환식 (5)에서 추정해야 할 모수(parameter)는 μ, G, Σ, Ω이며, 이 모수들의 집합을 θ로 정의한다.

본 연구는 베이지안 추정 방법(Bayesian estimation)을 이용하여 위 모수를 추정한다. 거시경제변수가 추가되지 않는 일반적인 동태적 넬슨-시겔 모형의 경우는 모형의 숨겨진 요소(hidden factor)인 수준(level), 기울기(slope), 곡률(curvature)에 대한 각 파라미터가 최소자승추정법(Least Squares)을 통하여 추정될 수 있다. 하지만 거시경제변수를 포함한 동태적 넬슨-시겔 모형의 경우 모형의 숨겨진 요소 중 하나인 수준(level) 요인과 거시경제 요소들 사이에 다중공선성(multicollinearity) 문제가 발생하여 더 이상 최소자승추정법을 사용하지 못한다. 이는 동태적 넬슨-시겔 모형의 수준(level)요소는 고정된 한 시점에서 전 연물에 대해 같은 값을 갖는 요인인데, 거시경제 요소들도 시점 간에는 값이 변하지만 한 시점 내에서는 모든 연물에 대해 같은 값을 갖기 때문이다.

MF-DNS 모형을 이용한 선행연구에서는 최우추정법(Maximun likelihood estimation) 또는 베이지안 추정 방법을 이용하여 모수를 추정한다. MF-DNS 모형 내에 외생적인 거시경제변수가 많을 경우, 추정해야 할 모수가 많아 최우추정법의 국소극대화(local maxia) 문제가 심각해질 가능성이 높다. 이에 따라 본 연구는 베이지안 추정 방법을 이용하여 모수를 추정하였다.

베이지안 추정을 위한 각 모수의 사전분포를 다음과 같이 설정하였다. Σ 의 대각원소인 측정오차의 분산 $(\sigma^2_{\tau_1} \cdots \sigma^2_{\tau_n})$은 역감마(Inverse Gamma) 분포, μ 와 G는 정규분포, Ω는 역위샷(Inverse Wishart) 분포를 따른다고 가정하였다. 사전분포의 초깃값은 선행연구를 참조하여 설정하였다(부록 1 참조).

4. MCMC 추정과정

모수의 초깃값이 주어졌을 때, MCMC 시뮬레이션을 통해 사후분포(posterior distribution)를 샘플링한다. MCMC 시뮬레이션 내 번인(burn-in)의 크기는 1백번이며, 이후 1천번의 사후 샘플링을 시행한다. MCMC 시뮬레이션을 단계별로 요약하면 아래와 같다. 각 단계별 상세한 과정은 부록 2를 참조하기 바란다.

1단계: X, Σ, Ω가 주어졌을 때, μ, $G \mid X, \Sigma, \Omega$로부터 μ와 G를

샘플링한다.

2단계: μ와 G가 샘플링된 후 X, μ, G 가 주어졌을 때, $\Omega|X, \mu, G$ 로부터 Ω를 샘플링한다.

3단계: Y와 X가 주어졌을 때, $\Sigma|X$, Y로부터 Σ를 샘플링한다.

4단계: Y, Σ, μ, G, Ω, m이 주어졌을 때, Carter and Kohn 기법에 따라 f를 샘플링한다.

제5절 자료 및 기술통계량

1. 자료

본 연구에서는 2015년 1월부터 2021년 6월까지 우리나라의 국채 수익률을 활용하였다. 기존 연구들의 경우 국채의 시가평가 기준수익률 데이터가 가용한 2001년부터 분석하는 경우들이 있다. 반면, 본 연구에서는 2015년 1월부터의 자료만 이용하는데, 이는 국고채 발행량 증대에 따른 영향만을 추정하기 위해 국고채 경매 시 PD 및 PPD들의 수요를 반영할 수 있는 응찰량 통제가 중요하고 응찰량 자료가 2015년부터만 가용하기 때문이다.

수익률 자료는 국고채 낙찰금리를 기획재정부에서 제공받아 사용하였다. 낙찰금리는 국채 경매 당일 시장금리이며, 국채의 표면금리이므로 정부의 국채발행 조달금리로 인식된다. 국고채 현물이자율(spot rate 혹은 zero rate)은 국채 경매 당일 종가 기준 시장 수익률이므로 발행량 이외의 요인으로 인해 국고채 수익률이 영향을 받을 가능성이 있다. 따라서 본 연구는 국고채 낙찰금리를 사용하여, 국채 발행량 증대에 따른 조달금리의 상승효과를 분석하였다. 국고채 수익률의 만기는 3년, 5년, 10년, 20년, 30년의 5개 만기를 사용하였다. 기존 연구를 준용하여 추가적인 거시경제변수로는 한국 기준금리, 미국 기준금리, 미국 국채 10년물 수익률, 원달러 환율, 소비자물가지수(CPI), 산업생산지수, 국채 회전율을 사용하였다.

한편, 바이백에 따른 국고채 수익률 감소 효과를 포착하기 위해서는 장기적 추세상에서의 변화가 아닌 매우 짧은 기간 동안의 변화를 포착해야 하기 때문에 바이백에 따른 국고채 수익률의 변화 분석에서는 일별 자료를 사용하였다.

2. 기술통계량

[그림 2-6]은 2015년 1월부터 2021년 6월까지 연물별 국고채 수익률의 추이를 나타낸다. 특정 시점에서 국고채 수익률은 일반적으로 만기가 긴 국고채일수록 더 높다. 이는 국고채 수익률이 기대기준금리 경로(expected short-term rate)와 기간프리미엄(term premium)의 합으로 구성되기 때문이다. 기간프리미엄은 국고채 만기가 길어질수록 그에 대한 보상으로 지불해야 하는 프리미엄을 의미한다. 따라서 기대기준금리 경로가 미래에 큰 폭으로 낮아지지 않는 이상 일반적으로 국고채 수익률은 만기가 길어질수록 상승한다. 이러한 특성은 <표 2-2>의 국고채 연물별 금리

[그림 2-6] 국고채 연물별 발행금리 및 한국은행 기준금리 추이

(단위: %)

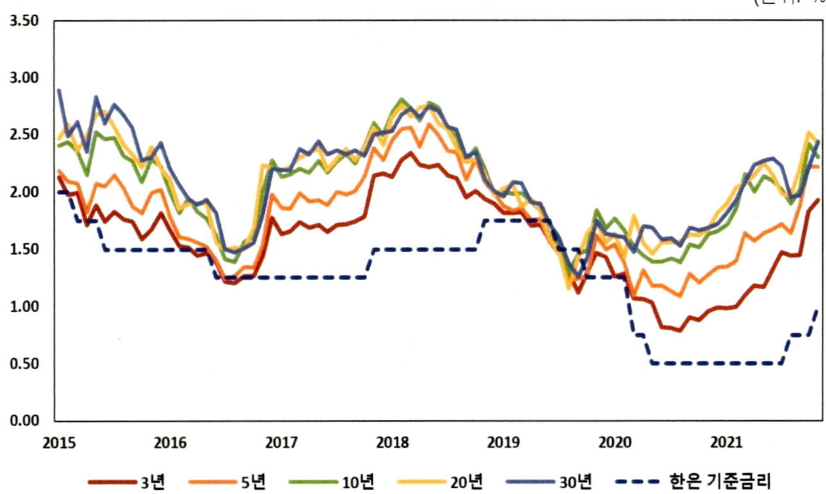

자료: 기획재정부 내부자료; 한국은행 경제통계시스템.

에 대한 기술통계량을 통해서도 파악할 수 있다. 분석기간 동안 3년물 국고채의 평균 수익률은 약 1.58%, 5년물은 약 1.77%, 10년물은 약 2.02%, 20년물은 약 2.07%, 30년물은 약 2.1%로 만기가 길수록 더 높은 특성이 잘 드러난다.

한편, 국고채 금리의 시계열 흐름을 살펴보면 대체로 기준금리의 변동 추이(그림 2-6 참조)와 그 흐름이 일치하는데, 국고채 발행량이 급증한 2020년 이후에는 기준금리가 낮은 수준을 유지함에도 불구하고 국고채 금리는 상승하는 추세가 나타난다. 우리나라는 2012년 7월부터 2017년 11월 이전까지 기준금리 인하 주기에 있었다. 일반적으로 국고채 금리의 움직임은 기준금리의 움직임을 다소 선행하는데, 이에 따라 2015년에서 2016년 중반에 걸쳐 기준금리가 점진적으로 하락하는 모습이 나타난다. 이후 기준금리 인상이 예상됨에 따라 국고채 금리도 점차 상승하고 이러한 추세는 2018년 초까지 이어진다. 그 후 2018년 11월 이후 금리 인하 사이클이 다시 시작되고 그 와중에 코로나19가 발발하며 금리는 역대 최저 수준까지 하락했다.

본 연구에서는 국고채 발행량 이외에 국고채 금리에 영향을 줄 수 있는 다양한 요소를 고려하는데 그중 하나가 국고채 거래회전율이다. [그림 2-7]은 2015년부터 2021년 6월까지 연물별 국고채 거래회전율 추이를 나타낸다. 국고채 거래회전율은 $\frac{\text{국고채}_i\text{의 } t\text{기간 총거래량}}{\text{국고채}_i\text{의 발행잔액}} \times 100$과 같이 계산된다. 국고채 거래회전율은 유동성의 지표로서 거래량이 시장에서 얼마나 빠른 시간 내에 소화될 수 있는지를 의미하고, 그 값이 클수록 유동성이 높음을 의미한다.

국고채 전체 거래회전율은 2016년 이후 대체적으로 하락하는 추세에 있다. 특히 최근 4년간 국고채 거래회전율은 대부분의 연물에서 하락하고 있다. 2019~20년 사이 5년물, 20년물, 30년물의 회전율 증가를 제외하면 2019년 이후 모든 연물들의 거래회전율은 하락하는 추세이다. 특히 장기물들(10년, 20년, 30년, 50년)의 경우 2017~19년에 유동성이 증가하였지만 2020년 이후 모두 하락하는 추세를 보인다. 연물별 거래회전율을

<표 2-2> 선형회귀분석 기술통계량

		전체 기간					코로나19 이전					코로나19 이후				
		관측치	평균	표준편차	최소	최대	관측치	평균	표준편차	최소	최대	관측치	평균	표준편차	최소	최대
국고채 발행금리 (%)	3년	78	1.576	0.406	0.785	2.340	60	1.740	0.299	1.115	2.340	18	1.032	0.164	0.785	1.325
	5년	78	1.769	0.405	1.085	2.590	60	1.895	0.364	1.230	2.590	18	1.347	0.194	1.085	1.675
	10년	78	2.024	0.407	1.280	2.810	60	2.127	0.386	1.280	2.810	18	1.682	0.266	1.380	2.155
	20년	78	2.067	0.404	1.156	2.760	60	0.156	0.398	1.156	2.760	18	1.769	0.261	1.430	2.255
	30년	78	2.100	0.421	1.260	2.890	60	2.193	0.415	1.260	2.890	18	1.787	0.260	1.470	2.290
총발행량(조원)		78	9.536	3.363	3.001	17.265	60	8.026	1.599	3.001	10.117	18	14.567	2.740	5.350	17.265
전산업생산지수(%, yoy)		78	1.789	2.849	-6.113	8.496	60	2.048	2.216	-4.459	7.957	18	0.928	4.325	-6.113	8.496
미(美) 국채금리 (%)	3년	78	1.347	0.802	0.160	2.940	60	1.636	0.656	0.790	2.940	18	0.385	0.387	0.160	1.520
	5년	78	1.598	0.745	0.270	3.000	60	1.897	0.540	1.070	3.000	18	0.601	0.371	0.270	1.560
	10년	78	1.997	0.660	0.620	3.150	60	2.272	0.430	1.500	3.150	18	1.081	0.418	0.620	1.760
	20년	78	2.342	0.560	1.060	3.270	60	2.569	0.355	1.820	3.270	18	1.583	0.436	1.060	2.240
	30년	78	2.565	0.547	1.270	3.360	60	2.806	0.303	2.120	3.360	18	1.762	0.386	1.270	2.340
한국은행 기준금리(%)		78	1.279	0.424	0.500	2.000	60	1.479	0.202	1.250	2.000	18	0.611	0.246	0.500	1.250
국고채 거래회전율 (%)	3년	78	247.0	82.8	127.2	563.2	60	254.5	90.5	127.2	563.2	18	222.3	42.0	149.0	294.8
	5년	78	100.5	36.3	53.4	233.9	60	105.6	39.4	53.4	233.9	18	83.4	13.7	61.8	116.0
	10년	78	32.8	5.5	21.4	51.5	60	33.2	5.6	23.1	51.5	18	31.3	4.8	21.4	43.8
	20년	78	7.4	1.8	4.1	12.3	60	7.4	2.0	4.1	12.3	18	7.6	1.5	5.6	11.6
	30년	78	14.0	4.3	4.7	26.9	60	14.3	4.4	4.7	26.9	18	12.9	3.690	8.180	24.4
응찰량 (조원)	3년	78	6.221	1.945	1.790	9.879	60	5.644	1.697	1.790	8.720	18	8.146	1.426	3.877	9.879
	5년	78	5.919	1.743	1.730	9.269	60	5.489	1.673	1.730	9.269	18	7.353	1.103	3.292	8.503
	10년	78	6.434	1.839	2.229	9.786	60	5.817	1.499	2.229	8.530	18	8.493	1.295	4.065	9.786
	20년	78	2.393	0.694	0.644	3.913	60	2.300	0.693	0.644	3.464	18	2.703	0.615	1.248	3.913
	30년	78	5.043	2.102	1.343	9.730	60	4.021	0.828	1.343	5.366	18	8.449	1.292	3.792	9.730

자료: 기획재정부 내부자료, 한국은행 경제통계시스템을 바탕으로 저자 작성.

[그림 2-7] 연물별 국고채 거래회전율 추이

(단위: %)

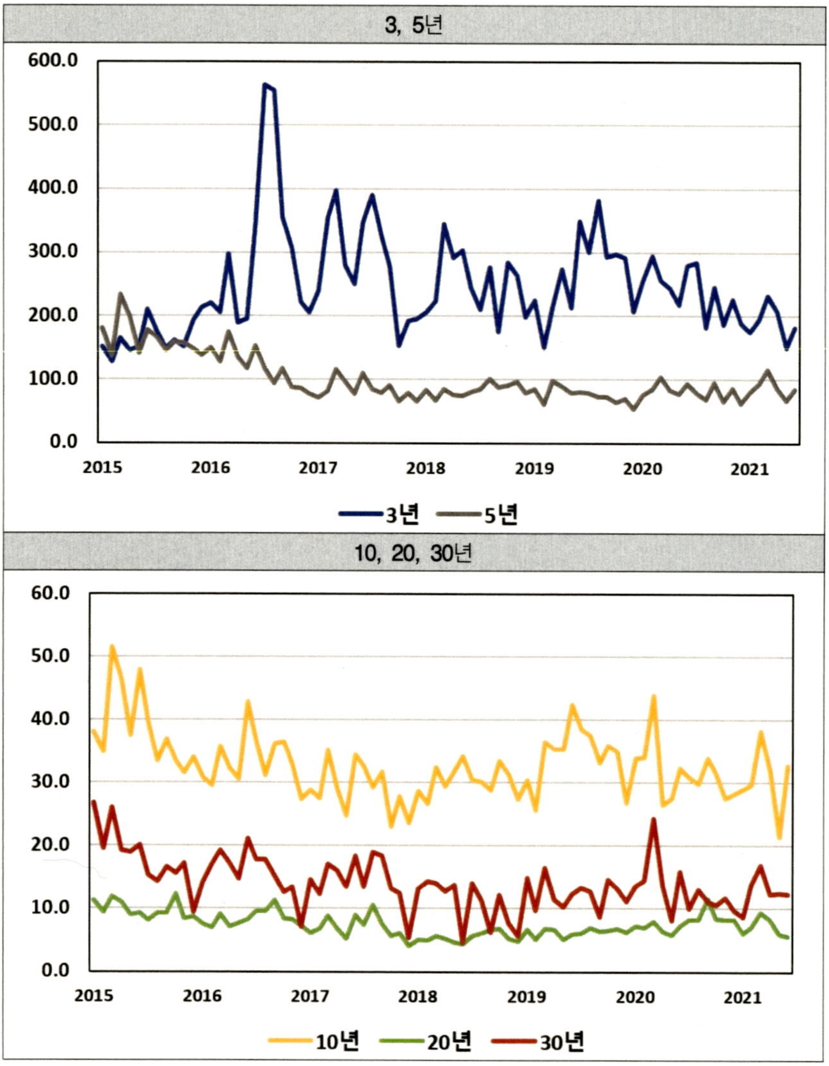

자료: 연합인포맥스 자료를 바탕으로 저자 계산.

보면 단기·중기물이 장기물보다 거래회전율이 높고, 2021년 기준 '3년물 > 5년물 > 2년물 > 10년물 > 30년물 > 20년물 > 50년물'의 순서로 유동성이 높음을 보여준다.

[그림 2-8] 연물별 응찰량, 응찰률 추이

(단위: 조원, %)

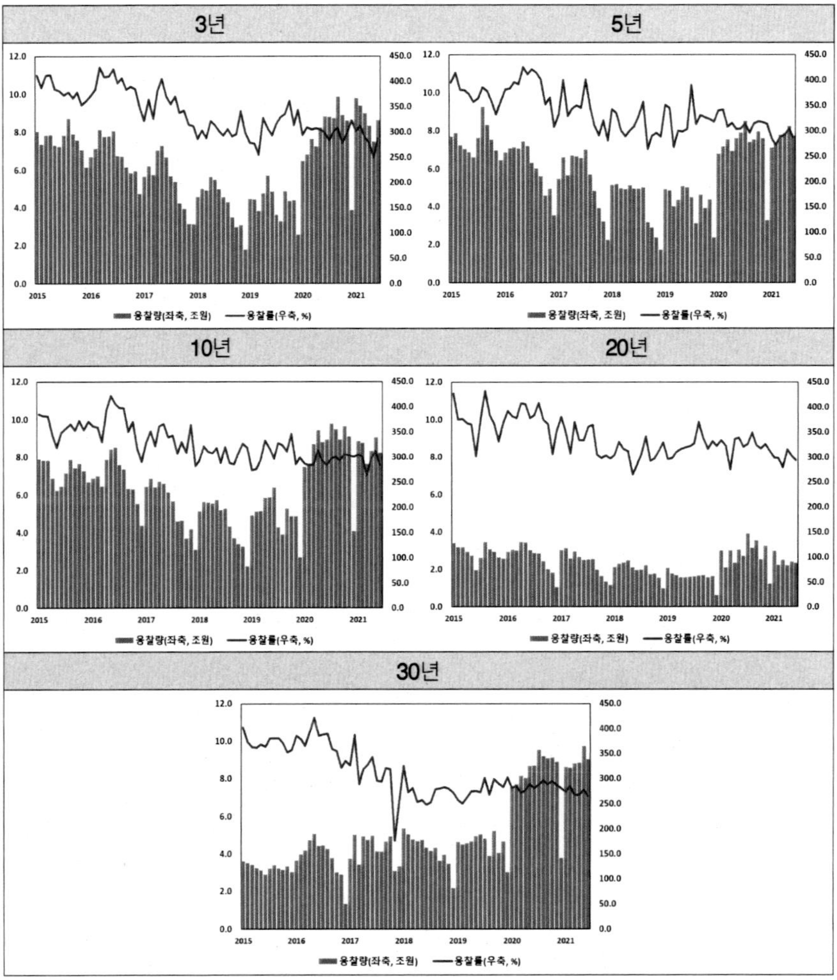

자료: 기획재정부 내부자료를 바탕으로 저자 계산.

[그림 2-8]은 국고채 연물별 응찰량과 응찰률의 추이를 나타낸다. 국고채 응찰량은 개별 국고채발행 경매 시 총입찰한 응찰금액을 의미하며, 국고채 응찰률은 국고채 발행액 대비 응찰금액을 의미한다. 따라서 국고채 응찰량과 응찰률은 해당 경매 시 PD 및 PPD들의 국고채에 대한 수요를 나타낸다. 국고채 응찰률도 2016년 이후 대체적으로 하락하는 추세에

있는데, 이는 국고채 발행량이 빠르게 증가함에 따라 발행량 대비 응찰액의 규모가 축소됨에 따른 것으로 사료된다. 특히 이는 국고채 발행량 증대에 따라 국고채에 대한 추가 수요가 점차 감소하는 추세에 있음을 시사하고 결국 국고채 발행량 증가가 국고채 수익률에 미치는 영향이 최근에 들어 더 커질 수 있음을 암시한다. 이에 대해서는 실증분석을 통해 자세히 살펴볼 수 있다.

제6절 분석 결과

본 연구의 실증분석은 크게 회귀분석을 통한 방법과 동태적 넬슨-시겔 모형(dynamic Nelson-Siegel model with macro factors)을 이용한 방법으로 나뉜다. 국고채 발행량 증가에 따른 국고채 수익률 곡선의 변화는 수준(level), 기울기(slope), 곡률(curvature) 등의 과거 변화가 현재에 미치는 영향 등을 모두 고려한 상태에서 추정해야 정확한 결과를 얻을 수 있다. 따라서 연물별·시점별 상호작용을 모두 고려한 결과는 동태적 넬슨-시겔 모형을 통해 얻을 수 있다. 하지만 선형회귀는 대략적인 추이 및 변수 선택에 따른 영향을 파악하는 데 유리하므로 선형회귀분석을 통해 추이를 파악한 후 동태적 넬슨-시겔 모형의 결과를 살펴본다.

본 연구에서는 전산업생산지수와 CPI는 전년 동월 대비 성장률로, 확정적 추세가 있는 I(1) 변수들은 로그 환율을 통해 일차-차분(first-difference)하는 등 안정적인 변수로 전환하여 사용하였다.

1. 선형회귀분석 결과

본 소절에서는 선형회귀분석을 통하여 국고채 발행량 증가가 연물별 국고채 금리에 미친 영향을 분석한 결과를 소개한다. 선형회귀분석모형18

18 i는 우리나라 국채와 미국채 연물을, T는 연도를, t는 월을 의미한다.

<표 2-3> 국고채 총발행량-3년물 발행금리 간 위계적 다중회귀분석

독립변수	종속변수: 3년물 발행금리(%)						
국고채 총발행량(조원)	-0.005 (0.012)	-0.005 (0.012)	0.007 (0.010)	0.011 (0.011)	0.011 (0.010)	0.041*** (0.014)	0.026** (0.012)
전산업생산 지수		-0.001 (0.008)	-0.005 (0.006)	-0.004 (0.006)	0.000 (0.006)	0.000 (0.006)	0.002 (0.005)
연물별 미국채금리(%)			0.323*** (0.059)	0.254*** (0.076)	0.237*** (0.074)	0.192*** (0.071)	0.120* (0.064)
한국은행 기준금리(%)				0.201 (0.143)	0.179 (0.138)	0.131 (0.131)	-0.012 (0.119)
연물별 국고채 거래회전율(%)					-0.001** (0.000)	-0.001** (0.000)	-0.0003 (0.0002)
연물별 국고채 응찰량(조원)						-0.075*** (0.025)	-0.039* (0.023)
연물별 발행 금리 t-1(%)							0.565*** (0.126)
분기 더미	O						
상수항	1.991*** (0.121)	1.992*** (0.122)	1.518*** (0.133)	1.199*** (0.262)	1.342*** (0.260)	1.797*** (0.286)	0.815** (0.332)
관측치 수	78	78	78	78	78	78	78
R-squared	0.875	0.875	0.915	0.917	0.924	0.934	0.951

주: 1) 분석기간: 2015년 1월~2021년 6월.
2) 국고채 거래회전율 = 국고채 거래량/국고채 잔액.
Standard errors in parentheses.
***p<0.01, **p<0.05, *p<0.1.
자료: 기획재정부 내부자료, 한국은행 경제통계시스템 자료를 활용하여 저자 계산.

은 다음과 같다.

$$
\begin{aligned}
\text{발행금리}_{i,t} &= \alpha + \beta_1 \text{총발행량}_t + \beta_2 \text{전산업생산지수}_t \\
&+ \beta_3 \text{발행금리}_{i,t-1} + \beta_4 \text{응찰량}_{i,t} + \beta_5 \text{미국채금리}_{i,t} \\
&+ \beta_6 \text{한은기준금리}_t + \beta_7 \text{거래회전율}_{i,t} + \text{분기}_T + \varepsilon_{i,t}
\end{aligned}
$$

<표 2-3>은 국고채 3년물 금리를 국고채 총발행량 및 제반 설명변수를 통제하여 추정한 결과이다. 모든 분석에서는 연중 계절성(seasonality)에 따른 발행금액의 변동이 국고채 수익률에 미치는 영향을 통제하기 위해

분기 더미를 추가하여 분석하였다. 먼저 분기 더미변수 이외에 제반 설명변수를 통제하지 않은 경우 발행량과 발행금리 사이에는 유의미한 상관관계가 나타나지 않는다. 이는 국고채 수요에 영향을 미치는 제반 요소들이 적절히 통제되지 않아 나타난 결과로 보인다. 일반적으로 국고채 발행은 경기가 좋지 않아 확장적 재정정책으로 취약계층을 보조하거나 경기부양을 시도할 때 증가한다. 하지만 경기가 좋지 않을 때에는 위험자산에 대한 수요가 줄어들고 국고채와 같은 안전자산에 대한 수요가 증가한다. 즉, 경기침체기에 국고채발행이 증가하더라도(즉, 국고채 공급이 증가하더라도) 국고채에 대한 수요도 동시에 증가하기 때문에 국고채 수요 변화가 적절히 통제되지 않으면 국고채발행 증가에 따른 금리 상승폭이 과소 추정될 수 있다.

따라서 본 연구에서는 국고채 수요에 영향을 미칠 수 있는 제반 거시경제변수에 더하여 국고채 입찰 당시 나타난 수요를 반영할 수 있는 국고채 응찰량도 설명변수로 추가하여 통제한다. 이에 본 회귀분석에서는 월별 거시경제 상황을 반영하는 한국은행 기준금리, 전산업생산지수, 그리고 국고채 대내·대외 수요에 영향을 미치는 전산업생산지수, 미국채 금리, 그리고 한국은행 기준금리 등을 통제하였다.

또한 국고채 금리는 국고채 유동성이 낮을수록 유동성 프리미엄의 증가로 상승하고 유동성이 높을수록 프리미엄의 감소로 하락한다. 이를 고려하기 위하여 본 분석에서는 유동성의 지표가 되는 거래회전율을 추가로 통제하였다. 마지막으로 다른 자료를 통해 통제되지 않는 국고채 수요의 영향을 통제하기 위하여 국고채 경매 시 국고채 입찰에 참여한 총량인 응찰량을 통제하였다. <표 2-3>의 6번째 열은 국고채 입찰 응찰량을 통제한 결과로서 응찰량을 통제하였을 때 수요가 적절히 통제됨으로써 국고채 발행량과 발행금리 사이의 관계가 매우 뚜렷해짐을 알 수 있다.

마지막 열에서는 국고채 금리가 과거의 추세에 영향을 받을 수 있는 점을 고려하여 직전월 국고채 금리 또한 변수로 포함하였다. 이 모두를 고려한 <표 2-3>의 7번째 열의 결과 국고채 발행량이 1조원 증가할 때 3년물 국고채 금리는 약 2.6bp 상승한다. 한편, 제반 거시경제변수들이 통제

<표 2-4> 국고채 총발행량-국고채 연물별 금리 회귀분석 결과 1

독립변수	종속변수: 연물별 발행금리(%)				
	3년	5년	10년	20년	30년
국고채 총발행량(조원)	0.026** (0.012)	0.030* (0.016)	0.052*** (0.017)	0.018 (0.017)	0.032* (0.018)
전산업생산지수	0.002 (0.005)	0.003 (0.006)	0.002 (0.007)	-0.001 (0.008)	-0.003 (0.008)
연물별 발행금리t-1	0.565*** (0.126)	0.520*** (0.103)	0.526*** (0.099)	0.505*** (0.112)	0.593*** (0.097)
연물별 국고채 응찰량	-0.039* (0.023)	-0.040 (0.029)	-0.083*** (0.029)	-0.052 (0.062)	-0.051 (0.036)
연물별 미국채금리(%)	0.120* (0.064)	0.252*** (0.075)	0.215*** (0.078)	0.220** (0.089)	0.184** (0.091)
한국은행 기준금리(%)	-0.012 (0.119)	-0.184 (0.126)	-0.196 (0.120)	-0.246* (0.133)	-0.113 (0.129)
연물별 국고채 거래회전율(%)	-0.0003 (0.0002)	-0.001 (0.001)	-0.005 (0.004)	-0.003 (0.016)	-0.0001 (0.0059)
분기 더미	O				
상수항	0.815** (0.332)	1.149*** (0.329)	1.341*** (0.394)	1.117** (0.458)	0.607 (0.400)
관측치 수	78	78	78	78	78
R-squared	0.951	0.931	0.923	0.895	0.911

주: 1) 분석기간: 2015년 1월~2021년 6월
2) 국고채 거래회전율 = 국고채 거래량/국고채 잔액.
3) 2년물, 50년물은 샘플 수가 적어서 회귀분석 대상에서 제외함.
4) 부록에 연물별 발행금리 Lag과 응찰량을 통제하지 않은 모델의 결과를 수록함.
Standard errors in parentheses.
***p<0.01, **p<0.05, *p<0.1.
자료: 기획재정부 내부자료, 한국은행 경제통계시스템 자료를 활용하여 저자 계산.

된 상태에서도 미국 국고채 금리는 우리나라 국고채 금리와 뚜렷한 양의 상관관계가 나타난다.

이는 우리나라 미국과 우리나라의 금리 동조화 현상이 최근에도 이어지고 있는 것이 본 회귀분석에서도 나타난 것이라 사료된다. 다만, 직전월 한국 국고채 금리를 추가적인 실명변수로 통제하였을 경우 미국 국고채 금리와 직전월 한국 국고채 금리와의 상관관계로 인하여 미국 국고채 금리 계수 추정치의 통계적 유의성이 감소한다.

<표 2-4>는 <표 2-3>의 분석을 모든 대표적인 연물로 확장한 결과이다. 분석 결과, 국고채 5년물의 경우 발행량이 1조원 증가함에 따라 약 3.0bp, 10년물의 경우 약 5.2bp, 30년물의 경우 약 3.2bp 증가함을 알 수 있다. 대체적으로 만기가 긴 중・장기물에서 국고채 발행량 증가에 따른 금리 상승이 크게 나타난다. 본 모형은 각 연물별 직전월 금리와 국고채 경매 당시의 응찰량을 모두 포함한 결과이며, 직전월 금리와 응찰량 등을 포괄하지 않은 모형도 추정하여 부록에 수록하였다. 이를 통해 국고채 응찰량을 포함할 때 국고채 수요가 더욱 적절히 통제되어 국고채 발행량과 금리의 상관관계가 뚜렷해지며 직전월 금리는 금리의 지속성을 통제하여 그 효과를 다소 낮춘다는 것을 다시 한번 확인할 수 있다.

2. MF-DNS 분석 결과

<표 2-5>와 <표 2-6>은 MF-DNS의 거시경제변수에 응찰액을 추가하지 않은 모형과 응찰액을 추가한 모형에 대한 각각의 파라미터 추정 결과이다. 두 모형 모두에서 응찰량 외에 동일한 거시경제변수를 모두 포함하였으며, 두 표 모두에서 MF-DNS 모형의 각 파라미터 추정치의 평균과 사후분포(posterior distribution)에 대한 정보들을 표시하였다.

응찰량을 고려한 <표 2-6>의 추정 결과를 살펴보면, 발행량은 주로 수준(level)에 큰 영향을 미치는 것으로 보인다. 발행량이 수준에 미치는 영향에 대한 계수 추정치는 0.029로, 기울기의 추정치 -0.01보다 크며, 통계적으로 유의하다. 또한 응찰량을 고려하지 않았을 경우(표 2-5 참조), 발행량 증가가 수준과 기울기에 미치는 영향에 대한 계수 추정치는 각각 0.012와 -0.0279로 나타나며, 통계적으로 유의하다. 이를 통해, 응찰량을 통제할 경우 주로 수준요인을 통해, 통제하지 않을 경우 수준과 기울기 요인 모두를 통해 국고채 금리에 영향을 끼치는 것을 알 수 있다. 또한 요인 계수(factor loading)와 G_{fm}의 추정치를 곱하여, 발행량이 국고채 금리에 미치는 영향에 대한 추정치를 계산하면, 응찰량을 통제할 경우, 발행량이 모든 연물의 국고채 금리에 미치는 영향이 커짐을 알 수 있다(표 2-8).

<표 2-5> 응찰액 미포함 MF-DNS 파라미터 추정 결과

	수준	기울기	곡률								
μ (1 × 3)	-0.003 (0.095)	0.001 (0.105)	-0.086 (0.074)								
G_{ff} (3 × 3)	0.815 (0.066)	0.035 (0.055)	-0.081 (0.055)								
	-0.014 (0.083)	0.762 (0.062)	0.093 (0.067)								
	-0.052 (0.045)	-0.159 (0.045)	0.897 (0.042)								
Ω (3 × 3)	0.015 (0.002)	-0.003 (0.002)	-0.001 (0.002)								
	-0.003 (0.002)	0.020 (0.004)	-0.001 (0.002)								
	-0.001 (0.002)	-0.001 (0.002)	0.011 (0.002)								
σ (1 × 1)	0.005 (4.E-04)										
	발행량	전산업 생산지수	미국채 10년	한국 기준금리	CPI	코스피	미국 기준금리	로그환율	코로나19	국채 회전율	총잔액
G_{fm} (3 × 11)	0.012	-0.004	0.457	0.251	-0.063	-0.002	-0.233	0.007	-0.091	0.003	-0.001
	0.005	0.005	0.062	0.128	0.024	0.003	0.058	0.065	0.077	0.003	0.001
	-0.028	0.008	-0.235	-0.154	-0.008	-0.012	0.230	0.059	0.077	-0.021	5.E-04
	0.012	0.012	0.138	0.164	0.050	0.009	0.093	0.082	0.151	0.006	0.001
	-4.E-07	5.E-07	3.E-07	-2.E-08	4.E-07	4.E-07	-1.E-07	3.E-07	-6.E-07	-8.E-08	-9.E-07
	1.E-05	1.E-05	1.E-05	1.E-05	1.E-05	1.E-05	1.E-05	1.E-05	1.E-05	1.E-05	1.E-05

주: 괄호 안의 숫자는 표준편차임.
자료: 기획재정부 내부자료, 한국은행 경제통계시스템 자료를 활용하여 저자 계산.

<표 2-6> 응찰액 포함 MF-DNS 파라미터 추정 결과

	수준	기울기	곡률									
μ (1 × 3)	-0.001 (0.098)	0.004 (0.099)	-0.086 0.076)									
G_{ff} (3 × 3)	0.789 (0.066)	0.020 (0.053)	-0.076 (0.056)									
	-0.013 (0.088)	0.766 (0.070)	0.098 (0.074)									
	-0.039 (0.050)	-0.139 (0.058)	0.894 (0.049)									
Ω (3 × 3)	0.015 (0.002)	-0.002 (0.002)	-0.001 0.002)									
	-0.002 (0.002)	0.020 (0.004)	-0.001 0.002)									
	-0.001 (0.002)	-0.001 (0.002)	0.011 0.002)									
σ (1 × 1)	0.005 (4.E-04)											
	발행량	전산업 생산지수	미국채 10년	한국 기준금리	CPI	코스피	미국 기준금리	로그환율	코로나19	국채 회전율	총잔액	응찰량
G_{fm} (3 × 12)	0.029	-0.001	0.453	0.326	-0.064	-0.001	-0.259	0.059	-0.073	0.003	-0.002	-0.007
	0.012	0.006	0.058	0.103	0.025	0.003	0.050	0.090	0.077	0.002	0.001	0.005
	-0.010	0.001	-0.215	-0.124	0.002	-0.016	0.203	0.054	0.082	-0.021	0.001	-0.012
	0.030	0.016	0.117	0.177	0.055	0.007	0.089	0.120	0.143	0.006	0.001	0.012
	-4.E-08	-7.E-07	3.E-07	-7.E-08	7.E-08	1.E-07	-3.E-07	-5.E-07	-5.E-07	-3.E-07	-8.E-07	3.E-09
	1.E-05	1.E-05	1.E-05	1.E-05	1.E-05	1.E-05	1.E-05	1.E-05	1.E-05	1.E-05	1.E-05	1.E-05

주: 괄호 안의 숫자는 표준편차임.
자료: 기획재정부 내부자료, 한국은행 경제통계시스템 자료를 활용하여 저자 계산.

<표 2-7> 응찰액, 총잔액×응찰액 상호작용항 포함 MF-DNS 파라미터 추정 결과

	수준	기울기	곡률									
μ (1 × 3)	0.002 (0.105)	0.003 (0.102)	-0.083 (0.078)									
G_{ff} (3 × 3)	0.795 (0.069)	0.025 (0.056)	-0.084 (0.056)									
	-0.014 (0.083)	0.760 (0.069)	0.103 (0.071)									
	-0.050 (0.051)	-0.150 (0.056)	0.901 (0.050)									
Ω (3 × 3)	0.015 (0.002)	-0.002 (0.002)	-0.001 (0.002)									
	-0.002 (0.002)	0.020 (0.004)	-0.001 (0.002)									
	-0.001 (0.002)	-0.001 (0.002)	0.011 (0.002)									
σ (1 × 1)	0.005 (4.E-04)											
	발행량	전산업 생산지수	미국채 10년	한국 기준금리	CPI	코스피	미국 기준금리	로그환율	코로나19	국채 회전율	총잔액	응찰량	발행량* 잔액
G_{fm} (3 × 13)	0.055	-0.002	0.260	0.087	-0.053	-0.002	-0.152	0.049	-0.031	0.002	-0.001	-0.014	-0.004
	0.027	0.004	0.038	0.063	0.019	0.002	0.033	0.054	0.045	0.002	0.001	0.006	0.004
	-0.062	0.001	0.039	0.030	-0.048	-0.017	0.092	0.031	-0.046	-0.021	-6.E-05	0.015	0.003
	0.053	0.011	0.060	0.086	0.050	0.006	0.053	0.075	0.093	0.003	0.001	0.017	0.007
	3.E-07	-8.E-07	7.E-07	-3.E-07	-1.E-07	2.E-07	3.E-07	-2.E-07	-2.E-07	-7.E-07	-3.E-07	-3.E-07	-6.E-07
	1.E-05	1.E-05	1.E-05	1.E-05	1.E-05	1.E-05	1.E-05	1.E-05	1.E-05	1.E-05	1.E-05	1.E-05	1.E-05

주: 괄호 안의 숫자는 표준편차임.
자료: 기획재정부 내부자료, 한국은행 경제통계시스템 자료를 활용하여 저자 계산.

이는 국고채 응찰량을 포함할 때 국고채 수요가 더욱 적절히 통제되어 국고채 발행량과 금리의 상관관계가 뚜렷해지는 선형회귀분석 결과와 일치한다.

<표 2-7>은 발행량과 국고채 잔액의 교차항을 MF-DNS 모형의 외부관측 요인으로 추가하였을 경우 해당 변수에 대한 파라미터 추정 결과이다. 발행량이 수준 요인에 미치는 영향에 대한 추정치는 0.0551로 기울기 -0.0619와 곡률(2.933E-07)보다 크다. 즉, 국고채 발행량 증대는 주로 국고채 수익률의 수준 요인에 영향을 미치는 것으로 보인다.

한편, 발행량과 국고채 총잔액의 교차항 수준과 기울기 요인에 미치는 영향에 대한 파라미터 추정치는 각각 -0.0038과 0.0031이다. 즉, 응찰액과 국고채 잔액의 교차항은 수준 요인에는 양의 방향으로, 기울기 요인에는 음의 방향으로 영향을 미친다. 식 (5)에 따라 발행량과 국고채 잔액의 교차항이 연물별 국채 금리에 미치는 영향은 요인계수(factor loading, $\Lambda(\tau)$)와 G_{fm} 행렬의 곱으로 결정된다. 따라서 수준과 기울기 요인에 미치는 영향에 대한 추정치가 각각 음의 값과 양의 값이더라도, 발행량과 국채 총잔액의 교차항이 국채 금리에 미치는 영향은 음의 값이 될 수 있다.

예를 들어 3년물(τ=36)의 경우, 선행연구를 준용하여 decay 파라미터(λ)가 0.0609일 때, 기울기 요인의 요인계수($\frac{1-e^{-\tau\lambda}}{\tau\lambda}$)의 값은 0.405이다.

또한 수준요인의 요인계수는 1이다. 이에 따라 발행량과 총잔액의 교차항이 3년물에 미치는 영향에 대한 추정치는 -0.0025로 음수이다. 즉, 발행량과 국채 총잔액의 교차항이 국채 금리에 미치는 영향에 대한 추정치는 음의 값을 가진다.

<표 2-8>은 국고채 총발행량이 연물별 국채 금리에 미치는 영향을 분석한 결과이다. 이를 통해 국채발행은 모든 연물에 걸쳐서 금리를 증가시킴을 알 수 있다. 구체적으로 국고채 총발행이 1조원 증가하면 국고채 수익률이 평균적으로 2.50~2.86bp 상승하는 것으로 추정되며, 모든 연물에 대한 추정치는 통계적으로 유의하다. 이는 자금 공급 곡선의 이동, 즉 응찰량을 비롯한 제반 거시경제변수를 통제한 결과이다. 응찰량이 통제되지 않을 경우에는, 국고채 총발행 1조원당 평균적으로 국고채 수익률이

<표 2-8> 국고채 총발행량-국고채 연물별 금리 MF-DNS 분석 결과 1

	(1) 응찰액 X		(2) 응찰액 O		(3) 응찰액 O, 발행량*잔액 상호작용 O			
					발행량		상호작용	
	평균	표준편차	평균	표준편차	평균	표준편차	평균	표준편차
3년	0.0007	0.0052	0.0250	0.0120	0.0300	0.0303	-0.0025	0.0039
5년	0.0046	0.0047	0.0264	0.0107	0.0386	0.0275	-0.0030	0.0036
10년	0.0082	0.0048	0.0277	0.0108	0.0466	0.0265	-0.0034	0.0035
20년	0.0101	0.0050	0.0283	0.0114	0.0509	0.0267	-0.0036	0.0036
30년	0.0107	0.0052	0.0286	0.0117	0.0523	0.0269	-0.0037	0.0036

자료: 기획재정부 내부자료, 한국은행 경제통계시스템 자료를 활용하여 저자 계산.

0.5~1bp 상승하는 것으로 추정되며, 통계적 유의성이 낮다.

또한 국고채의 만기가 길어질수록 금리에 미치는 영향이 큰 것으로 추정된다. 5년물과 10년물의 경우 총발행 1조원당 각각 2.64bp, 2.77bp 증가하는데 이는 3년물의 추정치(총발행 1조원당 2.50bp) 대비 0.14bp, 0.27bp 큰 것이다. 20년물과 30년물의 추정치의 경우 각각 2.83bp, 2.86bp로 10년물 대비 약 0.06bp, 0.09bp 크다.

이처럼 장기물 국고채 금리의 상승폭이 더 큰 원인으로 크게 국고채 장기물 발행 비중 증가와 국고채 장기물의 상대적으로 약한 수요 기반을 고려해 볼 수 있다. 2017년 이후 국고채 장기물의 비중은 점차 증가하여, 2015년도에는 장기물 비중이 약 21.1%에 그쳤으나 2021년에는 약 31.9%까지 상승하였다. 이처럼 장기물 발행 비중이 증가함에 따라 국고채 총발행량 증가에 따른 국고채 수익률 변화가 장기물에서 더욱 두드러지게 나타나게 된 것이라 사료된다.

또한 연물별 발행 비중과는 별도로 국고채 발행량 증가에 따른 국고채 수익률 변화가 단기물, 중기물, 장기물에서 다르게 나타날 수 있다. 이를 검증하기 위해 본 연구에서는 추가적으로 발행량을 단기물(2년, 3년), 중기물(5년, 10년), 장기물(20년, 30년, 50년)로 구분하여 국고채 수익률에 미치는 영향을 MF-DNS 모형으로 분석하였다.

<표 2-9> 국고채 단, 중, 장기 발행량-국고채 연물별 금리 MF-DNS 분석 결과

	(1) 단기		(2) 중기		(3) 장기	
	평균	표준편차	평균	표준편차	평균	표준편차
3년	0.0286	0.0132	0.0111	0.0113	0.0104	0.0168
5년	0.0235	0.0128	0.0177	0.0119	0.0136	0.0162
10년	0.0159	0.0129	0.0265	0.0127	0.0189	0.0153
20년	0.0080	0.0127	0.0246	0.0125	0.0262	0.0152
30년	0.0061	0.0125	0.0216	0.0124	0.0315	0.0154

자료: 기획재정부 내부자료, 한국은행 경제통계시스템 자료를 활용하여 저자 계산.

분석 결과(표 2-9 참조), 단기물 발행량이 1조원 증가할 때 3년물 국고채 금리는 약 2.85bp 증가하고, 5년물은 약 2.34bp 증가하는 반면, 중·장기물 금리는 0.6~1.58bp 정도 상승하는 데 그쳤으며, 통계적으로 유의하지도 않았다. 한편, 중기물 발행량이 1조원 증가할 때 10년물 국고채 금리는 2.65bp, 20년물 금리는 2.45bp, 30년물은 금리는 2.15 증가하였으나 단기물 금리의 증가폭은 1.1~1.76bp에 그쳤으며, 통계적으로 유의하지 않았다. 마지막으로 장기물 발행량이 1조원 증가할 때 20년물 국고채 금리는 2.62bp 증가하였고, 30년물 금리는 3.15bp 증가하였다. 반면, 단기물과 중기물의 금리는 통계적으로 유의미한 변화를 보이지 않았다. 이처럼 장기물뿐만 아니라 중기물 국고채 발행량이 증가할 때도 장기물 국고채 금리는 유의미한 변화를 나타낸다.

이를 종합하면, 최근 들어 장기물 발행이 늘어난 점과 중기물 국고채 발행량 증가도 장기물 국고채 금리에 영향을 미치는 점 등의 영향으로 국고채 총발행량이 증가할 때 장기물 국고채 수익률의 증가폭이 단기물 금리 증가폭에 비해 큰 경향이 나타남을 알 수 있다.

또한 발행량과 발행잔액의 교차항을 추가한 모형의 계수 추정값을 통해 발행잔액이 증가할수록 발행량 증가에 따른 국고채 수익률 상승폭이 감소함을 알 수 있다. 발행량 1조원 증가에 따른 국고채 수익률 상승폭은 국고채 잔액이 100조원 증가할 경우 약 0.25~0.37bp 추가로 감소함을 알 수 있다. 통계적 유의성이 낮지만, 국채 잔액이 높아지는 최근 시기일수록 국고채 수요 기반이 확대되어 발행량 증가에 따른 금리 상승 효과가 소폭 낮아졌을 가능성을 시사한다.

<표 2-10>과 <표 2-11>은 코로나19 이전(2015. 1~2019. 12)과 이후(2020. 1~2021. 6) 시기를 구분하여 MF-DNS의 거시경제변수에 응찰액을 추가하지 않은 모형과 응찰액을 추가한 모형에 대한 각각의 파라미터 추정 결과이다. 응찰량을 통제하였을 때, 발행량이 수준 요인에 미치는 영향에 대한 계수 추정치는 코로나19 이전에는 0.0403, 코로나19 이후는 0.0251이다. 코로나19 이후 발행량이 수준요인에 미치는 영향이 커지는 것으로 추정되었다. 한편, 발행량이 기울기 요인에 미치는 영향에 대한 파라미터 추정치는 코로나19 이전에는 -0.0253, 코로나19 이후는 -0.0110이다.

즉, 발행량은 수준요인에는 양의 방향으로, 기울기 요인에는 음의 방향으로 영향을 미친다. 이는 코로나19 이전과 이후를 모두 분석기간에 포함한 <표 2-6>의 결과와 일치한다.

발행량이 기울기 요인에 음의 방향으로 영향을 미치더라도, 국고채 금리에 양의 방향으로 영향을 미칠 수 있다. 식 (5)에 따라 발행량이 연물별 국채 금리에 미치는 영향은 요인계수(factor loading, $\Lambda(\tau)$)와 G 행렬의 곱으로 결정된다. 3년물(τ=36)의 경우, decay 파라미터(λ)가 0.0609일 때, 기울기 요인계수($\frac{1-e^{-\tau\lambda}}{\tau\lambda}$)의 값은 0.405이므로, 발행량 1조원당 3년물 국고채 금리에 미치는 영향은 코로나19 이전과 이후 각각 0.300과 0.207로 추정된다. 5년물(τ=60)의 경우, 기울기 요인계수는 0.267이므로 발행량 1조원당 5년물 국고채 금리에 미치는 영향은 코로나19 이전과 이후 각각 0.335과 0.222로 추정된다. 이는 <표 2-11>의 결과와 일치하며, 10, 20, 30년물의 경우도 일치한다.

<표 2-12>는 코로나19 이전(2015. 1~2019. 12)과 이후(2020. 1~2021. 6) 시기를 구분하여 국채 총발행량이 연물별 국채 금리에 미치는 영향을 추정한 결과이다. 이를 통해 코로나19가 발발한 2020년 이후 국채발행 1조원당 금리에 미치는 영향이 작아졌음을 알 수 있다. 응찰량을 통제하였을 경우, 코로나19 발발 이전에는 국채 금리가 발행량 1조원당 평균

<표 2-10> 코로나19 전후 응찰액 미포함 MF-DNS 파라미터 추정 결과

	수준	기울기	곡률									
μ (1 × 3)	-0.0025 (0.0978)	0.0045 (0.0995)	-0.0799 (0.0782)									
G_{ff} (3 × 3)	0.8111 (0.0658)	0.0330 (0.0521)	-0.0694 (0.0548)									
	-0.0115 (0.0872)	0.7636 (0.0700)	0.0942 (0.0708)									
	-0.0472 (0.0475)	-0.1474 (0.0527)	0.8974 (0.0491)									
Ω (3 × 3)	0.0151 (0.0021)	-0.0025 (0.0022)	-0.0007 (0.0016)									
	-0.0025 (0.0022)	0.0196 (0.0039)	-0.0007 (0.0020)									
	-0.0007 (0.0016)	-0.0007 (0.0020)	0.0110 (0.0023)									
σ (1 × 1)	0.0052 (0.0004)											
	코로나 이전 발행량	코로나 이후 발행량	전산업 생산지수	미국채 10년	한국 기준금리	CPI	코스피	미국 기준금리	로그환율	코로나19	국채 회전율	총잔액
G_{fm} (3 × 12)	0.021	0.005	-0.002	0.484	0.331	-0.053	-0.001	-0.292	-0.013	0.059	0.004	-0.001
	0.008	0.007	0.005	0.058	0.100	0.026	0.003	0.056	0.089	0.113	0.002	0.001
	-0.037	-0.015	0.004	-0.199	-0.157	-0.031	-0.014	0.275	0.108	-0.142	-0.022	1.E-05
	0.018	0.016	0.015	0.117	0.181	0.054	0.008	0.104	0.106	0.224	0.006	0.001
	7.E-08	-9.E-07	4.E-07	-7.E-08	5.E-08	7.E-08	-2.E-07	-5.E-07	-5.E-07	-3.E-07	-6.E-07	-5.E-07
	1.E-05	1.E-05	9.E-06	1.E-05	1.E-05	1.E-05	1.E-05	1.E-05	1.E-05	1.E-05	1.E-05	1.E-05

주: 1) 괄호 안의 숫자는 표준편차임.
2) 코로나19 이전은 2015년 1월~2019년 12월을, 이후는 2020년 1월~2021년 6월을 의미함.

<표 2-11> 코로나19 전후 응찰액 포함 MF-DNS 파라미터 추정 결과

	수준	기울기	곡률										
μ (1 × 3)	0.0014 (0.1049)	0.0029 (0.1027)	-0.0743 (0.0798)										
G_{ff} (3 × 3)	0.7912 (0.0682)	0.0183 (0.0566)	-0.0801 (0.0564)										
	-0.0090 (0.0830)	0.7577 (0.0677)	0.0986 (0.0749)										
	-0.0431 (0.0491)	-0.1375 (0.0521)	0.8975 (0.0496)										
Ω (3 × 3)	0.0146 (0.0021)	-0.0025 (0.0021)	-0.0008 (0.0016)										
	-0.0025 (0.0021)	0.0200 (0.0039)	-0.0009 (0.0022)										
	-0.0008 (0.0016)	-0.0009 (0.0022)	0.0111 (0.0022)										
σ (1 × 1)	0.0052 (0.0004)												
	코로나 이전 발행량	코로나 이후 발행량	전산업 생산지수	미국채 10년	한국 기준금리	CPI	코스피	미국 기준금리	로그환율	코로나19	국채 회전율	총잔액	응찰량
G_{fm} (3 × 13)	0.040	0.025	-0.003	0.470	0.322	-0.054	-0.003	-0.281	0.021	0.058	0.002	-0.001	-0.010
	0.015	0.013	0.005	0.057	0.113	0.026	0.002	0.052	0.086	0.116	0.002	0.001	0.006
	-0.025	-0.011	0.008	-0.243	-0.150	-0.016	-0.009	0.274	0.096	-0.039	-0.019	2.E-04	-0.006
	0.038	0.034	0.015	0.108	0.170	0.050	0.006	0.095	0.108	0.215	0.006	0.001	0.015
	4.E-07	-1.E-06	8.E-07	-3.E-07	-2.E-07	1.E-07	4.E-07	-2.E-07	-2.E-07	-6.E-07	-5.E-08	-1.E-06	5.E-08
	1.E-05	1.E-05	1.E-05	1.E-05	1.E-05	1.E-05	1.E-05	1.E-05	1.E-05	1.E-05	1.E-05	1.E-05	1.E-05

주: 1) 괄호 안의 숫자는 표준편차임.
2) 코로나19 이전은 2015년 1월~2019년 12월을, 이후는 2020년 1월~2021년 6월을 의미함.

<표 2-12> 국고채 총발행량-국고채 연물별 금리 MF-DNS 분석 결과 2

	연물	평균	표준편차	25%	50%	75%
응찰량 X						
I. 코로나19 이전 × 총발행량	3년물	0.0058	0.0071	0.0010	0.0053	0.0106
	5년물	0.0110	0.0067	0.0065	0.0107	0.0155
	10년물	0.0158	0.0071	0.0114	0.0157	0.0205
	20년물	0.0184	0.0076	0.0136	0.0187	0.0235
	30년물	0.0192	0.0078	0.0144	0.0195	0.0245
I. 코로나19 이후 × 총발행량	3년물	-0.0007	0.0067	-0.0052	-0.0011	0.0036
	5년물	0.0014	0.0061	-0.0030	0.0013	0.0052
	10년물	0.0034	0.0063	-0.0009	0.0034	0.0075
	20년물	0.0044	0.0066	0.0001	0.0044	0.0088
	30년물	0.0047	0.0068	0.0004	0.0046	0.0093
응찰량 O						
I. 코로나19 이전 × 총발행량	3년물	0.0300	0.0144	0.0203	0.0299	0.0403
	5년물	0.0335	0.0127	0.0250	0.0333	0.0423
	10년물	0.0368	0.0130	0.0285	0.0372	0.0455
	20년물	0.0386	0.0139	0.0295	0.0388	0.0479
	30년물	0.0391	0.0143	0.0300	0.0396	0.0486
I. 코로나19 이후 × 총발행량	3년물	0.0207	0.0133	0.0114	0.0209	0.0302
	5년물	0.0222	0.0115	0.0144	0.0223	0.0301
	10년물	0.0236	0.0114	0.0160	0.0238	0.0313
	20년물	0.0244	0.0120	0.0163	0.0246	0.0325
	30년물	0.0246	0.0123	0.0164	0.0248	0.0328

주: 1) 총발행은 3년~30년물 발행량의 합산.
2) 데이터 분석기간은 2015년 1월~2021년 6월임.
3) 코로나19 이전은 2015년 1월~2019년 12월을, 이후는 2020년 1월~2021년 6월을 의미함.
자료: 기획재정부 내부자료, 한국은행 경제통계시스템 자료를 활용하여 저자 계산.

3.00bp~3.91bp 증가하는 것으로 추정되었으며, 모든 연물의 추정치가 통계적으로 유의하다. 한편, 코로나19가 발발한 2020년 이후에는 국채 금리가 발행 1조원당 평균적으로 2.07bp~2.46bp 증가하는 것으로 추정되었으며, 3년물을 제외한 모든 추정치가 통계적으로 유의하다.

이는 <표 2-8>의 발행량과 잔액의 교차항(interaction term)을 추가한 모형을 통해 분석한 결과와 일치한다. 즉, 2020년 이후 시기는 국채발행 1조원당 금리가 증가하는 효과가 더 작아진 것이다. 이는 최근으로 오면서 우리나라 국고채 수요 기반이 확장되었을 가능성을 의미한다. 특히 우리나라의 국고채시장에 대한 해외투자자들의 신뢰 증가가 수요 기반 확장으로 이어졌을 가능성이 있다. 외국인 투자자의 경우, 우리나라의 국고채에 대한 투자를 지속하였다. IMF에 따르면, 2013년 미국의 양적완화 축소에 따른 아시아 신흥국들의 통화 가치 폭락에도 불구하고 우리나라의 당시 환율과 국고채 금리는 안정세를 유지하여, 외국인 투자자들에게 우리나라 금융시장이 투자가치가 보장되는 안전한 피난처인 세이프 헤븐(safe haven)으로 인식이 전환되었을 가능성이 높다(Hansen and Krogstrup 2019). 이와 같은 배경은 최근 들어 우리나라 국고채시장의 수요 기반이 확대되는 배경이 되었고, 그에 따라 국고채 공급이 증가할 때 금리가 상승하는 폭이 과거에 비해 줄어든 것으로 사료된다.

<표 2-12>를 통해 코로나19 이전과 이후 두 기간 모두 만기가 긴 장기 국고채일수록 국채발행 1조원당 금리 상승 효과의 추정치가 커지는 것을 확인할 수 있다. 응찰량을 통제하였을 경우 코로나19 이전에는 5년물과 10년물의 총발행 1조원당 국고채 수익률이 각각 3.35, 3.68bp 증가하는데, 이는 3년물의 추정치(총발행 1조원당 3.00bp) 대비 0.35, 0.68bp 큰 것이다. 20년물과 30년물의 추정치의 경우 각각 3.86bp와 3.91bp로 10년물 대비 약 0.18bp와 0.23bp 크다. 또한 모든 추정치는 통계적으로 유의하였다.

2020년 이후에는 5년물, 10년물 추정치의 경우 2.22, 2.36bp로 3년물 추정치(2.07bp) 대비 0.15, 0.29bp 크다. 20년물, 30년물 추정치의 경우 2.44, 2.46bp로 10년물 추정치 대비 각각 0.8, 0.10bp 더 크다.

3. 바이백 분석 결과

본 소절에서는 국고채발행에 따른 국고채 금리 상승과 정반대의 현상이지만 발행량 조절에 따른 금리 변화라는 공통의 현상에 대한 정보를 담고 있는 바이백에 대해 분석한 결과를 소개한다. 바이백은 크게 평균만기 조정을 위한 정례적 바이백과 시장 안정 조치를 위해 진행하는 긴급 바이백으로 나뉜다. 정례적으로 진행되는 바이백의 경우는 시장에서 이미 예측하고 있으므로 바이백 계획 발표시점 전후, 또는 바이백 시행 시점 전후로 유의미한 변화가 나타나지 않을 가능성이 크다. 반면, 갑작스럽게 시행된 긴급 바이백의 경우 시장에서 예측하지 못하여, 바이백 뉴스가 나온 당일 혹은 바이백이 시행되는 날 국고채 금리가 유의미하게 변화할 수 있다. 특히 금융시장의 경우 그 특성상 뉴스가 나온 당일에 그 변화가 시행일에 앞서 선제적으로 나타날 가능성이 크다.

이처럼 바이백에 따른 금리 변화를 파악하기 위해서는 장기간의 추세가 아닌 매우 짧은 기간의 변화를 살펴보아야 하므로, 월간 자료가 아닌 일간 자료를 사용하여 분석한다.

<표 2-13>과 <표 2-14>는 정례적 바이백과 긴급 바이백을 모두 포함하여 동태적 넬슨-시겔 모형으로 분석한 결과이다. 분석 결과에서는 뚜렷한 경향성이 나타나지 않는다. 이는 실제로 국고채 금리에 모두 선반영이 되어서 뉴스 발표나 시행 시기에 영향이 나타나지 않는 정례적 바이백이 긴급 바이백에 비해 시행 횟수가 훨씬 많기 때문이라 사료된다. 이러한 결과를 보완하기 위해 긴급 바이백으로 한정하여 바이백 시행이 국고채 금리에 미친 영향을 소개한다.

<표 2-15>는 긴급 바이백 시행으로 인한 국고채 금리의 변화를 분석한 결과를 보여준다. 분석 결과, 국고채 긴급 바이백을 실시하면 국고채 금리가 하락하며, 그 효과는 연물별 · 시기별로 다소 상이하게 나타난다. 우선 전체 기간에 대해 분석한 결과, 국고채 긴급 바이백을 1조원 규모로 시행할 경우 3년물 국고채 금리는 약 1.91bp, 5년물은 약 2.12bp, 10년물은 약 2.12bp, 20년물은 약 2.09bp, 30년물은 약 2.08bp 감소한다. 즉, 만기가 10년 이하인 경우, 국고채 바이백으로 인한 국고채 금리 감소 효과는 만기가 긴 장기 국고채에서 더 크게 나타난다. 20년물과 30년물 국고채의 금리의 경우 5년물과 10년물 국고채 대비 약 0.03~0.04bp 덜 감소하나, 3년물 대비 약 0.18bp 추가로 감소한다.

하지만 이 효과는 코로나19 이전과 이후 그 효과가 상이하다. 코로나19 이전에는 국고채 바이백으로 인한 금리 감소 효과가 3년물 국고채 금리의

<표 2-13> 전체 바이백이 국채금리에 미치는 효과(바이백 발표시점 더미 미포함)

기간 구분	연물	평균	표준편차	25%	50%	75%
I. 전체 기간 (2017년 6월~2021년 12월)	3년물	0.0008	0.0031	-0.0013	0.0008	0.0027
	5년물	0.0007	0.0030	-0.0012	0.0007	0.0025
	10년물	-0.0010	0.0029	-0.0028	-0.0011	0.0008
	20년물	-0.0022	0.0030	-0.0041	-0.0023	-0.0002
	30년물	-0.0026	0.0031	-0.0046	-0.0027	-0.0005
II. 코로나19 이전	3년물	-0.0011	0.0038	-0.0036	-0.0011	0.0014
	5년물	-0.0016	0.0036	-0.0039	-0.0016	0.0006
	10년물	-0.0032	0.0035	-0.0056	-0.0032	-0.0009
	20년물	-0.0042	0.0037	-0.0067	-0.0041	-0.0018
	30년물	-0.0046	0.0038	-0.0072	-0.0045	-0.0021
III. 코로나19 이후	3년물	0.0078	0.0092	0.0013	0.0071	0.0138
	5년물	0.0086	0.0085	0.0021	0.0078	0.0134
	10년물	0.0065	0.0083	-0.0002	0.0060	0.0119
	20년물	0.0050	0.0084	-0.0015	0.0044	0.0105
	30년물	0.0044	0.0085	-0.0022	0.0041	0.0099

주: 1) 바이백 발표시점을 기준으로 -1일, +1일, +2일, +3일 더미를 생성함.
2) 코로나19 이전은 2015년 1월~2019년 12월을, 이후는 2020년 1월~2021년 6월을 의미함.
자료: 기획재정부 내부자료, 한국은행 경제통계시스템 자료를 활용하여 저자 계산.

<표 2-14> 전체 바이백이 국채금리에 미치는 효과(바이백 발표시점 더미 포함)

기간 구분	연물	평균	표준편차	25%	50%	75%
I. 전체 기간 (2017년 6월~2021년 12월)	3년물	0.0004	0.0031	-0.0018	0.0004	0.0027
	5년물	0.0000	0.0030	-0.0020	0.0000	0.0020
	10년물	-0.0012	0.0029	-0.0031	-0.0013	0.0007
	20년물	-0.0019	0.0031	-0.0039	-0.0020	0.0001
	30년물	-0.0021	0.0032	-0.0042	-0.0022	0.0000
II. 코로나19 이전	3년물	-0.0009	0.0038	-0.0037	-0.0009	0.0018
	5년물	-0.0015	0.0038	-0.0042	-0.0015	0.0011
	10년물	-0.0029	0.0036	-0.0053	-0.0030	-0.0004
	20년물	-0.0038	0.0038	-0.0064	-0.0038	-0.0013
	30년물	-0.0041	0.0039	-0.0068	-0.0041	-0.0015
III. 코로나19 이후	3년물	0.0059	0.0088	-0.0001	0.0061	0.0117
	5년물	0.0063	0.0082	0.0003	0.0065	0.0118
	10년물	0.0061	0.0080	0.0008	0.0060	0.0122
	20년물	0.0059	0.0083	0.0004	0.0056	0.0119
	30년물	0.0059	0.0084	0.0001	0.0059	0.0120

주: 1) 바이백 발표시점을 기준으로 -1일, +1일, +2일, +3일 더미를 생성함.
2) 코로나19 이전은 2015년 1월~2019년 12월을, 이후는 2020년 1월~2021년 6월을 의미함.
자료: 기획재정부 내부자료, 한국은행 경제통계시스템 자료를 활용하여 저자 계산.

<표 2-15> 긴급 바이백이 국채금리에 미치는 효과(바이백 발표시점 더미 미포함)

기간 구분	연물	평균	표준편차	25%	50%	75%
I. 전체 기간 (2017년 6월~ 2021년 12월)	3년물	-0.0171	0.0082	-0.0222	-0.0171	-0.0120
	5년물	-0.0188	0.0080	-0.0240	-0.0189	-0.0141
	10년물	-0.0201	0.0077	-0.0250	-0.0200	-0.0158
	20년물	-0.0207	0.0082	-0.0261	-0.0206	-0.0158
	30년물	-0.0209	0.0085	-0.0265	-0.0209	-0.0157
II. 코로나19 이전	3년물	-0.0081	0.0089	-0.0140	-0.0095	-0.0015
	5년물	-0.0114	0.0091	-0.0168	-0.0124	-0.0059
	10년물	-0.0169	0.0093	-0.0233	-0.0172	-0.0112
	20년물	-0.0201	0.0098	-0.0263	-0.0208	-0.0136
	30년물	-0.0211	0.0100	-0.0273	-0.0219	-0.0146
III. 코로나19 이후	3년물	-0.0338	0.0129	-0.0426	-0.0355	-0.0249
	5년물	-0.0331	0.0129	-0.0416	-0.0339	-0.0238
	10년물	-0.0200	0.0138	-0.0282	-0.0184	-0.0129
	20년물	-0.0115	0.0149	-0.0209	-0.0080	-0.0016
	30년물	-0.0086	0.0154	-0.0183	-0.0052	0.0007

주: 1) 바이백 발표시점을 기준으로 -1일, +1일, +2일, +3일 더미를 생성함.
2) 코로나19 이전은 2015년 1월~2019년 12월을, 이후는 2020년 1월~2021년 6월을 의미함.
자료: 기획재정부 내부자료, 한국은행 경제통계시스템 자료를 활용하여 저자 계산.

<표 2-16> 긴급 바이백이 국채금리에 미치는 효과(바이백 발표시점 더미 포함)

기간 구분	연물	평균	표준편차	25%	50%	75%
I. 전체 기간 (2017년 6월~ 2021년 12월)	3년물	-0.0191	0.0081	-0.0244	-0.0193	-0.0137
	5년물	-0.0212	0.0077	-0.0264	-0.0210	-0.0154
	10년물	-0.0212	0.0076	-0.0261	-0.0213	-0.0158
	20년물	-0.0209	0.0085	-0.0264	-0.0210	-0.0149
	30년물	-0.0208	0.0089	-0.0266	-0.0211	-0.0148
II. 코로나19 이전	3년물	-0.0072	0.0069	-0.0124	-0.0085	-0.0031
	5년물	-0.0107	0.0072	-0.0149	-0.0110	-0.0061
	10년물	-0.0189	0.0079	-0.0243	-0.0191	-0.0129
	20년물	-0.0239	0.0088	-0.0294	-0.0242	-0.0158
	30년물	-0.0255	0.0092	-0.0318	-0.0262	-0.0180
III. 코로나19 이후	3년물	-0.0352	0.0141	-0.0434	-0.0363	-0.0254
	5년물	-0.0354	0.0135	-0.0435	-0.0368	-0.0271
	10년물	-0.0258	0.0154	-0.0353	-0.0272	-0.0164
	20년물	-0.0195	0.0172	-0.0304	-0.0208	-0.0101
	30년물	-0.0174	0.0179	-0.0291	-0.0185	-0.0074

주: 1) 바이백 발표시점을 기준으로 -1일, +1일, +2일, +3일 더미를 생성함.
2) 코로나19 이전은 2015년 1월~2019년 12월을, 이후는 2020년 1월~2021년 6월을 의미함.
자료: 기획재정부 내부자료, 한국은행 경제통계시스템 자료를 활용하여 저자 계산.

경우 약 0.72bp, 5년물은 약 1.07bp, 10년물은 약 1.89bp, 20년물은 약 2.39bp, 30년물은 약 2.55bp 감소하며, 모든 연물의 추정치는 통계적으로 유의하다. 즉, 국고채 바이백으로 인한 금리 감소 효과가 주로 장기물에서 크게 나타난다. 반면, 코로나19 이후 시기에는 3년물 국고채 금리의 경우 약 3.52bp, 5년물은 약 3.54bp, 10년물은 약 2.58bp, 20년물은 약 1.95bp, 30년물은 약 1.74bp 감소하며, 3년물과 5년물의 추정치는 통계적으로 유의하다. 즉, 두 시기를 비교하면 코로나19 이후에는 이전에 비해서 국고채 바이백으로 인한 금리 감소 효과가 평균적으로 더 크고 그 상대적 크기는 오히려 단기 국고채에서 더 크게 나타난다. 한편, 코로나19 기간 바이백으로 인한 국고채 수익률 하락폭이 그 이전에 비해 크게 나타났다. 이는 코로나19 대응 차원으로 완화적 통화정책이 지속되는 상황에서도 국고채 발행량의 급격한 증가로 국고채 금리의 하락폭이 제한되고 있었는데, 일부 PD 및 PPD의 국고채 인수 부담이 가중되는 시점에 긴급 바이백을 실시한 결과라 사료된다. 이에 따라 일시적으로 나타나는 국고채 수급 불안을 적절히 해소한 결과라 사료된다.

또한 바이백의 금리 감소 효과는 단기물이 중·장기물 대비 크게 나타났다. 단기물의 주요 수요 기관은 은행과 증권사이며, 장기물의 주요 수요 기관은 보험사이다. 은행과 증권사는 보험사 대비 자금조달의 만기가 짧기 때문에 일시적 유동성 부족 현상을 겪을 가능성이 크다. 이에 따라 긴급 바이백 당시 단기물 국고채 시장에서 국고채 수급 불안이 일시적으로 발생하였을 가능성이 있다.

제7절 결론

코로나19로 인한 경제적 충격에 대응하기 위한 확장적 재정정책의 결과, 국고채 발행량은 2020년부터 큰 폭으로 증가하였다. 국고채 발행량 증가는 자금 수요 증가를 의미하고, 이는 결국 국고채 수익률 상승으로 이어진다. 국고채 수익률 상승은 회사채와 기업 및 가계 대출금리의 상승으로 연결되며, 차입을 해야 하거나 이미 부채 수준이 높은 기업 및 가계의 부담을 가중시킨다.

실제로 본 연구에 따르면, 국고채발행이 1조원 증가할 때 국고채 수익률은 약 2.5~2.9bp 상승하며, 이러한 현상은 국고채 발행량이 빠르게 증가한 코로나19 이후 더 두드러지고 국고채 수요 저변이 비교적 부족한 중장기물에서 더욱 크게 나타난다. 한편, 국고채 발행량 증가에 따른 국고채 수익률 증가의 영향과 반대 방향이지만 정확히 같은 맥락인 국고채 조기상환(buy-back) 상황을 분석한 결과, 국고채 바이백 규모가 1조원 증가할 때 국고채 수익률은 약 1.9~2.1bp 감소한다. 또한 국고채 바이백에 따른 수익률 감소의 영향도 발행량 증가에 따른 수익률 증가의 영향과 마찬가지로 상대적으로 수요 기반이 적은 중장기물에서 더욱 크게 나타났다.

국고채 발행량 증가에 따른 국고채 수익률의 상승은 자연스럽게 본 연구보고서의 다음 장에서 다루게 되는 국고채 발행량 증가에 따른 회사채와 기업 및 가계 대출시장 구축에 관한 주제로 연결된다. 또한 국고채 발행량 증가에 따른 국고채 수익률 상승, 그로 인한 기업 및 가계의 조달금리 상승의 부작용을 최소화하기 위해서는 추가적인 외국자본의 유입을 도모해야 한다. 이를 위해 정부는 최근 세계국채지수(WGBI) 편입을 도모하고 있다. 선행연구에 따르면, 세계국채지수에 편입하게 되면 60~90조원 규모의 외국자본이 추가로 국내에 도입되고, 이는 국채 발행량 증가에 따른 금리 상승 및 민간 부채 구축효과의 감소를 야기한다.[19] 물론 이 과정에서 위험 선호가 전환되는 시기에 급격한 외국자본 유출 가능성이 증가하지 않는지에 대한 검토가 수반되어야 하는데, 이 또한 본 연구보고서의 다음 장에서 다루게 된다.

---

19 2020년 금융연구원은 외국인 국채 투자 유입이 약 50~60조원에 달할 것으로 추정했고, 최근 IB 및 국내증권사 등은 국채 발행잔액, 환율 등을 감안한 자금 유입 규모를 60~90조원 수준으로 추정하였다(기획재정부, 「한국, 세계국채지수(WGBI) 관찰대상국(Watch List) 등재」, 보도참고자료: 2022. 9. 30).

제3장

금융건전성 규제가 국고채 수익률에 미치는 영향

홍 종 수 · 김 미 루 (한국개발연구원)

본 연구는 금융시장의 거시건전성 규제가 국고채 수익률에 미치는 영향을 분석한다. 금융건전성 규제는 금융기관과 그로부터 비롯되는 제반 금융시스템의 안정성을 유지하기 위해 도입되었다. 하지만 일부 금융건전성 규제는 시스템 안정성뿐 아니라 국고채 수요에도 직간접적인 영향을 미침으로써 시장금리에도 영향을 미치고 결국 자원의 배분에도 영향을 미칠 수 있다. 본 연구에서 중점적으로 분석하는 금융건전성 규제는 단기자금시장 안정성 규제인 증권사 콜시장 참여 제한과 은행권 유동성 규제인 LCR(Liquidity Coverage Ratio) 규제이다. 이들은 글로벌 금융위기 이후 각 시장에서 시스템 안정성 확보를 위해 도입되었으며, 다른 한편으로는 국고채 수요에도 영향을 미칠 수 있는 대표적인 금융안정성 규제이다. 본 연구의 분석 결과, 증권사의 콜시장 참여를 자기자본 대비 25% 이하로 제한하고 그 이후 원칙적으로 배제한 결과, 증권사의 환매조건부채권매매(Repo)시장 참여가 유의미하게 증가했다. 이에 따라 증권사의 국고채 수요가 증대되었고, 그 결과 도합 10.8~12.5bp 내외로 국고채 수익률이 감소한 것으로 분석된다. 한편, LCR 규제가 단계적으로 도입됨에 따라 은행의 국고채 수요도 증가하고, 그 결과 국고채 수익률은 도합 약 6.1~7.3bp 내외로 감소한 것으로 나타난다. 이러한 결과는 향후 금융건전성 규제 도입이나 기존 거시건전성 규제의 강도를 조정할 때 국고채 수요를 통한 금융시장 파급효과도 고려할 필요가 있음을 시사한다.

제1절 서론

금융건전성 규제는 금융기관의 건전성을 확보하여 금융시스템 위험(systemic risk)을 방지하기 위한 정책적 수단이다. 금융건전성 규제는 크게 미시건전성 규제와 거시건전성 규제로 나눌 수 있다. 미시건전성 규제는 금융회사의 건전성 유지가 목표인 반면, 거시건전성 규제는 거시경제적 여건에 대응한 금융시스템 안정성 유지를 목표로 한다.

금융건전성 규제는 금융기관과 그로부터 비롯되는 제반 금융시스템의 안정성을 유지하기 위해 도입되었다. 하지만 일부 금융건전성 규제는 시스템 안정성뿐 아니라 국고채 수요에도 직간접적인 영향을 미침으로써 시장금리에도 영향을 미치고 결국 자원의 배분에도 영향을 미칠 수 있다.

대표적인 금융건전성 규제인 바젤 III에 따라 은행은 위험자산 대비 자본 비율과 순현금유출 대비 고유동성자산 비율에 대한 한도규제를 준수해야 한다. 증권사, 보험사 등 비은행 금융기관 또한 NCR과 RBC 등의 바젤 III와 유사한 규제를 준수해야 한다. 한편, 특정 금융시장(단기금융시장)의 안정성을 확보하기 위해 일부 금융기관의 시장 참여를 제한하거나 증거금률 등을 결정하는 규제가 있다. 이러한 규제들은 모두 금융기관이 국고채 등의 안전자산에 투자하는 비중을 변화시키거나 국고채 등 안전자산의 담보로서의 활용 가치를 변화시킬 수 있다. 이에 따라 해당 규제는 국고채 수요에도 영향을 미칠 수 있다.

정책당국도 금융건전성 규제가 국고채 수요에 영향을 미칠 수 있음을 인지하여 필요시 금융건전성 규제를 완화 혹은 강화하였다. 실제로 코로나19 대응을 위해 국고채발행이 전 세계적으로 급증했던 2020년에 미국은 금융시장의 거시건전성 규제가 국고채 수요에 영향을 미칠 수 있음을 고려하여 거시건전성 규제를 일부 완화하였다. 미국 연방준비제도는 은행자본규제 중 하나로 보완적 레버리지 비율(Supplementary Leverage Ratio: SLR)을 운용한다. SLR은 은행의 총자산 규모가 2,500억달러 이상인 미국의 대형은행에 적용되는 레버리지 비율로, 총 익스포저 대비 자기자본을 3% 이상 유지하도록 하는 규제이다.[20] 그런데 코로나19 대응을 위한 확장적 재정정책의 자금을 조달하는 과정에서 국고채발행이 급증했고 국고채 보유 비중을 늘리던 시중은행이 SLR을 더 이상 지키기 어려운 상황이 발생하였다. 이에 따라 추가 국고채 수요가 제한되고 민간 유동성 공급 여력도 제한되자, 미 연준은 한시적으로 SLR 산정 시 분모에서 국채와 지급준비금을 차감하여 비율 준수 부담을 낮춰주는 방식으로 변경했다.

한편, 최근 영국에서 발생한 부채연계투자(LDI)에서 비롯된 국채시장 금리 급등 사건의 경우, 그 반대 사례를, 즉 국고채의 일시적 수급 불안이 금융시장의 거시건전성에 영향을 미친 사례를 보여준다. 2022년 9월 26일 영국 국고채 10년물 금리는 하루 만에 42bp가 치솟으며 과감한 부채연계투자(LDI)를 진행해 오던 영국 연기금 펀드들이 마진콜(margin call)에 직면하는 상황이 발생한다. 이는 영국의 연기금 펀드들이 파생상품 및 환매조건부매매 등을 활용하여 자산과 부채의 상대적 가치를 유지하며 레버리지 투자를 활성화한 방식으로 평시에는 기회비용 측면에서 매력적인 투자방식이지만 시장 변동성이 확대되는 경우 전체 시장의 금융안정성을 위협할 수 있는 방식이다. 실제로 2022년 9월 말 영국 국고채 금리는 단 며칠 만에 100bp 내외로 치솟으며 금융 안정성을 위협했다. 이에 영란은행이 전 세계적으로 기준금리를 인상하고 있는 상황에서도 양적완화(중앙은행의 대규모 국채 매입)를 실시하여 금융안정성 회복을 도모하게 된다.

이처럼 금융시장의 거시건전성 규제와 국고채 수요 간에 밀접한 관련이 있음에도 불구하고 금융건전성 규제가 국고채 수요에 미치는 영향에 대한 국내 연구는 매우 미흡한 수준이다. 일반적으로 경기 둔화(침체)기

---

20 익스포저는 일반적으로는 '노출된'이라는 뜻이며, 금융시장에서는 통상 리스크에 노출된 액수 규모를 의미한다.

에 재정정책을 확장적으로 운용하고 통화정책은 완화적으로 운용하며 시장 유동성 공급을 통하여 디스인플레이션(disinflation)을 방지하고자 한다. 하지만 이때 국고채 공급량에 비해 수요가 불충분하여 시장금리가 상승하게 되면 완화적 통화정책에도 불구하고 통화정책 파급경로가 훼손되어 기업 및 가계에 대한 유동성 공급이 제약될 수 있다. 따라서 본 연구에서는 금융시장의 거시건전성 규제가 국고채 수요에 미치는 영향을 면밀히 분석하여 유사시 거시건전성 규제를 조정하는 결정을 할 때 금융시장에 미치는 영향에 대한 참고자료로 활용되고자 한다.

본 연구에서 중점적으로 분석하는 금융건전성 규제는 크게 단기자금시장 안정성 규제인 증권사 콜시장 참여 제한, 환매조건부채권거래(Repurchase Agreement: Repo)제도 개선, 그리고 은행권 유동성 규제인 LCR(Liquidity Coverage Ratio) 규제이다. 이들은 글로벌 금융위기 이후 각 시장에서 시스템 안정성 확보를 위해 도입되었으며, 다른 한편으로는 국고채 수요에도 영향을 미칠 수 있는 대표적인 금융안정성 규제이다.

먼저, 글로벌 금융위기 이후 단기금융시장에도 여러 건전성 규제가 도입되었다. 그중 증권사 콜시장 참여 제한과 Repo 제도 개선은 증권사의 단기차입 행위의 안전성을 높이는 목적으로 도입되었다. 2010년 비은행 금융기관의 콜거래 금지계획 발표 이후 Repo 거래규모는 지속적으로 증가하여 2011년 일평균 약 3조원 수준에서 2022년에는 일평균 140조원 수준이 되었다.

Repo 거래 중 국고채권을 담보로 사용하는 비중이 2021년 기준으로 약 65%에 달하므로 Repo 거래의 증가는 자연스럽게 국고채 수요의 증대로 연결된다. 따라서 본 연구에서는 콜시장 참여 제한과 Repo 제도 개선으로 증권사들이 추가적으로 Repo 시장으로 유입되는지를 분석한다. 또한 증권사들이 추가적으로 Repo 시장으로 유입된 결과로 국고채 수익률이 유의미하게 감소하는지 분석한다.

한편, LCR 규제 도입 및 완화 등의 규제는 은행의 고유동자산에 대한 보유 비중을 변화시켜 국고채 수요에 직접적인 영향을 미침으로써 금융안정성 확보뿐 아니라 국고채 수익률에도 영향을 미칠 수 있다. 따라서 본 연구에서는 단계별 LCR 규제 도입에 따른 국고채 수익률의 변화를 분석한다.

본 연구의 분석 결과, 증권사의 콜시장 참여를 자기자본 대비 25% 이하로 제한하고 그 이후 원칙적으로 배제한 결과를 합산하면 증권사의 국고채 수요가 증대됨에 따라 대략 10.8~12.5bp 내외로 국고채 수익률이 감소한다. 한편, LCR 규제가 단계적으로 도입됨에 따라 은행의 국고채 수요도 증가하고, 그 결과 국고채 수익률은 도합 약 6.1~7.3bp 내외로 감소한다. 특히 두 정책 모두 단기물에서 수익률 감소의 효과가 좀 더 큰 것으로 나타난다. 이러한 결과는 향후 금융건전성 규제 도입이나 기존 규제의 강화 및 완화를 선택할 때 국고채 수요를 통한 시장 파급효과도 고려할 필요가 있음을 시사한다.

본 연구의 구성은 다음과 같다. 제2절에서는 단기자금시장 관련 연구(규제, 단기금리 결정요인 등), 수익률 곡선 관련 연구 동향에 대해 살펴본다. 제3절에서는 은행/비은행권 자금시장 규제 현황에 대해 소개한다. 제4절에서는 본 연구에서 자금시장 규제가 국고채 수요에 미치는 영향을 추정하기 위한 분석 모형과 추정 방법을 소개하고, 제5절에서는 본 연구의 실증분석에 사용하는 자료에 대해 서술한다. 제6절에서는 실증분석 결과를 소개하고, 마지막으로 제7절에서는 결론과 함께 보고서를 마무리한다.

제2절 기존 연구 및 문헌

글로벌 금융위기 이후 해외 단기자금시장 관련 연구는 중앙은행이 실시한 비전통적 통화정책이 시장에 미친 영향을 위주로 진행되었다. 금융위기 당시 단기자금시장의 시스템 리스크가 촉발되었고 중앙은행은 금융시장 불안에 대응하기 위해 비전통적인 통화정책을 추진하며 단기금리에 영향을 미쳤다. 특히 기존에는 Repo 시장이 무담보 시장과는 다르게 위기 시에도 회복력을 지닐 것으로 인지되었으나 오히려 글로벌 금융위기

심화를 가중시킨 부문으로 지목되는(Bernanke, 2009) 등 단기자금시장 전 영역에서 리스크가 확산된 점에 착안하여 관련 연구가 진행되었다. Brunnermeier and Pedersen(2008)은 시장 유동성과 자금조달 유동성이 상호작용을 통해 유동성 리스크를 확산시킬 수 있음을 밝혀냈고, 이는 특히 단기자금시장에 큰 시사점을 지닌다. Gorton and Metrick(2012)은 자산 유동화(securitization)와 Repo를 통한 자금조달을 증권화 금융(securitized banking)으로 정의하고, 증권화 금융에서 비롯된 금융위기의 리스크 요인을 실증분석하였다. 분석 결과, 신용위험 지표인 Libor(London Interbank Offered Rate) - OIS(Overnight Index Swap) 스프레드 변동이 Repo 금리와 강한 상관관계가 있는 것으로 나타났다. Copeland *et al*.(2011)에 따르면, 금융위기 당시 담보자산 위험도에 따라 헤어컷(haircut)이 변경되었으나 삼자 간(Tri-party) Repo 시장에서는 헤어컷보다 유동성 감소방식으로 신용경색이 초래되었음이 확인된다. Boissel *et al*.(2014)은 2011년 유럽재정위기를 배경으로 Repo 시장의 불안정은 담보 혹은 중앙청산소(Centralized Clearing Counterparty)가 존재하더라도 나타날 수 있음을 보고한다.

최근 해외 선행연구 동향으로는 Repo 시장의 역할과 그 담보물의 기능에 주목하여 이루어진 연구들이 관찰된다. Infante *et al*.(2020)은 Repo 담보물의 재사용은 특히 담보물이 부족한 경우 담보물 이용의 효용을 높이며, 근본적인 시장 유동성을 높이고 딜러(dealer)가 효율적으로 증권을 유통하도록 함으로써 발행비용을 낮춘다고 주장한다. 즉, Repo 담보물 재사용으로 인한 시장의 효율화에 대해 설명한다. Huh and Infante(2017)에서는 채권시장 중개에서 Repo의 역할에 대한 모형을 수립하여 Repo 시장이 얼마나 밀접하게 자산 시장과 연결되어 있는지 분석하였다.

최근의 국내 선행연구 동향을 살펴보면, 글로벌 금융위기 이후 국내 단기자금시장의 정책 변화와 그 효과에 주목하여 진행된 것으로 파악된다. 백인석 외(2015)는 콜시장 지준시장화 등 금융위기 이후의 정책 변화가 국내 단기자금시장의 지형을 재편한 것으로 평가한다. 구체적으로 실증분석을 통해 단기자금시장 정책 개편에 따라 Repo 시장이 외형적으로 크게 성장했으며, Repo 금리가 시장 상황을 보다 잘 반영하는 등 기능적 측면에서도 발전하고 있음을 확인했다. 나아가 정책 변경에 따른 시스템 리스크 완화 등에 대하여 후속연구가 필요함을 주장한다. 또한 미국과 유럽의 무담보시장 및 Repo 시장의 특징을 정리하고, 이를 토대로 국내 단기자금시장의 효율적 발전을 위한 정책 제언으로서 담보자산 성격에 따른 헤어컷(haircut) 차별화 등을 제시한다.

한편, 단기자금시장 관련 국내 선행연구는 단기시장금리의 행태 및 효과에 대해서도 다수 이루어져 왔다. 김동헌 · 이명재(2008)는 공개시장조작을 고려한 일별 콜금리 변동 모형을 설정하여 미래 콜금리 예측에 공개시장조작이 주요한 영향을 미치는지 실증분석하였다. 분석 결과, 일별 콜금리 변동은 목표치보다 높으면 약 73%, 낮으면 약 46%가 조정되어 금리조정에 있어 비대칭성이 존재함이 밝혀졌다. 즉, 동 모형은 콜금리 행태 분석 및 예측에 유용함이 입증되었으며, 주로 단기 콜금리 예측에 기여함을 주장한다. 임형석(2010)은 지준적립의무가 있는 은행만이 콜시장에 참가하도록 개편된다면 콜금리 움직임에 어떠한 효과가 있을 것인지 시뮬레이션을 통해 분석하였다. 분석 결과, 콜시장의 변동성 축소가 예상되었으며, 콜금리의 구체적 움직임은 중앙은행의 공개시장조작 등 통화정책 운용체계에 의해 영향 받을 것으로 주장한다.

마지막으로 수익률 곡선 연구를 위한 대표적인 방법론으로는 동태적 넬슨-시겔(Dynamic Nelson-Siegel: DNS) 모형이 있다. DNS 모형이 개발되기 이전에는 선형기간구조모형 설정을 통한 수익률 곡선 거시경제 예측 연구(Ang *et al.*, 2006)가 진행되었는데, 낮은 예측력과 전역최적화 계수를 찾는 데 어려움이 있다는 단점을 가지고 있었다. 이러한 단점을 보완하기 위해 Diebold *et al.*(2006)은 기존의 Nelson-Siegel(1987) 모형에 미국의 정책금리, 물가상승률, 제조업가본가동률을 거시경제변수로 포함한 DNS 모형을 고안하여 연구 결과를 제시하였다. DNS의 대표적인 장점으로는 모형 확장이 편리하고 추정이 어렵지 않음을 들 수 있다. 이 외에도 높은 표본 내 적합도와 표본 외 예측성을 보여주기 때문에 국내외로 수익률 곡선 추정에 활발하게 사용되고 있다.

단기유동성비율 규제(LCR)와 관련한 해외 선행연구로, 다양한 측면에서 LCR 규제 도입의 영향 및 효과에 대한 이론 및 실증적 분석이 있다. Bindseil and Lamoot(2011)는 LCR 규제 도입으로 인한 자산 간 수익률의 변화 가능성을 제시하였다. Schmitz(2011)는 유럽 은행들이 ECB와 거래 시 고유동성 자산을 보유하는 대신 유동성이 낮은 자산을 담보 제공할 유인이 커져 ECB가 부담하는 리스크 증가 가능성을 지적하였다. Bindseil and Lamoot(2011), Bech and Keister(2014)는 중장기 자금 수요 증가에 따른 기간프리미엄 상승 압력 가능성을 지적하였다. 이에 대해 Bonner and Eijffinger(2012)는 LCR 규제 시행 이후 유럽의 은행 간 무담보부 단기금융시장에서 만기 30일을 기준으로 이를 초과하는 대출의 금리가 더 크게 상승하는 실증분석 연구 결과를 제시하였다. Hoerova *et al.*(2018)은 유럽중앙은행의 IBSI 데이터를 활용하여 유동성 규제의 비용-편익을 분석하였다. 연구 결과, LCR 규제가 은행의 유동성 위험을 낮추는 데에 효과적이라는 것을 밝혔다. 그러나 한편으로는 유럽은행들이 바젤 III하의 유동성 규제를 준수했음에도 여전히 상당 규모의 중앙은행 유동성 지원을 필요로 했다는 점을 들며, 중앙은행의 최종대부자로서의 역할의 중요성 및 필요성을 주장하였다.

국내 선행연구로 박정희(2020)는 LCR 규제압박(규제 기준 - 은행별 LCR)이 은행의 대출행태에 어떤 영향을 미치는지에 대해서 패널회귀모형으로 분석하였다. 분석 결과, 규제압박 강도가 커질수록 은행의 총자산 대비 기업대출비율이 줄어든다는 결과를 도출하였다. 신현열(2014)은 LCR 규제와 통화정책 간 상호작용 예상 경로에 대해서 논의하면서 LCR 시행 시, 은행의 포트폴리오 재구성과 단기자금 조달행태의 변화로 통화정책 파급효과가 약화될 수 있음을 제시하였다. 또한 우리나라의 LCR 여건을 점검하면서 2014년 당시 우리나라 은행들의 LCR 수준이 100%를 상회하며, 단기자금 운용 규모가 크지 않아서 LCR이 시행되더라도 포트폴리오 조정과 단기자금 운용행태의 변화가 생길 가능성이 낮을 것이라고 진단하였다.

제3절 규제 현황

1. 비은행권 규제(Call 금지) 현황

2008~09년의 글로벌 금융위기 이후 금융회사(주로 투자은행)의 단기자금시장을 통한 과도한 차입은 미국 및 유럽의 Repo 및 ABCP 시장의 신용경색을 확산시킨 주요 요인으로 지목되었다. 이에 따라 미국 및 유럽의 정책당국은 단기금융시장의 안정성을 강화하고자 다양한 정책을 도입하였다. 예를 들어 미국의 Repo 시장의 경우, 연준 등의 정책당국은 할인율(또는 마진) 산정방식에 차입자의 리스크를 반영하도록 제도를 개선하였다.

우리나라 정부도 단기자금시장의 리스크를 개선하고자, 일련의 정책방안을 도입하였다. 당시 우리나라 단기금융시장의 경우, 무담보 거래인 콜거래에 집중되어 있었다. 이에 대해 금융당국은 증권사의 콜차입을 원칙적으로 제한하여 콜시장을 은행 중심으로 개편하였다. 이를 통해 금융당국은 단기자금시장에서 콜시장에 대한 편중을 해소하고, 증권사의 유동성 리스크를 줄이고자 하였다.

증권사 콜시장 참여 제한 규제는 다음과 같이 진행되었다. 우선 2010년 7월 27일 정부는 증권사의 콜차입 비율을 자기자본 대비 100%로 제한한다고 발표하고, 10월 1일부터 해당 규제를 시행하였다. [그림 3-1]은 규제 시행 이전에 증권사의 자기자본 대비 콜차입 비율(이하 콜차입 비율)이 이미 100% 이하였음을 보여준다. 그러나 규제 발표(①)ㆍ시행(②) 이후 비율 평균과 중간값이 점차 하락하는 것을 볼 수 있다.[21] 또한 증권사별 콜차입 비율 분포에서 최댓값은 규제 시행 이후 한 분기 상승하였으나, 그 뒤에 하락 추세로 전환되었다.

이어서 정부는 2011년 6월 22일(③), 증권사 자기자본 대비 콜차입 비

---

21 ①~⑥은 증권사 콜시장 참여 규제 발표 또는 시행시점 순으로 번호를 부여한 것이다.

율을 25%로 축소하겠다고 발표한 뒤, 이듬해인 2012년 7월 12일(④) 해당 규제를 시행하였다. 축소 발표가 있었던 2011년 2분기 이전에는 콜차입 비율 평균과 중간값이 다소 상승하는 모습도 보였으나 2011년 3분기부터 계속 하락하였다. 증권사별 콜차입 비율 분포도 급격하게 줄었다. 2010년 1분기 증권사별 콜차입 비율 최댓값은 93.6%였는데, 콜차입 비율 25% 규제가 시행되었던 2012년 3분기에는 40.5%까지 하락하였다.

이후 2013년 11월 22일(⑤), 정부는 제2금융권의 콜시장 참여를 원칙적으로 배제하겠다고 밝혔고, 이를 2015년 2월 24일(⑥)부터 시행하였다. 규제 발표가 있었던 2013년 4분기 이후, 콜차입 비율 평균 및 중간값의 하락세는 발표 이전보다 더 급격하게 변했음을 확인할 수 있다. 비율 분포는 규제 발표 시점(⑤) 이후에는 변화세가 크지 않았으나 규제 시행(⑥) 이후 급격하게 하락하였다. 규제 발표 시점인 2013년 4분기 증권사별 콜차입 비율 최댓값은 46.4%였던 반면, 규제 시행 이후인 2015년 2분기 최댓값은 18.6%까지 하락하였다.

[그림 3-1] 증권사 총자기자본 대비 콜차입 추이

(단위: %)

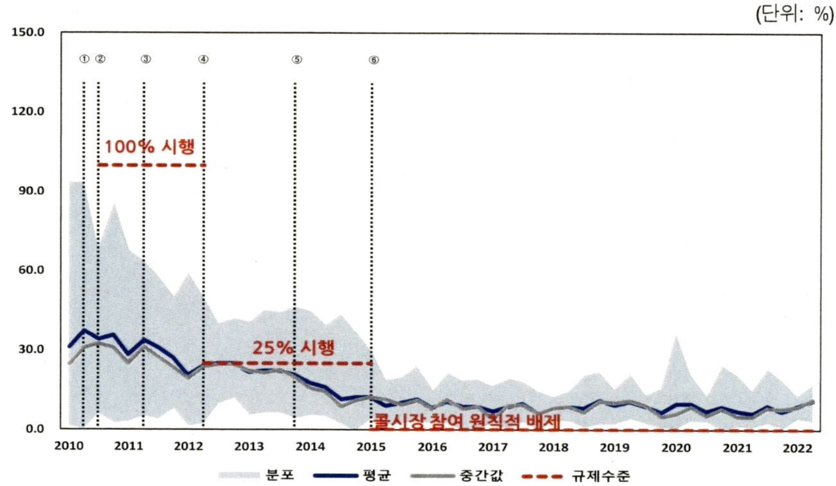

주: ① 증권사 콜차입 자기자본 100% 이내로 축소 발표(2010. 7. 27), ② 규제 시행(2010. 10. 1), ③ 증권사 콜차입 자기자본 25% 이내로 축소 발표(2011. 6. 22), ④ 규제 시행(2012. 7. 12), ⑤ 제2금융권 콜시장 참여 원칙적 배제 발표(2013. 11. 22), ⑥ 규제 시행(2015. 2. 24).
자료: 금융감독원 금융통계정보시스템.

[그림 3-2] 증권사 총자기자본 대비 콜차입 추이(2010년 1분기~2011년 2분기)

(단위: %)

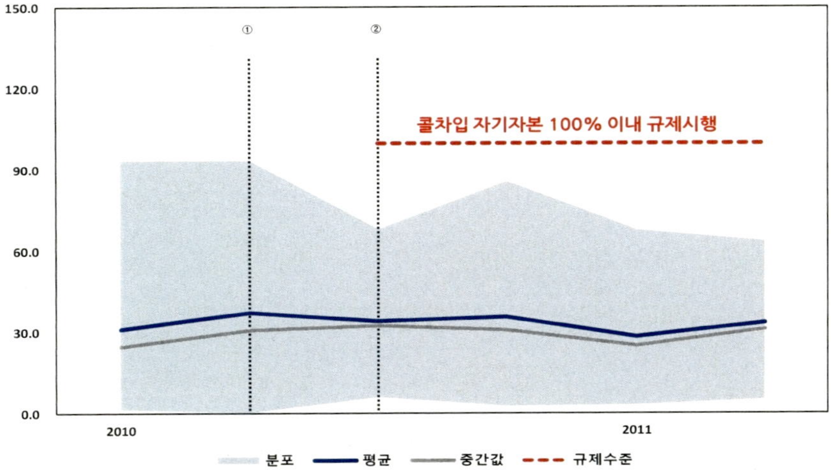

주: ① 증권사 콜차입 자기자본 100% 이내로 축소 발표(2010. 7. 27), ② 규제 시행(2010. 10. 1), ③ 증권사 콜차입 자기자본 25% 이내로 축소 발표(2011. 6. 22), ④ 규제 시행(2012. 7. 12), ⑤ 제2금융권 콜시장 참여 원칙적 배제 발표(2013. 11. 22), ⑥ 규제 시행(2015. 2. 24).
자료: 금융감독원 금융통계정보시스템.

[그림 3-3] 증권사 총자기자본 대비 콜차입 추이(2011년 1분기~2013년 1분기)

(단위: %)

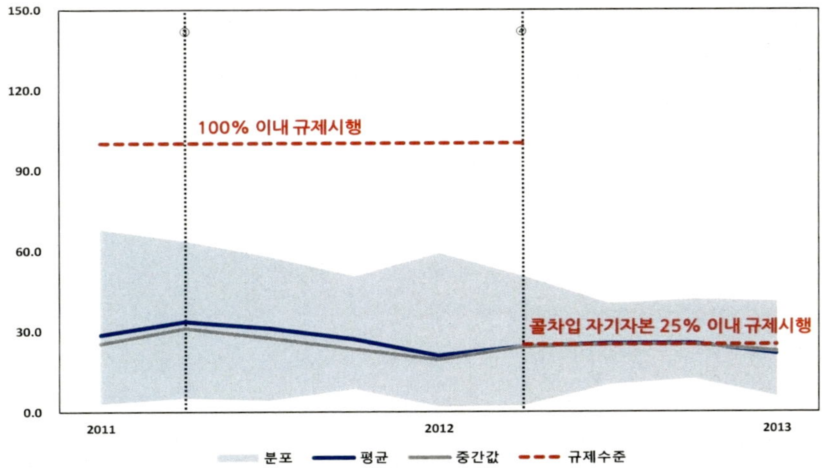

주: ① 증권사 콜차입 자기자본 100% 이내로 축소 발표(2010. 7. 27), ② 규제 시행(2010. 10. 1), ③ 증권사 콜차입 자기자본 25% 이내로 축소 발표(2011. 6. 22), ④ 규제 시행(2012. 7. 12), ⑤ 제2금융권 콜시장 참여 원칙적 배제 발표(2013. 11. 22), ⑥ 규제 시행(2015. 2. 24).
자료: 금융감독원 금융통계정보시스템.

[그림 3-4] 증권사 총자기자본 대비 콜차입 추이(2013년 1분기~2016년 4분기)

(단위: %)

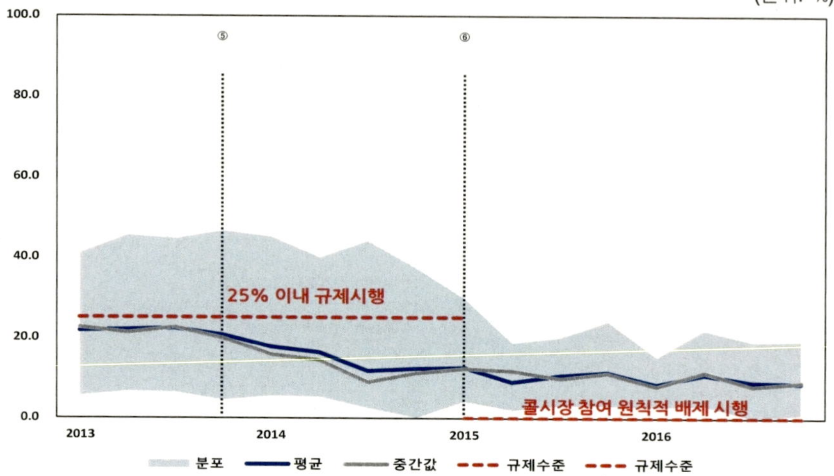

주: ① 증권사 콜차입 자기자본 100% 이내로 축소 발표(2010. 7. 27), ② 규제 시행(2010. 10. 1), ③ 증권사 콜차입 자기자본 25% 이내로 축소 발표(2011. 6. 22), ④ 규제 시행(2012. 7. 12), ⑤ 제2금융권 콜시장 참여 원칙적 배제 발표(2013. 11. 22), ⑥ 규제 시행(2015. 2. 24).

자료: 금융감독원 금융통계정보시스템.

2015년 3월 비은행 금융기관 콜거래 금지 이후 국내 콜거래 규모는 계속 감소하여 현재 일평균 10조원 수준을 유지하고 있다. 한편, 국내 RP 거래 규모(일평균 잔량)는 2022년 8월 기준 147.53조원으로 정부의 콜시장 개편 이후 지속적으로 증가하고 있으며, 전년 동월 대비 12.73조원 늘어났다. [그림 3-5]는 기관 간 RP 매입금액의 일평균 잔량을 나타낸다. 단기 시계열을 살펴보면 2020년 4월에 시행된 코로나19 관련 금융시장의 안정과 유동성 공급을 위한 RP 매입 등의 한국은행의 시장안정화 조치[22] 이후 RP 거래가 지속적으로 증가하고 있음을 확인할 수 있다.

[그림 3-6]은 주요 기관별 RP 매도 및 매수 거래 규모를 나타낸다. 시장참가자별 RP 매도(자금 수요) 거래를 살펴보면, 국내증권사 및 자산운용사의 RP 매도 거래를 통한 자금조달 규모는 지속적으로 증가하여 각각

22 한국은행은 2020년 코로나19 관련 금융시장 안정 도모 및 유동성 공급을 위해 ① 전액공급방식 RP 매입(2020년 7월 종료), ② RP 매매 대상기관 확대, ③ 비은행 대상 RP 매입을 실시하였다.

[그림 3-5] 기관 간 **RP** 매입금액 일평균 잔량

장기 시계열	단기 시계열

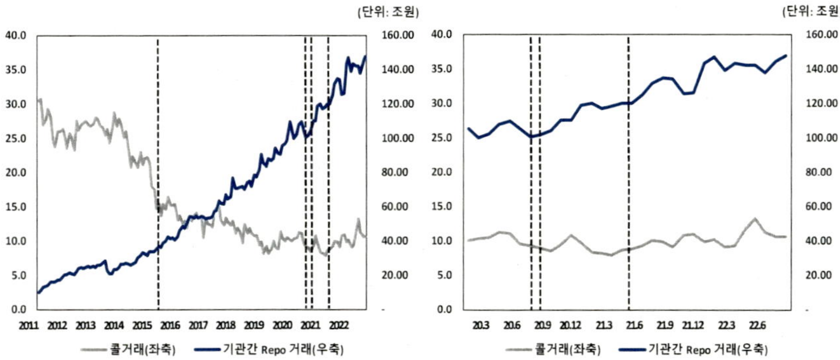

주: 1) 장기 시계열의 점선은 **RP** 거래 관련 규제 시점을 의미함: ① 비은행 금융기관 콜거래 금지(2015.3), ②현금성자산 보유비율 1단계(2020. 7. 1~7. 31), ③ 현금성자산 보유비율 2단계(2020. 8. 1~2021. 4. 30), ④현금성자산 보유비율 3단계(2021. 5. 1~현재).

2) 단기 시계열의 점선은 주 1의 ② 현금성자산 보유비율 1단계(2020.7.1. ~7.31.), ③ 현금성자산 보유비율 2단계(2020. 8. 1~2021. 4. 30), ④ 현금성자산 보유비율 3단계(2021. 5. 1~현재)와 같음.

자료: 한국예탁결제원; 연합인포맥스.

[그림 3-6] 주요 기관별 **RP** 매수, 매도 거래 규모

장기 시계열	단기 시계열

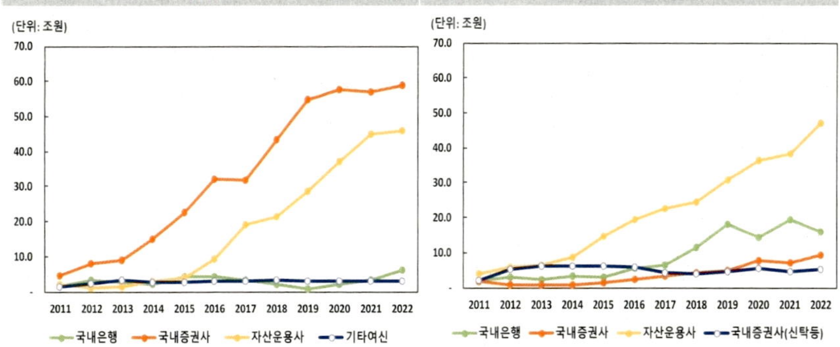

주: 국내증권사는 증권사 고유자산을 통한 **RP** 거래를 의미하며, 국내증권사(신탁)는 증권사 신탁계정에서의 **RP** 거래를 의미함.

자료: 한국예탁결제원 장외 Repo 통계(2016. 12; 2022. 2).

<표 3-1> 단기금융시장 관련 주요 제도 변화

제도	내용	시행일자
	Call 시장	
Call 시장 규제	① 증권사 콜차입 자기자본 100% 이내로 축소 발표 ② 규제 시행 ③ 증권사 콜차입 자기자본 25% 이내로 축소 발표 ④ 규제 시행 ⑤ 제2금융권 콜시장 참여 원칙적 배제 발표 ⑥ 규제 시행	'10. 7. 27. '10. 10. 1. '11. 6. 22. '12. 7. 12. '13. 11. 22. '15. 2. 24.
금융거래지표의 관리에 대한 법률(금융거래지표법) 제정 및 시행	금융거래지표 관리를 위한 산출업무규정 구체화 및 중요지표 관리위원회 설치	'20. 11.
CD시장		
양도성예금증서(CD) 시장금리 산정 합리적 제고방안 및 관련 감독규정 개정	CD 지표물 공급 확대(91일물 → 80~100일물) 예수금으로 인정되는 CD 가중치를 지표물/기타물에 차등 적용함으로써 예대율 산정방식 변경 MMF CD 지표물 수요 확대를 위한 자산한도 변경 CD금리의 단계적 금리 산출방법 도입	'21. 2.
RP 시장		
장내 RP 거래의 활성화를 위한 제도 개선	장외거래 대상 전문투자자(연기금 등)에 대한 장내 RP 시장 참여 허용 및 거래대상채권 확대, 담보채권 대체제한 폐지	'19. 3.
자본시장법 시행령 개정 및 금융투자업 규정 개정	RP 거래의 차환 리스크 경감과 시장안정성 제고를 위해 RP 거래 규모의 일정비율만큼 현금성 자산 보유 의무화(RP 매도기관) 1단계(20. 7. 1~20. 7. 30) : 익일물(1%) 기일물(0%) 2단계(20. 8. 1~21. 4. 30) : 익일물(10%) 기일물(3-5%) 3단계(21. 5. 1~현재) : 익일물(20%) 기일물(5-10%)	'20. 7.
자본시장법 시행령 개정 및 최소증거금률 가이드라인 제정	거래리스크를 고려한 최소증거금률 차등화(RP 매수기관) 담보증권별 증거금률에 매도자의 신용위험별 증거금률을 가산하여 최소증거금률 설정	'20. 9.

약 60조원, 45조원의 수준을 유지하고 있다. 2022년 8월 말 잔량 기준으로 전체 업종 중 약 68.5%(각 38.7%, 29.8%)의 거래 비중을 차지하는 것으로 나타났다. 국내증권사는 2018년 이후 금리 하락기에 채권투자를 크게 확대하면서 RP 시장을 통한 자금조달도 크게 늘렸다. 하지만 2020년 이후 코로나19의 영향 및 정부의 RP 시장 제도 개선[23] 등의 영향으로 그

23 정책당국은 익일물 위주의 시장개편을 위해 증권금융에 기일물 RP 거래 실적에 비례한

증가세는 다소 둔화하는 모습을 보이고 있다. 전체 업종 중 매수(자금공급) 거래 규모는 자산운용사(32.0%), 국내은행(13.8%), 국내 증권사(8.0%) 순서로 나타났다. 국내증권사 및 자산운용사의 경우 2021년 대비 2022년 RP 매수 규모가 증가했지만, 국내은행의 경우 전년 대비 매수 거래 규모는 다소 줄어든 것으로 나타났다.

[그림 3-7]의 기관 간 RP 시장의 매입증권의 담보 구성 비율을 살펴보면, 2015년까지 RP 담보 중 국고채 비중은 약 47% 수준이었으나, 이후 증가하는 추세를 보이며 현재는 60% 수준을 기록하고 있다. 2020년 9월 최소증거금률에 대한 규제가 시행된 이후 국채의 최소증거금률은 다른 채권에 비해 낮아졌다. 이로 인해 2020년 9월 최소증거금률 차등 규제 시행 이후, 국채의 RP 담보증권으로 사용이 증가하였을 가능성이 있다.[24]

[그림 3-8]의 좌측 그래프의 기관 간 RP 시장의 만기별 구성 비중을 살펴보면, 정부의 현금성자산 보유의무제도[25] 실시 이후 익일물 비중이 점차 축소되어 2022년 64%의 수준을 기록했다. 기일물(2~10일)의 경우 2022년 8월 만기 구성 비중이 약 19%를 차지하면서 제도 시행 이전(약 7%) 대비 12%p 증가한 것으로 나타났다. [그림 3-8] 우측의 RP 거래 기일물 비중에서도 확인할 수 있듯이, 2022년 8월에는 전체 거래의 약 36%가 기일물 거래인 것으로 나타났으며, 이는 제도 시행 이전(약 18% 수준) 대비 두 배 이상 늘어난 수치이다.

[그림 3-9]는 국내증권사의 RP 거래 규모, [그림 3-10]은 국내증권사의 부채 및 자산 중 RP 매도 거래 비율을 나타낸다. [그림 3-9]를 통해 증권사의 RP 거래 규모는 증권사의 콜차입 25% 제한 시행(2012.7월) 이후 꾸

콜시장 참여 허용, 담보증권 변경절차 간소화, 중개수수료 차등화, 현금성자산 의무 보유 제도, 담보증권의 특성을 반영한 최소증거금률 차등 설정 등의 제도를 시행하였다 (표 3-1 참조).

24 2020년 9월 정부는 RP 거래 시 담보증권에 따른 최소증거금률 차등화를 시행하였다. 이에 따라 국채는 다른 채권에 비해 2~15% 낮은 최소증거금률을 적용받는다.

25 2020년 7월 정부는 RP 거래의 차환리스크 경감 및 시장 안정성 제고를 위해 RP 매도 시 현금성자산 보유의무 제도를 만기별로 차등화하여 다음과 같이 순차적으로 실시하였다.
① 현금성자산 보유비율 1단계(2020. 7. 1~2020. 7. 31.): 익일물 1%, 기일물 0%
② 현금성자산 보유비율 2단계(2020. 8. 1~2021. 4. 30.): 익일물 10%, 기일물 최대 5%
③ 현금성자산 보유비율 3단계(2021. 5. 1~현재): 익일물 20%, 기일물 최대 10%

[그림 3-7] 기관 간 RP 시장의 담보 구성

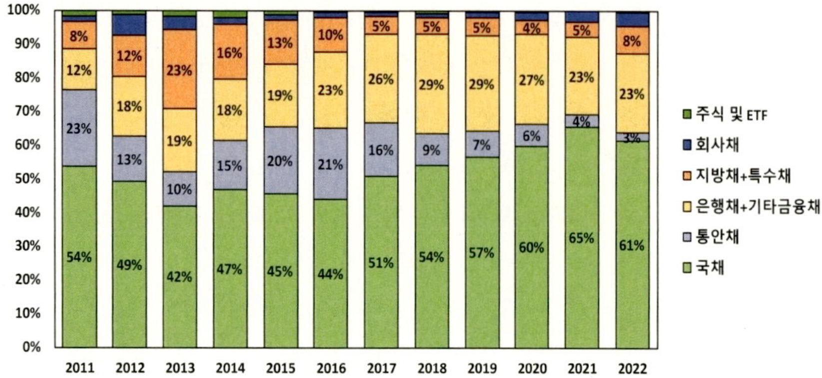

자료: 한국예탁결제원 장외 Repo 통계(2016년 12월; 2022년 2월)

[그림 3-8] 기관 간 RP 시장의 만기 구성

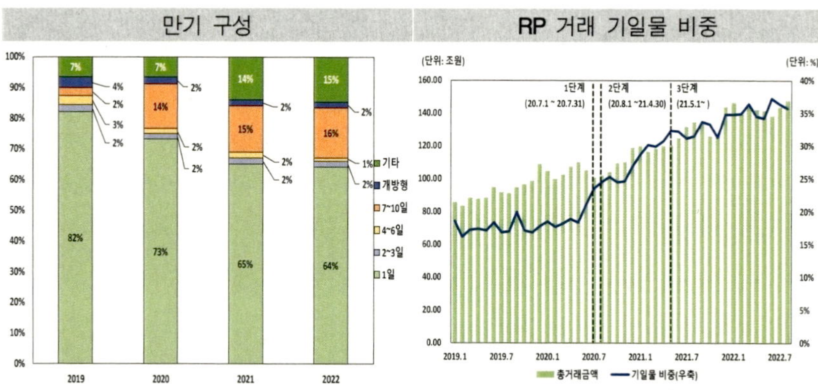

주: RP 거래 기일물 비중의 점선은 ① 현금성자산 보유비율 1단계(2020. 7. 1~7. 31), ② 현금성자산 보유비율 2단계(2020. 8. 1~2021. 4. 30), ③ 현금성자산 보유비율 3단계(2021. 5. 1~현재) 규제임.
자료: 한국예탁결제원 장외 Repo 통계(2016년 12월; 2022년 2월).

준히 증가하고 있는 것을 알 수 있다.

한편, [그림 3-3]을 통해 콜거래 규모가 콜차입 25% 제한 시행(2012. 7월) 이후 크게 감소하였다는 것을 알 수 있다. 이는 증권사가 콜시장 참여 제한의 단계적 시행에 따라 콜거래를 통한 차입을 RP를 통한 차입으로 대체하였을 가능성을 암시한다.

[그림 3-9] 국내증권사 RP 거래 규모

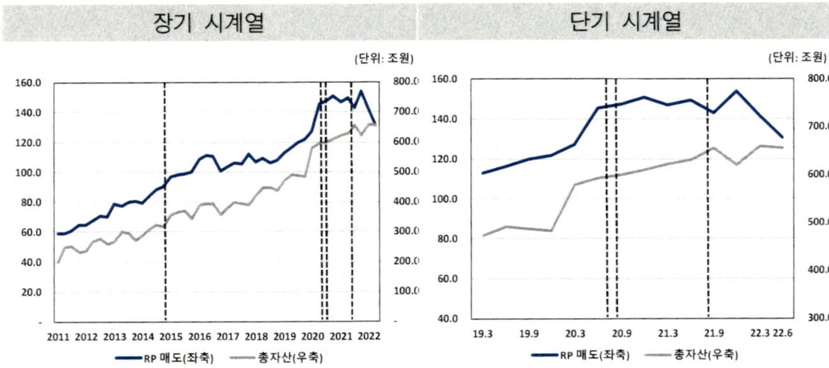

주: 1) 장기 시계열의 점선은 RP 거래 관련 규제 시점을 의미함: ① 비은행 금융기관 콜거래 금지(2015. 3), ②현금성자산 보유비율 1단계(2020. 7. 1~7. 31), ③ 현금성자산 보유비율 2단계(2020. 8. 1~2021. 4. 30), ④ 현금성자산 보유비율 3단계(2021. 5. 1~현재)
2) 단기 시계열의 점선은 주 1)의 ② 현금성자산 보유비율 1단계(2020. 7. 1~7. 31), ③ 현금성자산 보유비율 2단계(2020. 8. 1~2021. 4. 30), ④ 현금성자산 보유비율 3단계(2021. 5. 1~현재)와 같음.

자료: 금융감독원 금융통계정보시스템(국내 증권사 분기별 요약재무상태표).

[그림 3-10] 국내증권사 부채/자산 중 RP 매도거래 비중

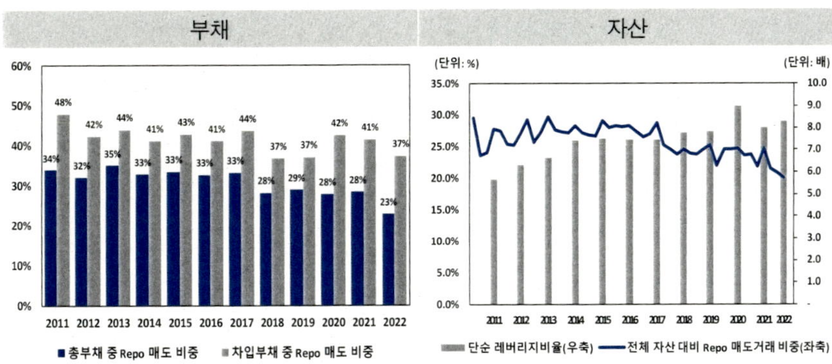

주: 단순레버리지 비율 = 총자산/자본총액을 의미함.

자료: 금융감독원 금융통계정보시스템(국내 증권사 분기별 요약재무상태표).

한편, 2022년 2분기에는 거래 규모가 감소한 것으로 나타났다. 이는 증권사의 경우 RP를 통한 자금조달 의존도가 높은 편(2021년 말 RP 매도 잔액 153.6조원, 총부채 대비 28.3%)으로 단기금융시장 변동의 영향을 크게 받기 때문인 것으로 여겨진다(그림 3-10의 좌측). 2022년 2분기 동안

우리나라의 기준금리는 두 차례 연속으로 인상되었으며, 미연준은 기준금리를 22년 만에 0.5%p 인상하였다. 이와 같은 기준금리의 급격한 인상은 RP를 통한 자금조달 금리에 부담을 주어 금융회사의 RP를 통한 차입이 감소하였을 가능성이 있다.

2. 은행권 규제(LCR) 현황

가. LCR 도입 및 변천 과정

2008~09년의 글로벌 금융위기 이후 바젤은행감독위원회(이하 BCBS)는 은행의 유동성 관리를 강화하고자 단기 유동성비율 규제인 유동성커버리지비율(Liqudity Coverage Ratio, 이하 LCR) 규제와 중장기 유동성비율 규제인 순안정자금조달비율(Net Stable Funding Ratio, 이하 NSFR) 규제를 도입하였다. 이를 통해 BCBS는 은행의 자금 유출 위기에 대한 책임성을 강화하고, 중앙은행의 최종대부자로서의 개입을 최소화하여 은행의 도덕적 해이를 줄이고자 하였다.

구체적으로 LCR 규제는 은행이 유동성 위기에서도 30일 동안 대응할 수 있도록 순현금유출액의 일정 비율을 고유동성자산으로 보유토록 하는 규제이며, 이에 대한 정의는 다음과 같다.

$$\text{LCR} = \frac{\text{고유동성자산}}{\text{향후 30일(국내는 1개월으로 적용)간 순현금유출액}}$$

BCBS는 은행의 자기자본비율 규제 중심인 바젤 II에 유동성 규제인 LCR 규제와 NSFR 규제를 추가하여 바젤 III 초안을 마련하여 발표하였다(2010년 12월). 초안에서는 2015년 1월부터 은행이 LCR을 100% 이상 유지하도록 규율하였으나, 이후 BCBS는 2015년 1월 LCR을 60%로 하향하고 2019년까지 매년 10%씩 비율을 상향하는 것으로 다소 완화된 수정안을 발표하였다(2013년 1월).

이에 따라 주요국은 바젤 III 도입 및 이행 계획을 발표하였으며, 우리

<표 3-2> LCR 규제 도입 및 변동 연혁

일자	LCR 규제 관련 주요 내용
'14년 8월 27일	LCR 도입방안 발표 ① 일반은행: 2015년 1월부터 LCR 최저수준을 100%로 적용 ② 외은지점: 단계적 상향('15년 20%, 매년 10%p씩 상향하여 '19년 60%) * 위기 시 급격한 유동성 유출 가능성에 대비하여 적용하되, 수용성을 고려하여 낮은 수준부터 단계적 상향 ③ 특수은행: 단계적 상향('15년 60%, 매년 10%p씩 상향하여 '19년 100%) * 정책자금을 공급하는 특성을 고려, 바젤기준을 적용하여 단계적 상향
'14년 12월 24일	LCR 도입을 주 내용으로 하는 「은행업감독규정」 개정안 의결 '15년 1월 은행 LCR 도입 발표. - 기존 8월 도입방안보다 LCR 수준이 다소 완화됨. (변경 전) '15년 1월 일반은행 LCR 100% (변경 후) '15년 1월 일반은행 LCR 80%, 매년 5%p씩 상향하여 '19년 100%
'15년 1월 1일	LCR 최저수준 80% 시행 후 매년 5%p씩 상향('19년 100%)
'20년 4월 16일	「코로나19 대응을 위한 금융규제 유연화 방안」 금융위의 LCR 규제 수준 변경권한*을 적극적으로 행사하여, 외화 LCR, 통합 LCR 규제 비율을 2020년 9월까지 하향 조정 ① 외화 LCR: 9월 말까지 80%에서 70%로 인하 ② 통합 LCR: 9월 말까지 100%에서 85%로 인하 * 금융위는 급격한 경제여건의 변화 또는 국민생활 안정 목적 등 불가피한 사유가 있는 경우 6개월 이내의 기간을 정하여 LCR 규제비율을 변경할 수 있음[은행업감독규정 26조(원화 LCR), 63조의2(외화 LCR)].
'20년 8월 26일	LCR 완화 기한 6개월 연장('20년 9월 → '21년 3월)
'21년 3월 9일	LCR 완화 기한 6개월 재연장('21년 3월 → '21년 9월)
'21년 9월 29일	LCR 완화 기한 6개월 재연장('21년 9월 → '22년 3월)
'22년 3월	「금융규제 유연화 조치 단계적 정상화 추진」을 통해 LCR 완화 조치 정상화발표 - 3개월 유예 기간 후 '22년 6월말 단계적 정상화 ① 외화 LCR: 6월 말 이후 완화 조치 종료 ② 통합 LCR: 6월 말 이후 단계적 정상화
'22년 10월 20일	「금융규제 유연화 조치 단계적 정상화 추진」 LCR 정상화 조치 유예

자료: 금융위원회, 「은행업감독규정·세칙 변경예고-금융규제 개혁방안 후속조치(예대율 합리화 등) 및 은행의 위기대응능력 강화(LCR 도입)」, 보도자료, 2014. 8. 27.

정부도 LCR 규제를 단계적으로 도입하였다. 우선 금융당국은 2014년 8월 은행업감독규정·세칙 개정을 발표하여 2015년 1월 1일부터 일반은행은 LCR 최저수준을 100%로 적용하기로 결정하였다. 이는 BCBS의 수정안 보다 엄격한 기준이었으며, 당시 다수의 은행이 LCR 100%를 상회하고 있는 상황을 반영한 것이라 추측된다. 우리나라의 경우, LCR과 유사한 원화유동성비율(잔존만기 1개월 이하, 유동성자산/유동성부채)을 규제해 왔던 것으로 사료된다(신현열, 2014). 하지만 이후 금융당국은 LCR 최저수준을 80%로 설정하고 2019년까지 매년 5%p씩 상향하기로 하는 기존안보다 다소 완화된 내용의 「은행업감독규정」 개정안을 의결 및 발표하였다(2014년 12월).

이후 LCR 규제 비율은 100%로 유지되다가, 코로나19 위기에 대응하고자 LCR 규제 비율을 완화하였다(2019년 4월).[26] 구체적으로 금융당국은 일반은행 LCR 최저수준 100%를 85%로 6개월 한시적으로 완화하며, 은행이 보유 중인 고유동성자산을 위기대응과정에 활용할 수 있도록 한다고 밝혔다. 이후 종료 예정(2020년 9월)이던 LCR 규제 완화조치는 6개월씩 3번 연장되며 2022년 3월까지 지속되었다.

이후 2022년 6월부터 단계적 정상화를 시작하여 2022년 12월 말까지 92.5%, 2023년 7월까지 100%의 LCR 최저수준을 맞추기로 하였다. 그러나 2022년 10월 강원도의 레고랜드 채무불이행 리스크가 채권시장에 큰 충격을 가져다주었다. 이에 금융당국은 50조+α 유동성 공급 프로그램과 더불어 2022년 12월 말까지 LCR 최저기준을 92.5%까지 끌어올리려 했던 정상화 조치를 2023년 6월까지 6개월 유예하였다(표 3-2 참조).

나. 은행의 국채보유 현황

앞서 기술한 LCR 산식을 볼 때, 은행이 LCR 최저수준을 맞추기 위해서는 향후 30일간 순현금유출액 대비 일정 수준의 고유동성자산을 확보해야만 한다. 고유동성자산은 현금, 지급준비금, 유가증권으로 분류되며, 가중치에 따라 Level 1, 2A, 2B 자산으로 분류된다(표 3-3 참조). 국채는 Level 1 자산으로 분류되며, 계산 시 가중치 100%로 적용된다. LCR 도입과 최저수준 비율 상승에 따라 은행의 규제 충족을 위한 국채수요가 있

---

26 금융위원회·금융감독원, 「코로나19 대응을 위한 금융규제 유연화 방안」, 보도자료, 2020. 4. 16.

<표 3-3> LCR 산출 고유동성자산 내역

<table>
<tr><th></th><th>과 목</th><th>구 분</th><th>세부 내역</th><th>가중치</th></tr>
<tr><td rowspan="10">고유동성
자산
(a)</td><td>현금</td><td rowspan="4">Level 1
자산</td><td>주화 및 화폐</td><td rowspan="4">100%</td></tr>
<tr><td>지급
준비금</td><td>중앙은행 지급준비금
(위기상황 시 인출 가능한 금액)</td></tr>
<tr><td rowspan="8">유가
증권</td><td>0% 위험가중치 적용 유가증권
(정부 · 중앙은행 · 공공기관 · 다자개발은행 등 발행 및 보증)</td></tr>
<tr><td>0%가 아닌 위험가중치 적용 정부 · 중앙은행 발행 채권</td></tr>
<tr><td rowspan="3">Level 2A
자산</td><td>20% 위험가중치 적용 유가증권
(정부 · 중앙은행 · 공공기관 · 다자개발은행 등 발행 및 보증)</td><td rowspan="3">85%</td></tr>
<tr><td>신용등급 AA- 이상 비금융 회사채</td></tr>
<tr><td>신용등급 AA- 이상 커버드본드</td></tr>
<tr><td rowspan="3">Level 2B
자산</td><td>신용등급 AA 이상 RMBS
* 해당 은행 및 관계 회사 발행분 제외</td><td>75%</td></tr>
<tr><td>신용등급 BBB-부터 A+의 비금융 회사채</td><td rowspan="2">50%</td></tr>
<tr><td>주요 주가지수에 편입된 비금융 보통주</td></tr>
</table>

자료: 금융위원회, 「은행업감독규정 · 세칙 변경예고 - 금융규제 개혁방안 후속조치(예대율 합리화 등) 및 은행의 위기대응능력 강화(LCR 도입)」, 보도자료, 2014. 8. 27.

었을 것으로 판단되며, 은행 국채보유량이 상승했을 것으로 보인다.

은행의 국채보유 현황을 살펴보기에 앞서 자산 현황을 살펴보면, 일반은행의 총자산은 꾸준히 증가하고 있다.[27] 2011년 말 13개 일반은행의 자산은 1,206.7조원이었으나 매년 평균 5.58%씩 성장하면서 2022년 2분기에는 2,193.3조원으로 약 2배가량 커졌다. 특히 코로나19 발발 이후 일반은행의 자산증가세가 두드러진다. 코로나19 발발 이전인 2019년 4분기까지는 연평균 4.60%씩 총자산이 증가한 반면, 코로나19 발발 이후 2022년 2분기까지는 연평균 8.24%의 총자산증가율을 보였다. 이는 코로나19 이후 기업대출과 가계대출이 큰 폭으로 증가한 것에 영향을 받았다고 해석된다.[28]

27 일반은행에는 국민, 신한, 우리, 하나, 한국스탠다드차타드, 시티, 외환(폐업), 경남, 광주, 대구, 부산, 전북, 제주은행이 포함되며, 인터넷전문은행과 특수은행은 제외하였다.

28 가계대출의 경우 2021년 4분기까지는 코로나19 영향과 함께 전세가격 상승, 자산매입 수요 지속 요인으로 증가하였다. 그러나 2022년 1분기에는 은행권의 신용대출 관리 강화, 대출금리 상승 요인으로 3.9조원 감소하였다(한국은행 2021. 3; 2022. 6).

<표 3-4> LCR 산식 순현금유출액 내역

<table>
<tr><th></th><th></th><th>과 목</th><th>구 분</th><th>세부 내역</th><th>가중치</th></tr>
<tr><td rowspan="25">순현금
유출액</td><td rowspan="21">현금
유출액</td><td rowspan="2">소매
예금</td><td rowspan="2">개인 및 중소기업</td><td>안정적 예금
(결제계좌 or 긴밀한 관계 &
예금자보호)</td><td>5%</td></tr>
<tr><td>불안정 예금(비부보)</td><td>10%</td></tr>
<tr><td rowspan="5">무담보
도매
자금조달
(예수금)</td><td rowspan="2">영업적 예금
* 청산, 보호예수,
현금관리</td><td>안정적 예금(예금자보호)</td><td>5%</td></tr>
<tr><td>불안정 예금(비보호)</td><td>25%</td></tr>
<tr><td rowspan="2">비영업적 예금
* 비금융기업,
국가·공공기관 등</td><td>안정적 예금(예금자보호)</td><td>20%</td></tr>
<tr><td>불안정 예금(비보호)</td><td>40%</td></tr>
<tr><td>기타 비영업적 예금
* 금융기관 및
기타법인(SPV 등)</td><td>금융기관 및 기타법인 잔존만기
1개월 이내 정기성예금 등</td><td>100%</td></tr>
<tr><td>담보부
도매
자금조달</td><td colspan="3">잔존만기 1개월 이내 담보자산
(Level 1 0%, Level 2A 15%, Level 2B 중 RMBS 25%, 기타
Level 2B 자산 50%, 기타 거래 100% 등)의 가중치에 연동</td></tr>
<tr><td rowspan="5">미사용
신용 및
유동성
약정</td><td>개인 및 중소기업</td><td colspan="2">신용 및 유동성 공여 약정 5%</td></tr>
<tr><td>비금융기업, 국가,
중앙은행, 공공기관 등</td><td colspan="2">신용 공여 약정 10%,
유동성 공여 약정 30%</td></tr>
<tr><td>건전성 대상 은행</td><td colspan="2">신용 및 유동성 공여 약정 40%</td></tr>
<tr><td>기타 금융기관</td><td colspan="2">신용 공여 약정 40%,
유동성 공여 약정 100%</td></tr>
<tr><td>기타 법인(SPV 등)</td><td colspan="2">신용 및 유동성 공여 약정 100%</td></tr>
<tr><td rowspan="7">우발성
자금제공
채무</td><td colspan="2">연결기준 제외 합작투자나 소수주주지분에 대해 은행이
주요 유동성 공급원인 경우</td><td>100%</td></tr>
<tr><td colspan="2">무조건적으로 취소 가능한 구속력없는 신용 및
유동성 공여 약정</td><td>0%</td></tr>
<tr><td colspan="2">무역금융 관련 채무(보증 및 신용장 포함)</td><td>3%</td></tr>
<tr><td colspan="2">무역금융과 관련없는 보증 및 신용장</td><td>5%</td></tr>
<tr><td colspan="2">비계약상 채무(구조화상품, 관리운용펀드 등)</td><td>10%</td></tr>
<tr><td colspan="2">환매가능성에 대비한 잔존만기 1개월 이상 채무증권 잔액</td><td>5%</td></tr>
<tr><td colspan="2">고객이 예치한 담보자산을 다른 고객의 매도포지션을
커버하는데 사용한 경우</td><td>50%</td></tr>
<tr><td>기타</td><td colspan="2">파생거래 관련 현금유출액 및 기타 계약상 현금유출</td><td>100%</td></tr>
<tr><td rowspan="4">현금
유입액</td><td rowspan="2">거래
상대방별
현금유입</td><td colspan="2">개인 및 중소기업, 비금융기업 및 기타법인(SPV 등) 등
기타 도매 거래상대방</td><td>50%</td></tr>
<tr><td colspan="2">금융기관 및 중앙은행</td><td>100%</td></tr>
<tr><td>역RP 및
증권대차</td><td colspan="3">담보자산(Level 1 0%, Level 2A 15%, Level 2B 중 RMBS 25%,
기타 Level 2B 자산 50%, 기타 거래 100% 등)의 가중치에 연동</td></tr>
<tr><td>기타</td><td colspan="2">파생거래 관련 현금유출액, 1개월내 만기도래 非
고유동성자산으로부터 현금유입 및 기타 계약상
현금유입</td><td>100%</td></tr>
</table>

자료: 금융위원회, 「은행업감독규정·세칙 변경예고 - 금융규제 개혁방안 후속조치(예대율 합리화 등) 및 은행의 위기대응능력 강화(LCR 도입)」, 보도자료, 2014. 8. 27.

[그림 3-11] 일반은행의 분기별 총자산 추이

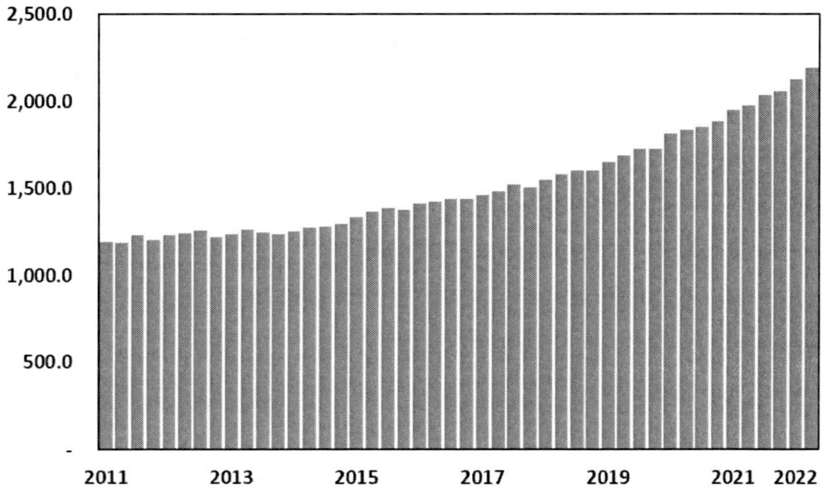

자료: 금융감독원 금융통계정보시스템.

앞서 언급한 LCR 도입 및 최저기준 상승에 따른 은행의 국채보유량 현황을 [그림 3-12]에서 확인할 수 있다. [그림 3-12]는 일반은행의 분기별 국채보유규모 및 자산 대비 국채보유비율 추이를 보여준다. 특징적인 점은 정부의 LCR 최저기준 변경에 따른 국채보유액 증감이 뚜렷하다는 것이다. 일반은행의 국채보유액은 2번의 감소세와 2번의 증가세를 보인다.

먼저 2014년 3분기에 53.9조원이었던 국채보유액은 1년 후 2015년 3분기 43.2조원으로 10.7조원 대폭 하락하였다. 이는 2014년 8월 LCR 도입방안 발표 시 최저기준을 100%로 설정하였으나, 12월 「은행업감독규정」 개정안 의결 시 80%로 낮추었던 것에 따른 영향으로 해석된다.

또한 2020년 2분기부터 4분기까지 일반은행 국채보유액 감소는 2020년 4월 「코로나19 대응을 위한 금융규제 유연화 방안」에 따라 LCR 최저수준을 85%로 하향조정한 것에 영향을 받았다고 할 수 있다. 2020년 2분기 일반은행의 국채보유액은 68.9조원이었으나 같은 해 4분기에는 62.9조원으로 7.1조원 감소하였다.

국채보유액 증가세는 2015년 3분기부터 2019년까지와 2020년 4분기부터 2022년 2분기까지의 시기에서 확인할 수 있다. 2015년 1월 LCR 규제가 최저수준 80%로 도입된 이래 매년 5%p씩 최저기준이 상승하였다. 이에 따라 은행의 고유동성자산 수요가 늘면서 국채보유액도 함께 상승한 것으로 보인다. 2020년 4분기부터의 국채보유액 증가세는 LCR 최저수준 완화 조치 종료에 대비하기 위해 일반은행이 국채보유액을 늘린 것으로 해석된다. 은행 자산 대비 국채보유비율도 LCR 최저수준 변동과 같은 흐름을 가졌다고 볼 수 있으나 국채보유액 규모만큼 변동폭이 크지 않으며 자산 대비 3.6~4.1% 수준을 유지하고 있다.

[그림 3-12]를 보면 ⑨, ⑩, ⑪의 LCR 완화조치 연장에도 불구하고 국채보유비율이 빠르게 상승하고 있다. 이는 코로나19 대응을 위한 확장적 재정정책으로 국고채 발행량이 빠르게 증가한 것에 기인하는 것으로 사료된다.

[그림 3-13]은 우리나라의 국고채 발행량의 월간 추이를 나타낸다. 그림에서 잘 나타나듯이 코로나19가 발생하기 이전인 2019년에는 국고채 발행량이 101.5조원이었다. 반면, 코로나19가 발생한 2020년부터 코로나19로 인한 경제적 충격에 대응하기 위한 확장적 재정정책의 결과로 국고채 발행량이 연간 180.5조원까지 치솟았다. 이러한 상황에서 국고채 PD(primary dealer)의 경우 입찰물량의 10% 이상을 인수해야 할 의무가 있고 입찰물량의 30%까지를 인수할 권한이 있다. 2020년 당시 KB국민은행, IBK기업은행, 농협은행, 하나은행, 한국스탠다드차타드은행 등이 국고채 PD에 속함에 따라 은행권의 국고채 보유량이 증가할 수밖에 없었다. 본 연구의 실증분석에서는 국고채 발행량 증가와 그에 따른 은행권의 국고채 보유비율 증가에 따른 영향을 통제하기 위하여 국고채 발행량도 분석 모형의 통제변수로 사용한다.

다음으로, [그림 3-14]는 13개 일반은행의 LCR 평균, 중간값 및 분포 추세를 나타내고 있다. 2015년 1분기 일반은행 LCR 평균은 107.5%이며, 중간값은 119.5%로 은행들은 규제 도입 초기부터 이미 LCR 100%를 넘어서고 있었다. 이후 LCR 평균은 2017년 2분기에 114.9%까지 상승했다가 다소 하락하였고, 코로나19 대응을 위한 유동성 규제 유연화 조치에 따라 LCR 최저기준이 85%로 내려가면서 은행의 LCR 평균도 함께 하락하였다.

[그림 3-12] 일반은행의 분기별 국채보유액 및 자산 대비 국채보유비율 추이

(단위: 조원, %)

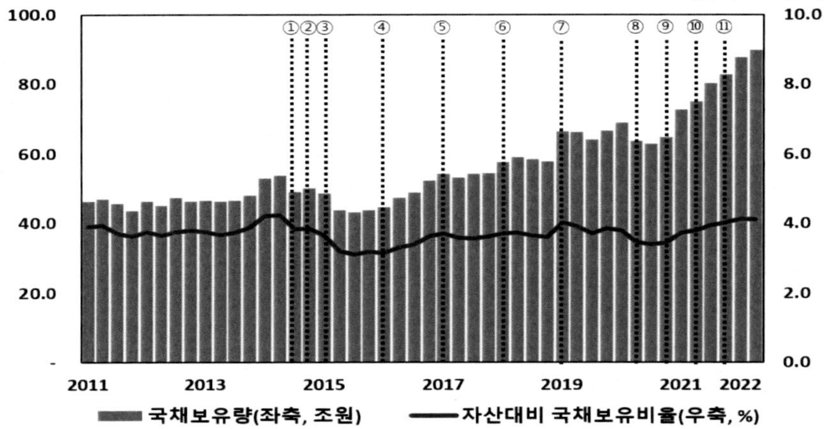

주: 1) 일반은행의 국채보유량은 은행계정 자산 항목 중 1) 원화당기손익-공정가치측정유가증권, 2) 원화 기타포괄손익-공정가치측정유가증권, 3) 원화상각후원가측정유가증권의 국채항목과 신탁계정 자산 항목 중 국채 항목의 수치를 모두 더한 값임.

2) 자산 대비 국채보유비율은 일반은행의 국채보유량을 은행계정의 총자산으로 나눈 값임.

3) ① LCR 시행 발표('14. 8. 27), ② LCR 비율 100% -> 80% 수정발표('14. 12. 24), ③ LCR 80% 시행('15. 1. 1), ④ LCR 85% 시행('16. 1. 1), ⑤ LCR 90% 시행('17. 1. 1), ⑥ LCR 95% 시행('18. 1. 1), ⑦ LCR 100% 시행('19. 1. 1), ⑧ LCR 85%로 완화('20. 4. 16), ⑨ LCR 완화조치 연장('20. 8. 26), ⑩ LCR 완화조치 재연장('21. 3. 9), ⑪ LCR 완화조치 재연장('21. 9. 29).

자료: 금융감독원 금융통계정보시스템.

[그림 3-13] 2015~21년 국고채발행 추이

(단위: 조원)

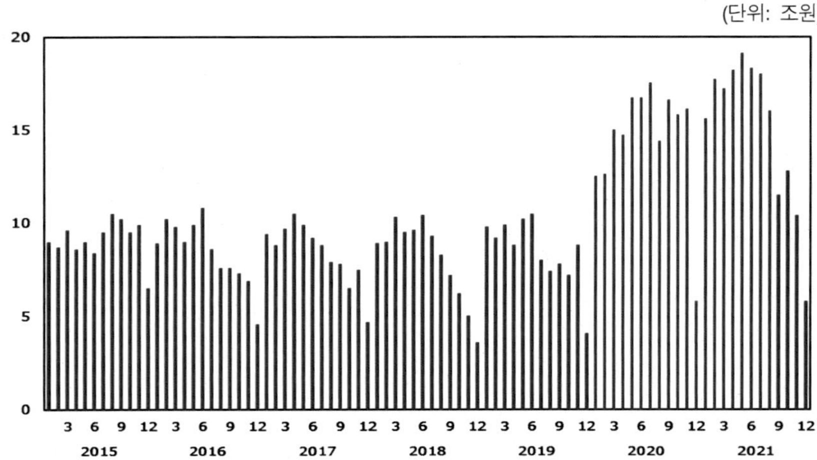

자료: 기재부 국채시장 웹사이트.

[그림 3-14] 일반은행의 LCR 분포 · 평균 · 중간값

(단위: %)

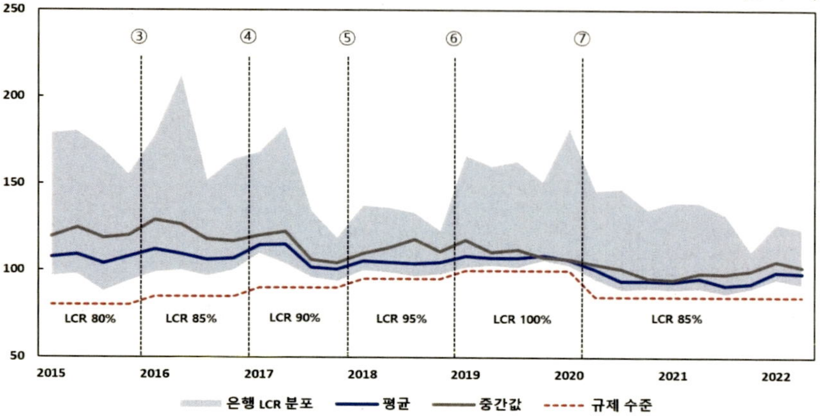

주: 1) 일반은행은 국민, 신한, 우리, 하나, 한국스탠다드차타드, 시티, 외환(폐), 경남, 광주, 대구, 부산, 전북, 제주은행을 포함함.

2) 하늘색 음영은 은행별 LCR 분포를 나타냄.

3) 붉은색 점선은 시기별 LCR 규제 수준을 나타냄.

4) ③ LCR 80% 시행('15. 1. 1), ④ LCR 85% 시행('16. 1. 1), ⑤ LCR 90% 시행('17. 1. 1), ⑥ LCR 95% 시행('18. 1. 1), ⑦ LCR 100% 시행('19. 1. 1).

자료: 금융감독원 금융통계정보시스템.

[그림 3-15]에서는 최종 LCR 목표치인 100%에 도달하기 위하여 충족해야 하는 부분을 노란색 음영으로 표시하였다. 이를 보면 평균적으로는 LCR 규제를 충족하고 있는 은행의 수가 많지만 일부 은행의 경우 여전히 국고채 등의 고유동성자산을 추가 매입함으로써 LCR 규제를 맞춰야 하는 상황임을 알 수 있다.

한편, [그림 3-16]은 코로나19 위기 대응 차원에서 LCR 규제를 완화함에 따라 기존 LCR 규제인 100% 미만으로 내려온 은행의 비율을 노란색 음영으로 표시하였다. 이를 통해 향후 LCR 정상화에 따라 적지 않은 은행들이 추가로 국고채 등의 고유동성자산을 매입함으로써 LCR 규제 수준을 충족시켜야 함을 알 수 있다. 본 연구의 분석 결과로 미루어 짐작해 보면 향후 단계적 LCR 정상화 과정에서 추가로 국고채 수익률이 감소할 여지가 있음을 알 수 있다.

[그림 3-15] 2015~19년 일반은행의 LCR 분포 · 평균 · 중간값

(단위: %)

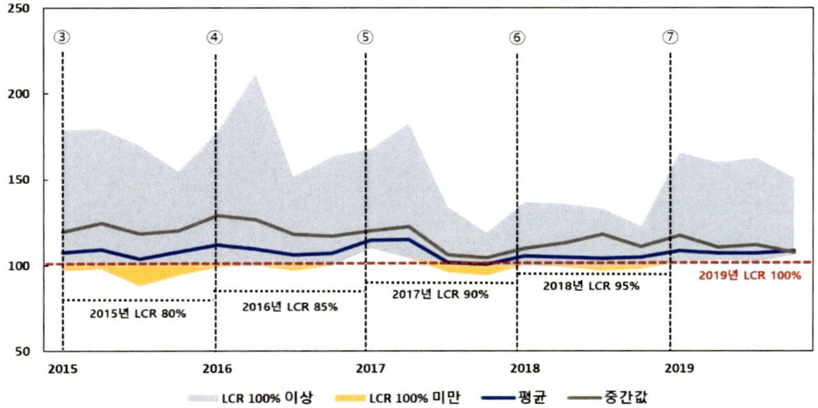

주: 1) 일반은행은 국민, 신한, 우리, 하나, 한국스탠다드차타드, 시티, 외환(폐), 경남, 광주, 대구, 부산, 전북, 제주은행을 포함함.
2) 하늘색 음영은 은행별 LCR 분포 중 100% 이상을 나타냄.
3) 노란색 음영은 은행별 LCR 분포 중 100% 미만을 나타냄.
4) 붉은색 점선은 시기별 LCR 규제 수준을 나타냄.
자료: 금융감독원 금융통계정보시스템.

[그림 3-16] 2019~22년 일반은행의 LCR 분포 · 평균 · 중간값

(단위: %)

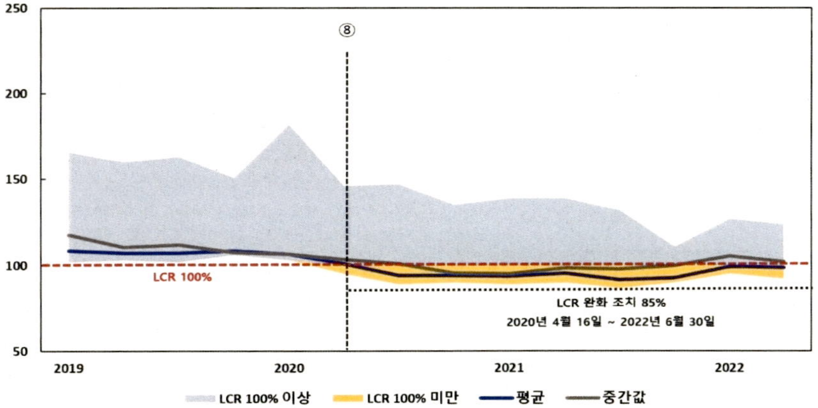

주: 1) 일반은행은 국민, 신한, 우리, 하나, 한국스탠다드차타드, 시티, 외환(폐), 경남, 광주, 대구, 부산, 전북, 제주은행을 포함함.
2) 하늘색 음영은 은행별 LCR 분포 중 100% 이상을 나타냄.
3) 노란색 음영은 은행별 LCR 분포 중 100% 미만을 나타냄.
4) 붉은색 점선은 시기별 LCR 규제 수준을 나타냄.
자료: 금융감독원 금융통계정보시스템.

[그림 3-17] 특수은행의 LCR 분포 · 평균 · 중간값

(단위: %)

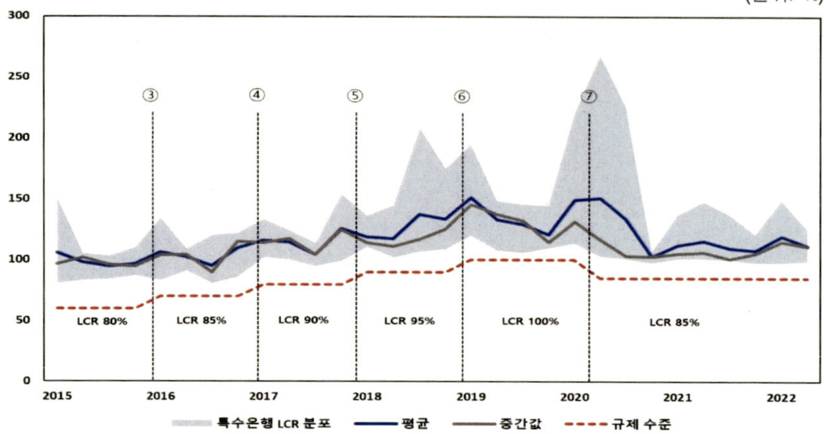

주: 1) 특수은행은 NH농협, SH수협, IBK기업, 한국산업은행을 포함함.
2) 하늘색 음영은 은행별 LCR 분포를 나타냄.
3) 붉은색 점선은 시기별 LCR 규제 수준을 나타냄.
4) ③ LCR 80% 시행('15. 1. 1), ④ LCR 85% 시행('16. 1. 1), ⑤ LCR 90% 시행('17. 1. 1), ⑥ LCR 95% 시행('18. 1. 1), ⑦ LCR 100% 시행('19. 1. 1),

자료: 금융감독원 금융통계정보시스템.

[그림 3-18] 2015~19년 특수은행의 LCR 분포 · 평균 · 중간값

(단위: %)

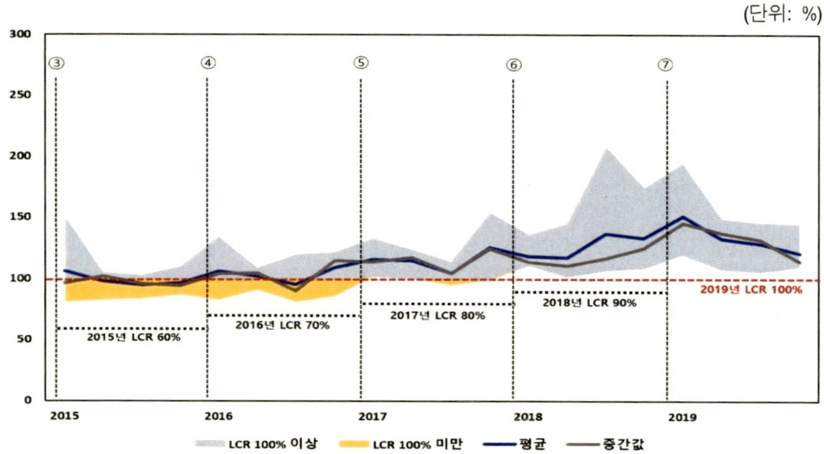

주: 1) 특수은행은 NH농협, SH수협, IBK기업, 한국산업은행을 포함함.
2) 하늘색 음영은 은행별 LCR 분포를 나타냄.
3) 노란색 음영은 은행별 LCR 분포 중 100% 미만을 나타냄.
4) 붉은색 점선은 시기별 LCR 규제 수준을 나타냄.

자료: 금융감독원 금융통계정보시스템.

[그림 3-19] 2019~22년 특수은행의 LCR 분포 · 평균 · 중간값

(단위: %)

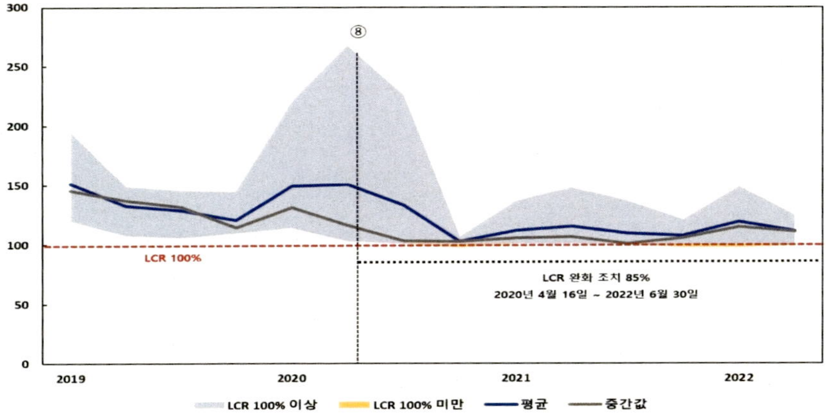

주: 1) 일반은행은 국민, 신한, 우리, 하나, 한국스탠다드차타드, 시티, 외환(폐), 경남, 광주, 대구, 부산, 전북, 제주은행을 포함함.
2) 하늘색 음영은 은행별 LCR 분포 중 100% 이상을 나타냄.
3) 노란색 음영은 은행별 LCR 분포 중 100% 미만을 나타냄.
4) 붉은색 점선은 시기별 LCR 규제 수준을 나타냄.

자료: 금융감독원 금융통계정보시스템.

[그림 3-17]은 4개 특수은행의 LCR 평균, 중간값 및 분포 추세를 나타내고 있다. 2015년 1분기 일반은행 LCR 평균은 107.5%이며, 중간값은 119.5%로 은행들은 규제 도입 초기부터 이미 LCR 100%를 넘어서고 있었다. 이후 LCR 평균은 2017년 2분기에 114.9%까지 상승했다가 다소 하락하였고, 코로나19 대응을 위한 유동성 규제 유연화 조치에 따라 LCR 최저기준이 85%로 내려가면서 은행의 LCR 평균도 함께 하락하였다.

[그림 3-18]은 2015년부터 2019년까지 4개 특수은행의 LCR 분포 중 100% 미만인 부분을 노란색 음영으로 표시한 결과이다. 이를 보면 일반은행에 비하여 향후 LCR 규제를 충족하기 위하여 추가적으로 고유동성 자산을 보유해야 하는 비중이 더 높음을 알 수 있다. 반면, 코로나19 대응 차원에서 LCR 규제를 완화한 시기에는 특수은행의 경우, 일반은행과 달리, LCR 수준이 낮아지지 않음을 알 수 있다(그림 3-19 참조). 이에 따라 추후 LCR 규제 정상화 과정에서 특수은행의 고유동성자산 수요가 특별히 늘어날 이유는 없는 것으로 파악된다.

제4절 분석방법

본 연구에서는 먼저 이중차분 회귀분석(regression difference-in-difference)을 통하여 증권사 콜차입 규제에 따른 증권사 RP시장 참여 증가 현상을 실증적으로 분석한다. 그 후 증권사 RP시장 참여 증대에 따른 국고채 수요 증가로 국고채 수익률이 감소하는 현상을 Diebold *et al.*(2006)의 거시-금융 동태적 넬슨-시겔 모형(Macro-Factor Dynamic Nelson-Siegel Model 이하 MF-DNS)을 활용하여 분석한다.

거시경제변수가 추가되지 않는 일반적인 동태적 넬슨-시겔 모형의 경우는 모형의 숨겨진 요소(hidden factor)인 수준(level), 기울기(slope), 곡률(curvature)에 대한 각 파라미터가 최소자승추정법(Least Squares)을 통하여 추정될 수 있다. 하지만 거시경제변수를 포함한 동태적 넬슨-시겔 모형의 경우 모형의 숨겨진 요소 중 하나인 수준(level) 요인과 거시경제 요소들 사이에 다중공선성(multicollinearity) 문제가 발생하여 더 이상 최소자승추정법을 사용하지 못한다. 이는 동태적 넬슨-시겔 모형의 수준(level) 요소는 고정된 한 시점에서 전 연물에 대해 같은 값을 갖는 요인인데, 거시경제 요소들도 시점 간에는 값이 변하지만 한 시점 내에서는 모든 연물에 대해 같은 값을 갖기 때문이다.

따라서 MF-DNS 모형의 경우 일반적으로 최소우도함수추정(maximum likelihood estimation)이나 베이지안 추정법(Bayesian estimation)을 사용하게 되는데, 본 연구와 같이 제반 거시경제변수의 개수가 많을 경우 국소극대화(local maxima) 문제가 심각할 가능성이 높다. 이에 따라 본 연구는 베이지안 추정법을 사용하여 금융건전성 규제 도입이 수익률에 미치는 영향을 분석하였다.

MF-DNS 모형을 통해 금융건전성 규제가 국고채 수익률에 미치는 영향을 분석하기에 앞서 시행하는 이중차분 회귀분석의 경우 익히 알려진 방법이므로 다음 절에서 분석 결과를 설명하면서 모형의 소개와 추정 회귀식에 대한 설명을 진행한다. 따라서 본 절에서는 본 연구에서 사용한

MF-DNS 모형을 소개하고 추정한 방식에 대한 소개를 진행한다.

1. 모형 설정: MF-DNS 모형

거시경제변수를 포함하여 분석하는 MF-DNS(이하 MF-DNS)에 대한 설명에 앞서, 우선 거시경제변수를 고려하지 않은 기본적인 동태적 넬슨-시겔(Dynamic Nelson-Siegel 이하 DNS) 모형에 대해 간략히 기술한다. 이를 통해 잠재 요인(factor)을 이용한 수익률 곡선 모형을 소개하고, 다음으로 거시경제변수를 고려한 MF-DNS 모형에 관해 설명한다.

기본적인 DNS 모형에서 시점별 수익률 곡선은 수준(level), 기울기(slope), 곡률(curvature)의 세 가지 요인(factor)에 의해서 결정되며, 다음과 같은 식으로 표현된다.

$$\begin{pmatrix} y_t(\tau_1) \\ y_t(\tau_2) \\ \vdots \\ y_t(\tau_N) \end{pmatrix} = \begin{bmatrix} \Lambda(\tau_1) \\ \Lambda(\tau_2) \\ \vdots \\ \Lambda(\tau_N) \end{bmatrix} \begin{pmatrix} l_t \\ s_t \\ c_t \end{pmatrix} + \begin{pmatrix} e_t(\tau_1) \\ e_t(\tau_2) \\ \vdots \\ e_t(\tau_N) \end{pmatrix} \tag{1}$$

식 (1)에서 $y_t(\tau)$는 t시점의 만기가 τ인 국채 수익률이고, 총 N개 만기 $\{\tau_1, \tau_2, \cdots, \tau_N\}$의 국채 수익률을 모형화한다. l_t, s_t, c_t 각각 수준(level), 기울기(slope), 곡률(curvature) 세 가지 요인을 표현한다.

$\Lambda(\tau)$는 만기 τ의 수준(level), 기울기(slope), 곡률(curvature) 요인의 요인계수(factor loading)이며, 다음과 같이 설정된다.

$$\Lambda(\tau) = \begin{pmatrix} 1 & \dfrac{1-e^{-\tau\lambda}}{\tau\lambda} & \dfrac{1-e^{-\tau\lambda}}{\tau\lambda} - e^{-\tau\lambda} \end{pmatrix} \tag{2}$$

요인계수($\Lambda(\tau)$)를 위와 같은 함수로 설정함으로써 l_t, s_t, c_t를 수준(level), 기울기(slope), 곡률(curvature)로 해석할 수 있다. 첫 번째 요인계수는 1이므로 l_t는 전 만기(τ)에 걸쳐 동일한 영향을 주므로 일반적으로 수준(level) 요인으로 해석할 수 있다.

두 번째 요인계수 $\frac{1-e^{-\tau\lambda}}{\tau\lambda}$는 만기($\tau$)가 커짐에 따라 1에서 0으로 수렴하므로, 만기가 짧을수록 그 값이 크다. 따라서 s_t는 장·단기 금리차에 영향을 미치는 수익률 곡선의 기울기 요인으로 해석할 수 있다. 기울기 요인계수 $\frac{1-e^{-\tau\lambda}}{\tau\lambda}$가 0에 수렴하는 속도는 decay 파라미터인 λ의 값에 따라 결정된다.

세 번째 요인 계수 $\frac{1-e^{-\tau\lambda}}{\tau\lambda}-e^{-\tau\lambda}$는 만기가 커질수록 값이 커지다가 특정 만기 이후 감소하여 0으로 수렴한다. 따라서 c_t는 중기 수익률에 미치는 영향이 크므로 곡률 요인으로 해석할 수 있다. 마지막으로 e_t는 정규분포 $N(0,\Sigma)$를 따르는 측정오차이며, Σ는 대각행렬 $diag(\sigma_{\tau_1}^2 \cdots \sigma_{\tau_n}^2)$을 따른다고 가정한다.

거시경제변수를 고려한 MF-DNS 모형에서는 수익률 곡선의 세 가지 요인(l_t, s_t, c_t)이 전기 수익률 곡선의 세 가지 요인(l_{t-1}, s_{t-1}, c_{t-1})과 당기 거시경제변수(m_t)에 영향을 받는다고 가정한다. 이는 다음과 같은 식으로 표현된다.

$$f_t = \mu + G_{ff}f_{t-1} + G_{fm}m_t + v_t \tag{3}$$

$f_t = (l_t, s_t, c_t)'$이며, v_t는 정규분포 $N(0,\Omega)$를 따른다고 가정한다. Ω는 대각행렬이라는 제약을 두지 않는다.

식 (1)과 (3)은 상태공간모형의 형태로 각각 다음과 같은 측정식(measurment equation)과 전환식(transition equation)으로 표현할 수 있다.

$$\text{측정식: } y_t = \Lambda f_t + e_t \tag{3}$$

$$\text{전환식: } f_t = \mu + G_{ff}f_{t-1} + G_{fm}m_t + v_t \tag{4}$$

$\Lambda = [\Lambda(\tau_1)'\Lambda(\tau_2)' \cdots \Lambda(\tau_N)']'$이며, 측정식의 측정오차 e_t와 전환식의 충격 v_t은 독립적이다.

식 (3)과 (4)를 통해 거시경제변수(m_t)가 당기 수익률 곡선(y_t)에 미치는 영향은 다음과 같이 유도할 수 있다.

$$\frac{\partial y_t}{\partial m_t} = \frac{\partial y_t}{\partial f_t}\frac{\partial f_t}{\partial m_t} = \Lambda G_{fm} \tag{5}$$

2. 추정방법

측정식 (3)과 전환식 (4)에서 추정해야 할 모수(parameter)는 μ, G, Σ, Ω이며, 이 모수들의 집합을 θ로 정의한다.

본 연구는 베이지안 추정 방법(Bayesian estimation)을 이용하여 위 모수를 추정한다. MF-DNS 모형을 이용한 선행연구에서는 최우추정법(Maximun likelihood estimation) 또는 베이지안 추정 방법을 이용하여 모수를 추정한다. MF-DNS 모형 내에 외생적인 거시경제변수가 많을 경우, 추정해야 할 모수가 많아 최우추정법의 국소극대화(local maxia) 문제가 심각해질 가능성이 높다. 이에 따라 본 연구는 베이지안 추정 방법을 이용하여 모수를 추정하였다.

베이지안 추정을 위한 각 모수의 사전분포를 다음과 같이 설정하였다. Σ의 대각원소인 측정오차의 분산 $(\sigma^2_{\tau_1} \cdots \sigma^2_{\tau_n})$은 역감마(Inverse Gamma) 분포, μ와 G는 정규분포, Ω는 역위샷(Inverse Wishart) 분포를 따른다고 가정하였다. 사전분포의 초깃값은 선행 연구를 참조하여 설정하였다(부록 1 참조).

3. MCMC 추정과정

모수의 초깃값이 주어졌을 때, MCMC 시뮬레이션을 통해 사후분포(posterior distribution)를 샘플링한다. MCMC 시뮬레이션 내 번인(burn-in)의 크기는 1백번이며, 이후 1천번의 사후 샘플링을 시행한다. MCMC 시뮬레이션을 단계별로 요약하면 아래와 같다. 각 단계별 상세한 과정은 <부록 1>을 참조하기 바란다.

1단계: X, Σ, Ω가 주어졌을 때, μ, $G \mid X$, Σ, Ω로부터 μ와 G를 샘플링한다.

2단계: μ와 G가 샘플링된 후 X, μ, G가 주어졌을 때, $\Omega \mid X, \mu, G$로부터 Ω를 샘플링한다.

3단계: Y와 X가 주어졌을 때, $\Sigma \mid X$, Y로부터 Σ를 샘플링한다.

4단계: Y, Σ, μ, G, Ω, m이 주어졌을 때, Carter and Kohn 기법에 따라 f를 샘플링한다.

제5절 자료 및 기술통계량

1. 이중차분분석 관련 기술통계량

[그림 3-20]은 2010년에서 2019년까지의 국고채 연물별 발행금리 추이를 나타낸다. 일반적으로 국고채의 만기가 길수록 국고채 수익률이 높게 나타나며, 2010년 이후 국고채 발행금리는 우하향하는 추세를 보인다. 단기금융시장 규제가 국고채 금리에 미치는 영향을 살펴보고자 RP 및 LCR 규제 관련 제도 변화 시점을 추가적으로 표시하였다.

[그림 3-21]은 RP 규제시점과 국고채 연물별 발행금리 추이를 나타낸다. 비은행권 RP 규제는 2010년 7월 27일 증권사의 콜 차입을 자기자본 100% 이내로 축소한다는 내용의 제도 개선 발표 이후 2015년 2월 24일 제2금융권의 콜시장 참여 원칙적 배제가 시행되기까지 약 5년간 콜시장 차입이 단계적으로 제한되었다.

한편, [그림 3-22]는 LCR 규제 시점과 국고채 연물별 발행금리 추이를 나타낸다. 은행권 LCR 규제는, 2014년 8월 27일 LCR 최저수준을 100%로 설정하는 내용의 LCR 도입방안 발표가 있었으나, 이후 규제수준이 완화되며 2015년 1월 1일부터 LCR 최저수준을 80%로 수정 적용하여 시행되었다. 이후 2019년 1월 1일까지 매년 LCR 최저수준은 5%p씩 상향되었다. 한편, 2020년 코로나로 인해 유동성 공급이 제한되면서 LCR 규

[그림 3-20] 국고채 연물별 발행금리 추이(2010~19년)

(단위: %)

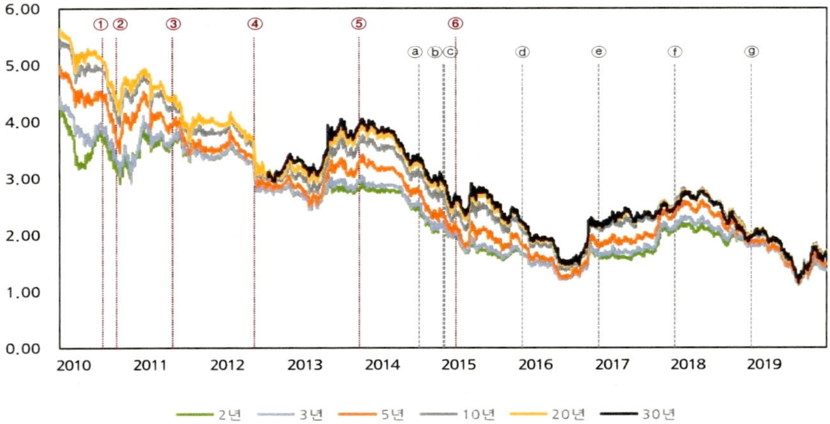

주: 1) ① 증권사 콜차입 자기자본 100% 이내로 축소 발표('10. 7. 27), ② 규제 시행('10. 10. 1), ③ 증권사 콜차입 자기자본 25% 이내로 축소 발표('11. 6. 22), ④ 규제 시행('12. 7. 12), ⑤ 제2금융권 콜시장 참여 원칙적 배제 발표('13. 11. 22), ⑥ 규제 시행('15. 2. 24)

2) ⓐ LCR 시행 발표('14. 8. 27), ⓑ LCR 비율 100% → 80% 수정발표('14. 12. 24), ⓒ LCR 80% 시행('15. 1. 1), ⓓ LCR 85% 시행('16. 1. 1), ⓔ LCR 90% 시행('17. 1. 1), ⓕ LCR 95% 시행('18. 1. 1), ⓖ LCR 100% 시행('19. 1. 1)

자료: 금융감독원 금융통계정보시스템.

[그림 3-21] 국고채 연물별 발행금리 추이(2010~15년)

(단위: %)

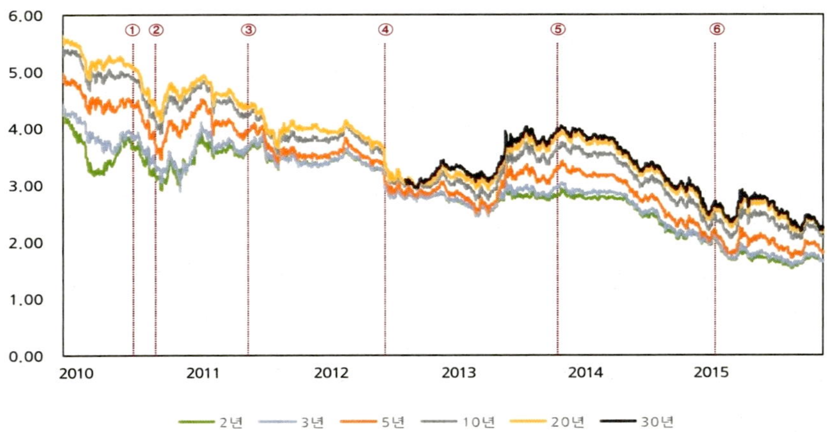

주: ① 증권사 콜차입 자기자본 100% 이내로 축소 발표('10. 7. 27), ② 규제 시행('10. 10. 1), ③ 증권사 콜차입 자기자본 25% 이내로 축소 발표('11. 6. 22), ④ 규제 시행('12. 7. 12), ⑤ 제2금융권 콜시장 참여 원칙적 배제 발표('13. 11. 22), ⑥ 규제 시행('15. 2. 24)

자료: 금융감독원 금융통계정보시스템.

[그림 3-22] 국고채 연물별 발행금리 추이(2015~19년)

(단위: %)

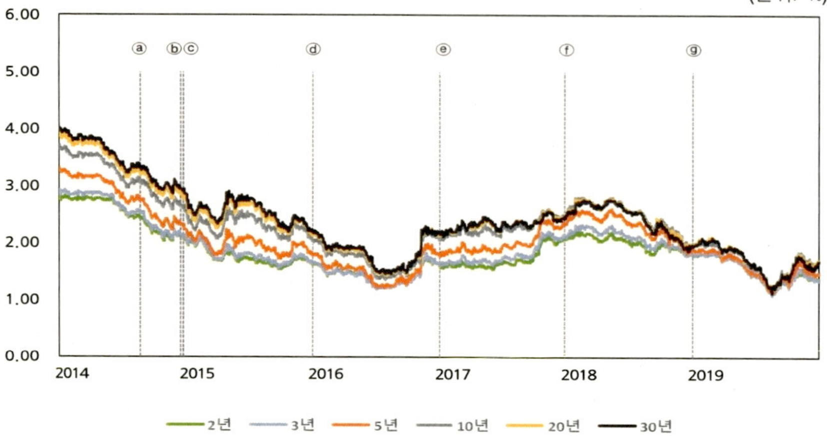

주: ⓐ LCR 시행 발표('14. 8. 27), ⓑ LCR 비율 100% -> 80% 수정 발표('14. 12. 24), ⓒ LCR 80% 시행('15. 1. 1), ⓓ LCR 85% 시행('16. 1. 1), ⓔ LCR 90% 시행('17. 1. 1), ⓕ LCR 95% 시행('18. 1. 1), ⓖ LCR 100% 시행('19. 1. 1)

자료: 금융감독원 금융통계정보시스템.

제는 일부 완화되어 시행된 바 있다.

<표 3-5>는 DID 분석에 사용된 변수들의 2010년부터 2013년도 7월 말까지의 기초통계량을 나타낸다. RP 규제 도입 발표가 RP 매수금액에 미치는 영향을 분석하기 위해 규제 시행 이전(2012년 1월 2일~2012년 7월 12일)과 규제 시행 이후 약 1년간(2012년 7월 13일~2013년 7월 말)의 기초통계량을 구분하여 제시한다. 전체 기간(2012년~2013년 7월 말)의 관측치는 총 395개로 영업일만을 대상으로 분석하였다. 규제 시행 이전 증권사와 자산운용사의 평균 RP 매수금액을 살펴보면 각 5.52조원, 1.14조원으로 나타난다. 규제 시행 이후에는 증권사의 평균 RP 매수금액은 7.20조원으로 크게 증가한 반면, 자산운용사의 평균 RP 매수금액은 0.90조원으로 소폭 감소한 것으로 나타난다. 한편, 설명변수로는 각 업권별 평균자산금액이 고려되었으며, 증권사의 평균자산 및 자산운용사의 평균자산은 규제 시행 전후에 큰 차이가 없는 것으로 나타났다. 또한 공통되는 설명변수로 GDP, 수출금액, 수입금액, 소비자물가지수, CDS 프리미엄, 유가, 기준금리, 국채금리 등이 고려되었다.

<표 3-5> DID 기술통계량

		전체 기간(2012년~2013년 7월 말)					2012년 1월 2일~2012년 7월 12일					2012년 7월 13일~2013년 7월 말				
		관측치	평균	표준편차	최소	최대	관측치	평균	표준편차	최소	최대	관측치	평균	표준편차	최소	최대
RP매수금액 (조원)	증권사	395	6.64	1.861	0.63	11.98	131	5.52	1.451	0.63	7.98	264	7.20	1.792	1.36	11.98
	자운사	395	0.98	0.322	0.00	1.70	131	1.14	0.352	0.00	1.70	264	0.90	0.274	0.00	1.57
업권 평균자산 (조원)	증권사	395	4.30	0.326	3.70	4.78	131	4.01	0.294	3.70	4.50	264	4.45	0.229	4.19	4.78
	자운사	395	0.04	0.001	0.04	0.04	131	0.04	0.001	0.04	0.04	264	0.04	0.001	0.04	0.04
GDP (실질, 계절조정, 조원)		395	382.10	5.077	375.76	392.60	131	376.98	1.231	375.76	379.59	264	384.64	4.282	379.59	392.60
수출금액 (실질, 계절조정, 조원)		395	169.93	4.084	162.58	175.45	131	164.99	2.455	162.58	170.48	264	172.39	1.942	170.48	175.45
수입금액 (실질, 계절조정, 조원)		395	143.08	1.316	140.40	144.93	131	143.19	0.408	142.75	143.58	264	143.02	1.582	140.40	144.93
소비자물가지수 (2020=100)		395	92.20	0.582	91.24	93.04	131	91.57	0.159	91.24	91.77	264	92.51	0.448	91.43	93.04
전산업생산지수 (2010=100)		395	95.64	0.867	94.00	97.30	131	95.09	0.690	94.00	96.00	264	95.91	0.817	94.30	97.30
CDS 프리미엄 (5년물, bp)		395	97.41	30.288	56.00	171.00	131	133.64	14.506	107.00	171.00	264	79.42	17.078	56.00	131.00
유가(두바이유, $/BBL)		395	107.29	6.606	94.38	122.49	131	110.56	9.241	94.38	122.49	264	105.66	3.896	99.09	111.19
한국기준금리(%)		395	2.92	0.272	2.50	3.25	131	3.25	0.000	3.25	3.25	264	2.75	0.169	2.50	3.00
국채금리(%)	3년	395	2.98	0.329	2.44	3.64	131	3.41	0.102	3.19	3.64	264	2.76	0.127	2.44	3.12
	5년	395	3.10	0.345	2.51	3.82	131	3.54	0.111	3.31	3.82	264	2.88	0.168	2.51	3.43
	10년	395	3.31	0.380	2.73	4.07	131	3.79	0.125	3.51	4.07	264	3.07	0.185	2.73	3.68
	20년	395	3.42	0.378	2.92	4.14	131	3.90	0.118	3.61	4.14	264	3.19	0.199	2.92	3.85

자료: 한국은행 경제통계시스템, 금융감독원 금융통계정보시스템, 한국예탁결제원 장외 Repo 통계(2016년 12월; 2022년 2월)를 바탕으로 저자 작성.

2. MF-DNS 분석 관련 기술통계량

<표 3-6>은 MF-DNS 분석에 사용된 변수들의 2010년부터 2019년도 말까지의 기초통계량을 나타낸다. 추가적으로 LCR 규제 도입 발표가 금리에 미치는 영향을 분석하기 위해 규제 시행 이전(2010~14년 말)과 규제 시행 이후(2015~19년 말)의 기초통계량을 구분하여 제시한다. 전체기간(2010~19년)의 관측치는 총 2476개로 영업일만을 대상으로 분석하였으며, 국고채 30년물의 경우 2012년 9월 11일부터 발행되었기 때문에 관측치의 수에 차이가 있다. 국고채 발행금리는 국고채 만기가 길수록 평균값도 높게 나타난다.

한편, 전체 기간의 국고채 평균 발행량은 7.76조원으로 나타났다. 본 연구에서 국고채 발행량을 통제하는 이유는 금융건전성 규제 도입에 따라 자금 수요가 확대/축소되는데, 이로 인한 국채 수익률의 변화만을 추정하기 위해서이다. 일반적으로 국고채 발행량의 증가는 자금 수요의 증가를 의미하므로 국고채 금리의 상승을 야기한다. 실제로 이에 대해서는 본 연구보고서의 앞 장에서 분석한 바 있다. 따라서 금융건전성 규제가 도입되어 자금 공급이 확대될 때 국고채 발행량이 통제되지 않으면 자금 공급 확대에 따른 국고채 금리의 하락이 나타나지 않을 수 있다. 따라서 본 연구에서는 국고채 발행량을 추가적인 통제변수로 사용한다.

국고채 금리는 일반적으로 기준금리의 변동 추이와 흐름이 유사한 경향이 있기 때문에 한국 및 미국의 기준금리 데이터도 분석에서 고려하였으며, 그 외 설명변수로는 미국채 10년물 금리, CP금리(91일물), 콜금리(1일물), 소비자물가지수, 전산업생산지수, KOSPI 등이 고려되었다.

<표 3-6> MF-DNS 기술통계량

		전체 기간(2010년~2019년)					2010년~2014년 말					2015년~2019년 말				
		관측치	평균	표준편차	최소	최대	관측치	평균	표준편차	최소	최대	관측치	평균	표준편차	최소	최대
국고채 발행금리 (%)	2년	2476	2.39	0.794	1.11	4.39	1244	3.09	0.472	2.03	4.39	1232	1.69	0.253	1.11	2.23
	3년	2476	2.45	0.831	1.09	4.44	1244	3.17	0.514	2.08	4.44	1232	1.73	0.287	1.09	2.32
	5년	2476	2.67	0.940	1.12	4.98	1244	3.46	0.637	2.23	4.98	1232	1.88	0.345	1.12	2.6
	10년	2476	2.94	1.011	1.17	5.43	1244	3.78	0.707	2.59	5.43	1232	2.11	0.382	1.17	2.82
	20년	2476	3.05	1.061	1.15	5.65	1244	3.94	0.720	2.78	5.65	1232	2.16	0.394	1.15	2.85
	30년	1803	2.58	0.713	1.14	4.05	571	3.46	0.348	2.86	4.05	1232	2.18	0.405	1.14	2.95
국고채 발행량(조원)		2476	7.76	1.632	2.84	10.75	1244	7.06	1.218	2.84	9.46	1232	8.48	1.685	3.6	10.75
한국기준금리(%)		2476	2.07	0.674	1.25	3.25	1244	2.65	0.422	2	3.25	1232	1.48	0.203	1.25	2
미국기준금리(%)		2476	0.60	0.745	0.13	2.38	1244	0.13	0.000	0.13	0.13	1232	1.08	0.808	0.13	2.38
미국채금리(%)	10년	2476	2.40	0.554	1.37	4.01	1244	2.54	0.627	1.43	4.01	1232	2.27	0.431	1.37	3.24
CP금리(%)	91일	2476	2.41	0.722	1.5	3.74	1244	3.05	0.420	2.24	3.74	1232	1.76	0.163	1.5	2.32
콜금리(%)	1일	2476	2.06	0.679	1.16	3.31	1244	2.65	0.426	1.9	3.31	1232	1.47	0.206	1.16	2.01
소비자물가지수		2476	94.18	3.949	85.35	100.22	1244	91.03	2.791	85.35	94.55	1232	97.36	1.838	94.59	100.22
전산업생산지수		2476	100.13	7.320	82.8	121.8	1244	95.14	4.816	82.8	108.8	1232	105.18	5.800	91	121.8
KOSPI		2466	2035.00	192.240	1552.79	2598.19	1239	1923.73	125.562	1552.79	2228.96	1227	2147.34	182.323	1829.81	2598.19

자료: 한국은행 경제통계시스템, 금융감독원 금융통계정보시스템, 한국예탁결제원 장외 Repo 통계(2016년 12월; 2022년 2월)를 바탕으로 저자 작성.

제6절 분석 결과

1. RP 관련 규제가 국고채 수익률에 미친 영향

가. 콜시장 참여 제한이 RP 거래에 미친 영향

제6절 1항에서는 증권사들이 콜시장 참여를 제한받음에 따라 자금조달의 새로운 창구로서 환매조건부매매(Repurchase Agreeements: RP) 시장 참여를 증가시킨 현상에 대해 분석한다. 이는 단기자금시장의 안정성 증진을 위해 도입한 증권사 콜시장 참여 정책에서 파생된 효과로서 국고채 수요가 증가하고 국고채 수익률이 감소할 수 있는 현상의 첫 단계에 해당한다. 증권사들은 자금조달 통로로서 콜시장 참여가 제한됨에 따라 새로운 자금조달 통로가 필요하고 이에 RP 시장 참여를 늘릴 인센티브가 있다. 그런데 RP 시장은 담보가 없이 자금을 차입하는 콜시장과는 달리 담보를 요구하는 시장이다. 특히 RP 시장에서 사용되는 담보 중 국고채 비율은 약 65%이다.

본 호에서는 이중차분분석을 통하여 증권사의 콜시장 참여 제한에 따라 증권사들이 RP 시장 참여가 증가한 현상에 대한 실증 증거를 제시한다. 콜시장 참여 제한 정책은 크게 3단계에 걸쳐 진행되었다. 첫 번째 단계는 자기자본 대비 100% 이하로만 콜시장에 참여할 수 있게 제한하는 것(2010년 10월 1일)이고, 두 번째 단계는 자기자본 대비 25% 이하로만 콜 시장에 참여할 수 있게 제한하는 것(2012년 7월 12일), 그리고 마지막 단계는 콜시장 원칙적 참여 배제의 단계(2015년 2월 24일)이다. 이 중 첫 번째 단계 시기 중 2010년 10월 1일~2011년 12월의 분석자료는 존재하지 않기 때문에 분석은 25% 이하로만 콜시장에 참여할 수 있게 된 시기에 대해 이루어진다.

본 연구에서 사용하는 이중차분 회귀분석의 실험군(treated group)은 정책의 영향을 직접 받는 증권사이며, 대조군(control group)은 콜시장 참여

[그림 3-23] 증권사 및 자산운용사의 RP 매수금액 추이

(단위: %, 조원)

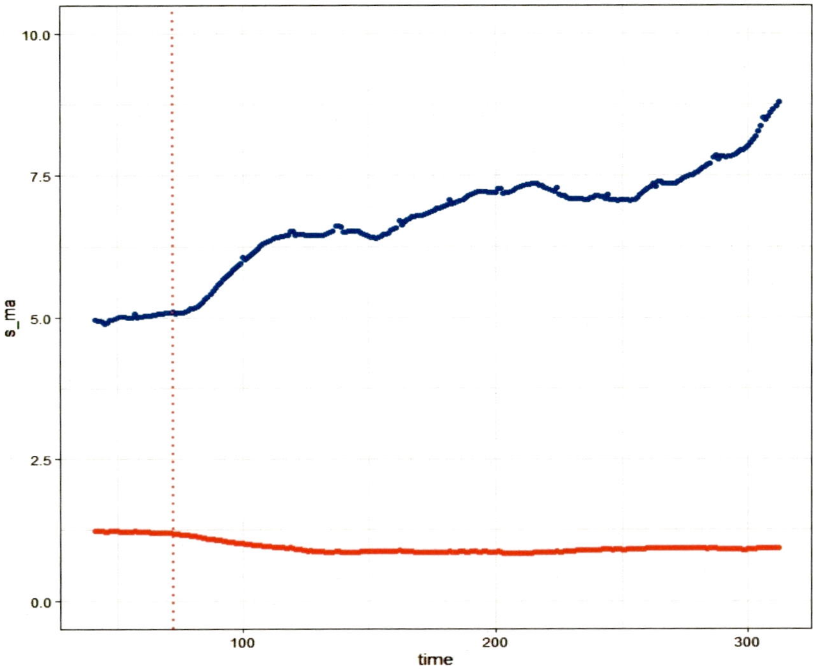

주: 파란 선은 증권사의 RP 매수금액의 이동평균(k=61)을, 빨간 선은 자산운용사의 RP 매수금액의 이동평균(k=61)을 나타내며, 점선으로 표시된 시점은 분석에서 고려하는 규제 시점인 2012년 7월 12일을 나타냄.

자료: 금융투자협회 채권정보센터(https://www.kofiabond.or.kr/) RP 정보란을 기반으로 저자 작성

제한 정책에 영향을 받지 않는 자산운용사이다. 이중차분 회귀분석이 편의(bias) 없이 추정되기 위해서는 실험군과 대조군 사이에 평행추세가정(parallel trend assumption)이 성립해야 한다. [그림 3-23]은 자기자본 대비 25% 이하로만 콜시장에 참여할 수 있게 제한하는 정책 시행 전후 증권사와 자산운용사의 일평균 RP 매도량(1달 이동평균 값)의 추세를 나타낸다. 그림에서 잘 나타나듯이 자기자본 대비 25% 이하로만 콜시장 참여 제한이 있기 전 기간에는 증권사와 자산운용사의 일평균 RP 매도량이 비교적 일정한 간격을 가지며 평행하게 움직인다. 반면, 정책 시행 이후에는 증권사의 일평균 RP 매도량이 유의미하게 증가하는 패턴을 발견할 수 있다.

콜시장 원칙적 참여 완전 배제 전후에도 유사한 패턴이 나타난다. 자기자본 대비 25% 이하로만 콜시장에 참여할 수 있게 제한하는 정책이 시행되고 약 2년 후 실험군과 대조군 사이의 콜시장 참여 수준(level) 차이는 더 확대되었지만 다시 평행추세가정이 만족되는 상황이 발생하는데, 이후 추가적으로 콜시장 참여 완전 배제 정책이 시행됨으로써 다시 한번 실험군과 대조군 사이의 RP 시장 참여 규모의 격차가 확대되게 된다.

본 절에서는 위와 같은 관측을 바탕으로 이중차분 회귀분석을 통하여 각 정책이 증권사에 야기한 RP 시장 참여 확대 규모를 추정한다. 이중차분 회귀분석에서는 증권사 콜시장 참여제한 정책 시행 이외에도 증권사 및 자산운용사의 RP 매각을 통한 자금조달 수요에 영향을 미칠 수 있는 제반 거시경제변수 및 금융시장 관련 변수를 추가하였다. 이 중 경제성장률, 산업생산지수, 물가상승률 등은 거시경제 상황을 반영하는 변수이며, 국고채 3년물 금리의 전일값, CDS 프리미엄 등은 금융시장 상황을 반영하는 변수이다. 국고채 3년물 금리의 경우 RP 매각량에 따라 그 수요가 영향을 받는 역인과관계(reverse-causality)의 오류를 방지하기 위하여 전일값을 사용하였다. 이중차분 회귀분석의 식은 다음과 같다.

$$Y_{i,t} = \beta_0 + \beta_1 D_{\text{규제시점}} D_{\text{실험군}} + \beta_2 D_{\text{규제시점}} + \beta_3 D_{\text{실험군}} + \beta_4 X_{i,t} + \upsilon_{i,t} \tag{6}$$

본 회귀식에서 $X_{i,t}$는 GDP(분기 자료), 전산업생산지수(월별 자료), 소비자물가지수(월별 자료) 등도 포함하고 있다. 이때 실증분석을 위해 해당 자료를 일별 자료로 변환하여야 하는데, 본문에 수록하고 있는 실증분석 결과는 해당 분기 혹은 월에는 같은 값을 갖는 것으로 일별 자료를 구축하였다. 또한 이에 대한 강건성 검증 차원에서 선형 추세 내삽법(linear trend extrapolation)을 사용하여 분기별 혹은 월별 변화가 일별 단위에서 연속적인 변화가 되도록 자료를 변환하여 사용한 실증분석도 진행하였고, 그 결과를 부록에 수록하였다. 분석 결과, 분기별 혹은 월별로 같은 값을 넣은 결과와 추세 내삽법을 통해 연속적으로 변하도록 변환한

<표 3-7> 규제 시행 이후 180영업일간 업권별 RP 매수 이중차분 회귀분석 결과 1

독립변수	종속변수: 업권별 RP 매수금액(조원)		
	모형 1	모형 2	모형 3
규제시점 더미*실험군	2.107*** (0.146)	2.107*** (0.119)	2.107*** (0.115)
규제시점 더미	-0.312*** (0.103)	-0.716*** (0.088)	-0.922*** (0.092)
실험군 (증권사 더미)	3.782*** (0.137)	3.782*** (0.112)	3.782*** (0.109)
GDP	0.0001*** (0.00001)	0.00004*** (0.00001)	
전산업생산지수	0.013** (0.006)	0.018*** (0.006)	
소비자물가지수	0.199*** (0.076)	0.135* (0.077)	
CDS프리미엄	0.003* (0.001)		
국고채 3년물 금리	-0.747*** (0.12)		
상수항	1.240*** (0.097)	-39.417*** (4.46)	-24.600*** (6.272)
관측치 수	564	564	564
R-squared	0.965	0.976	0.978

주: 분석기간은 2012년 1월부터 2013년 4월 2일까지로 규제 시행 이후 180영업일 간을 분석 기간으로 산정함.
Standard errors in parentheses.
***p<0.01, **p<0.05, *p<0.1.

후 분석한 결과에 큰 차이가 없어 결과의 강건함을 확인할 수 있었다.

<표 3-7>～<표 3-10>은 이중차분 회귀분석을 통하여 증권사 콜시장 참여가 제한됨에 따라 증권사가 RP 매각을 통한 자금조달을 늘린 양을 추정한 결과이다. 분석 시점은 자료가 최초로 존재하는 2012년 1월 1일부터 콜시장 참여가 자기자본 대비 25% 이하로 제한되고 6개월이 지난 시점까지를 포함한다. 이의 강건성을 검증하기 위해 분석 시점을 6개월씩 확장한 분석도 시행하였다.

분석 결과, 증권사 콜시장 참여가 자기자본 대비 25% 이하로 제한됨에

<표 3-8> 규제 시행 이후 360영업일간 업권별 RP 매수 이중차분 회귀분석 결과 1

독립변수	종속변수: 업권별 RP 매수금액(조원)		
	모형 1	모형 2	모형 3
규제시점 더미*실험군	2.393*** (0.206)	2.393*** (0.187)	2.393*** (0.177)
규제시점 더미	-0.316** (0.146)	-0.696*** (0.137)	-1.187*** (0.139)
실험군 (증권사 더미)	3.782*** (0.199)	3.782*** (0.18)	3.782*** (0.17)
GDP	-0.00001 (0.00001)	0.00001 (0.00001)	
전산업생산지수	0.066*** (0.007)	0.057*** (0.008)	
소비자물가지수	0.478*** (0.093)	-0.073 (0.105)	
CDS프리미엄	-0.005*** (0.002)		
국고채 3년물 금리	-0.960*** (0.136)		
상수항	1.240*** (0.141)	-45.655*** (6.535)	3.681 (8.064)
관측치 수	924	924	924
R-squared	0.936	0.947	0.953

주: 분석기간은 2012년 1월부터 2013년 12월 23일까지로 규제 시행 이후 360영업일간을 분석기간으로 산정함.
Standard errors in parentheses.
***p<0.01, **p<0.05, *p<0.1.

따라 일평균 증권사 RP 매각 총량은 약 2.1조원 증가하였다(표 3-7). 일평균 RP 매각 총량이 약 2.1조원 증가하였다는 것은 국고채 등 담보로 사용되는 증권의 수요가 약 '2.1조원 × 0.65 = 1.365조원' 증가하였음을 의미한다. 특히 국고채 2년물의 경우 향후 2년간의 전망이 금리에 반영된다는 것을 고려할 때 분석기간을 제도 시행 이후 2년까지로 확장한 경우도 고려해볼 필요가 있다. <표 3-10>은 증권사 콜시장 참여를 25% 이하로 제한한 후 2년까지의 효과를 분석한 결과이다. 증권사 콜시장 참여를 자기자본 대비 25% 이하로 제한함에 따라 시행 후 2년이 경과한 시점까지

<표 3-9> 규제 시행 이후 540영업일간 업권별 RP 매수 이중차분 회귀분석 결과 1

독립변수	종속변수: 업권별 RP 매수금액(조원)		
	모형 1	모형 2	모형 3
규제시점 더미*실험군	3.466*** (0.481)	3.466*** (0.342)	3.466*** (0.336)
규제시점 더미	0.042 (0.34)	-2.010*** (0.249)	-2.428*** (0.262)
실험군 (증권사 더미)	3.782*** (0.469)	3.782*** (0.333)	3.782*** (0.327)
GDP	-0.00003** (0.00001)	-0.00001 (0.00001)	
전산업생산지수	0.036*** (0.012)	0.058*** (0.012)	
소비자물가지수	1.750*** (0.146)	1.648*** (0.159)	
CDS프리미엄	0.015*** (0.003)		
국고채 3년물 금리	-1.575*** (0.238)		
상수항	1.240*** (0.332)	-152.775*** (9.599)	-147.106*** (11.326)
관측치 수	1,284	1,284	1,284
R-squared	0.785	0.892	0.896

주: 분석기간은 2012년 1월부터 2014년 9월 18일까지로 규제 시행 이후 540영업일간을 분석 기간으로 산정함.
Standard errors in parentheses.
***p<0.01, **p<0.05, *p<0.1.

일평균 증권사 RP 매각 총량은 약 5.0조원 증가한다. 따라서 콜시장 참여 제한에 따른 국고채 등 증권 수요 확대는 최소 '5조원×0.65=3.25조원'에 이르는 것으로 분석된다.

증권사 콜시장 참여 제한 이외에 RP 매각을 통한 자금조달에 영향을 미칠 수 있는 제반 변수를 통제하였을 때에도 위의 결과는 강건하게 나타난다. 또한 제반 통제변수의 방향도 합리적으로 추정된다. 먼저 경제성장률, 산업생산지수, 물가상승률 등 제반 거시경제변수를 통제한 결과, 경기가 좋을 때 RP 매각을 통한 자금조달 수요도 증가하는 것으로 나타

<표 3-10> 규제 시행 이후 720영업일간 업권별 RP 매수 이중차분 회귀분석 결과 1

독립변수	종속변수: 업권별 RP 매수금액(조원)		
	모형 1	모형 2	모형 3
규제시점 더미*실험군	4.998*** (0.805)	4.998*** (0.505)	4.998*** (0.479)
규제시점 더미	0.517 (0.569)	-3.074*** (0.368)	-3.748*** (0.363)
실험군 (증권사 더미)	3.782*** (0.789)	3.782*** (0.495)	3.782*** (0.469)
GDP	0.0002*** (0.00001)	0.0001*** (0.00001)	
전산업생산지수	0.021 (0.013)	0.060*** (0.014)	
소비자물가지수	-0.123 (0.144)	0.966*** (0.177)	
CDS프리미엄	0.025*** (0.004)		
국고채 3년물 금리	-3.008*** (0.221)		
상수항	1.240** (0.558)	-46.403*** (10.372)	-104.922*** (13.336)
관측치 수	1,644	1,644	1,644
R-squared	0.656	0.865	0.879

주: 분석기간은 2012년 1월부터 2015년 6월 11일까지로 규제 시행 이후 720영업일간을 분석 기간으로 산정함.
Standard errors in parentheses.
***p<0.01, **p<0.05, *p<0.1.

나는데, 이는 경기가 좋을 때 투자를 위해 레버리지를 좀 더 일으키는 증권사의 행태와도 관련된 결과로 사료된다. 또한 국고채 지표 금리 중 하나인 국고채 3년물 금리의 전일 값의 경우도 금리가 높을수록 RP 매각 총량이 감소하는 형태가 나타난다. 이는 국고채 3년물 금리가 높을수록 증권사나 자산운용사가 레버리지를 통한 투자를 줄이고 안전자산에 대한 수요를 늘리면서 나타나는 현상으로 사료된다.

본 연구의 부록에서는 분석시점을 정책 시행 이후 6개월뿐만 아니라 1년, 1년 6개월, 그리고 2년까지 확장하는 강건성 검증을 시행하였다. 이를 통해 정책의 효과가 점차 파급되어 증권사의 RP 매각 총량이 점차 증가하는 모습이 나타남을 확인할 수 있었다.

나. 콜차입 제한 규제가 국고채 수익률에 미친 영향

본 호에서는 증권사 콜차입 규제 발표 및 시행 각 단계별로 해당 발표 및 시행이 국고채 수익률에 미치는 영향을 분석하였다. 구체적으로 <표 3-1>에 있는 콜차입 규제 도입 발표 및 시행일을 기준으로 만기별 국고채 수익률의 변화를 추정하였다. 이를 위해 규제 발표 및 시행 더미변수(dummy variable)를 MF-DNS 모형의 제반 거시경제변수와 함께 추가하여 콜차입 규제 도입 발표가 국고채 수익률에 미치는 영향을 분석하였다. 또한 규제 도입 이외의 요인으로 인한 수익률의 변화를 제한하기 위하여 분석 대상 기간을 이벤트 전후의 짧은 기간(3개월 이내)으로 한정하였다.

일반적인 DNS 모형의 경우 수준, 기울기, 곡률, 세 가지 요인 간의 관계만으로 국고채 수익률 곡선의 변화를 설명한다. MF-DNS 모형에서는 수준, 기울기, 곡률 요인에 제반 거시경제변수가 영향을 주는 채널(channel)을 추가하여, 제반 거시경제변수에 의한 국고채 수익률 곡선의 변화를 분석할 수 있다. 제반 변수가 특정 시기의 더미변수일 경우, 특정 시기의 변화가 수준, 기울기, 곡률 요인에 주는 영향을 추정할 수 있으며, 이를 통해 국고채 수익률의 변화를 분석할 수 있다.

본 연구의 MF-DNS 모형내 제반 거시경제변수는 GDP(분기 자료), 전산업생산지수(월별 자료), 소비자물가지수(월별 자료) 등도 포함하고 있다. 본 연구의 MF-DNS 모형은 일별 수익률 곡선 자료을 이용하므로, 제반 거시경제변수를 일별 자료로 변환하여야 하는데, 본문에 수록하고 있는 금융건전성 규제가 국고채 수익률에 미치는 영향에 대한 실증분석 결과는 해당 분기 혹은 월에는 같은 값을 갖는 것으로 일별 자료를 구축하였다. 또한 이에 대한 강건성 검증 차원에서 선형 추세 내삽법(linear trend extrapolation)을 사용하여 분기별 혹은 월별 변화가 일별 단위에서 연속적인 변화가 되도록 자료를 변환하여 사용한 실증분석도 진행하였으며, 그 결과를 부록에 수록하였다. 분석 결과, 분기별 혹은 월별로 같은 값을 넣은 결과와 추세 내삽법을 통하여 연속적으로 변하도록 변환한 후 분석한 결과 간에 큰 차이가 없어 결과의 강건함을 확인할 수 있었다.

본문의 분석 결과에서 다루고 있는 콜차입 규제는 <표 3-1>에 있는 증권사 콜차입 비율을 자기자본 대비 25%로 제한하는 규제(2011년 6월 22일 발표 및 2012년 7월 12일 시행)와 제2금융권의 콜시장 참여 원칙적 배제(2013년 11월 22일 발표 및 2015년 2월 24일 시행)이다. 이 두 규제 이전에 2010년에 도입된 증권사 콜차입 비율을 자기자본 대비 100%로 제한하는 규제의 경우, 도입 당시 자기자본 대비 콜차입 한도규제 100%를 넘어서는 증권사는 없었으므로 자기자본 대비 콜차입 한도규제 100% 규제 도입이 국고채 수요 및 수익률에 미치는 영향은 크지 않은 것으로 추정되었다. 이 규제에 대한 분석 결과는 부록에 추가하였다.

1) 증권사 자기자본 대비 25% 콜차입 규제의 영향 분석

본 목에서는 증권사의 자기자본 대비 25% 콜차입 한도규제(이하 25% 콜차입 한도규제)가 국고채 수익률 곡선에 미치는 영향을 분석한 결과를 소개한다. 본 분석의 대상 기간은 규제 발표 이전 3개월과 시행 이후 3개월의 기간이다. 구체적으로 25% 콜차입 한도규제 발표(2011년 6월 22일)과 시행(2012년 7월 12일) 사이의 기간 동안 1의 값을 가지는 더미변수와 25% 콜차입 한도규제 시행(2012년 7월 12일) 이후 1의 값을 가지는 더미변수를 MF-DNS 모형의 제반 거시경제변수에 추가하여 25% 콜차입 한도규제가 국고채 금리에 미치는 영향을 분석하였다.

가) MF-DNS 파라미터 추정 결과

<표 3-11>과 <표 3-12>는 콜차입 25% 한도규제의 영향을 분석하기 위한 MF-DNS 모형의 제반 거시경제변수에 국고채 발행량을 추가하지 않은 모형과 추가한 모형에 대한 각각의 파라미터 추정 결과이다. 두 모형 모두 국고채 발행량 외에 동일한 거시경제변수를 포함하였으며, 두 표 모두에서 MF-DNS 모형의 각 파라미터 추정치의 평균과 사후분포(posterior

<表 3-11> 증권사 자기자본 대비 25% 콜차입 한도규제 금리 변화 MF-DNS 파라미터 추정 결과 1

	수준	기울기	곡률							
μ (1 × 3)	-0.3489 (0.2750)	-0.0009 (0.0099)	-0.0004 (0.0099)							
G_{ff} (3 × 3)	0.7941 (0.0337)	-0.0482 (0.0331	-0.0059 (0.0090)							
	-0.0083 (0.0084)	0.9124 (0.0088)	0.0096 (0.0069)							
	-0.0107 (0.0092)	0.0047 (0.0092)	0.8219 (0.0095)							
Ω (3 × 3)	0.0011 (0.0001)	-0.0005 (0.0001)	-0.0013 (0.0004)							
	-0.0005 (0.0001)	0.0009 (0.0002)	-0.0005 (0.0004)							
	-0.0013 (0.0004)	-0.0005 (0.0004)	0.0094 (0.0014)							
σ (1 × 1)	0.0026 (0.0001)									
	규제 발표	규제 시행	CPI	전산업 생산지수	한국 기준금리	미국 기준금리	미국채 10년	CP 91일	콜 1일	코스피
G_{fm} (3 × 13)	-0.0122 (0.0111)	-0.0856 (0.0176)	0.0036 (0.0031)	0.0020 (0.0006)	0.0775 (0.0519)	-0.0306 (0.3134)	0.0732 (0.0153)	0.0568 (0.0468)	-2.6.E-03 (0.0098)	2.1.E-05 (1.9.E-05)
	0.0127 (0.0063)	0.0050 (0.0079)	0.0019 (0.0009)	-0.0007 (0.0006)	0.0039 (0.0099)	0.0001 (0.0103)	-0.0281 (0.0070)	-0.0003 (0.0096)	0.0017 (0.0094)	-4.2.E-05 (2.0.E-05)
	0.0065 (0.0086)	0.0100 (0.0095)	0.0021 (0.0021)	-0.0056 (0.0017)	0.0021 (0.0104)	-0.0002 (0.0101)	-0.0018 (0.0092)	-0.0006 (0.0103)	2.0.E-03 (0.0100)	8.6.E-05 (4.8.E-05)

주: 괄호 안의 숫자는 표준편차임.

<표 3-12> 발행량 통제 시 증권사 자기자본 대비 25% 콜차입 한도규제 금리 변화 MF-DNS 파라미터 추정 결과 1

	수준	기울기	곡률									
μ (1 × 3)	-0.3461 (0.2838)	-0.0009 (0.0101)	-0.0003 (0.0095)									
G_{ff} (3 × 3)	0.7894 (0.0327)	-0.0490 (0.0328)	-0.0062 (0.0091)									
	-0.0088 (0.0082)	0.9119 (0.0084)	0.0098 (0.0069)									
	-0.0109 (0.0094)	0.0046 (0.0097)	0.8210 (0.0096)									
Ω (3 × 3)	0.0011 (0.0001)	-0.0005 (0.0001)	-0.0012 (0.0004)									
	-0.0005 (0.0001)	0.0009 (0.0001)	-0.0006 (0.0003)									
	-0.0012 (0.0004)	-0.0006 (0.0003)	0.0094 (0.0014)									
σ (1 × 1)	0.0026 (0.0001)											
	규제 발표	규제 시행	CPI	전산업 생산지수	한국 기준금리	미국 기준금리	미국채 10년	CP 91일	콜 1일	코스피	발행량	
G_{fm} (3 × 13)	-0.0117 (0.0111)	-0.0878 (0.0176)	0.0034 (0.0032)	0.0018 (0.0006)	0.0762 (0.0516)	-0.0457 (0.3054)	0.0745 (0.0154)	0.0627 (0.0459)	-0.0019 (0.0100)	1.7.E-05 (1.8.E-05)	0.0050 (0.0043)	
	0.0117 (0.0065)	0.0049 (0.0079)	0.0020 (0.0010)	-0.0006 (0.0006)	0.0030 (0.0094)	-0.0007 (0.0104)	-0.0288 (0.0071)	-0.0001 (0.0098)	0.0014 (0.0097)	-3.8.E-05 (2.0.E-05)	-0.0029 (0.0043)	
	0.0049 (0.0094)	0.0103 (0.0096)	0.0025 (0.0022)	-0.0054 (0.0018)	0.0020 (0.0100)	0.0004 (0.0100)	-0.0030 (0.0088)	-0.0015 (0.0102)	0.0011 (0.0097)	1.0.E-04 (5.0.E-05)	-0.0116 (0.0081)	

주: 괄호 안의 숫자는 표준편차임.

distribution)에 대한 정보를 표시하였다.

발행량을 고려한 <표 3-12>의 추정 결과를 살펴보면, 25% 콜차입 한도규제 발표 및 시행의 두 사건(event)은 각각 수익률 곡선의 기울기(slope) 요인과 수준(level) 요인에 주된 영향을 미친다. 25% 콜차입 한도규제 발표가 수익률 곡선의 기울기에 미치는 계수 추정치는 0.0117이며, 25% 콜차입 한도규제 시행이 수익률 곡선의 수준에 미치는 계수 추정치는 -0.0878이다. 두 계수 모두 통계적으로 유의하다. 발행량을 통제하지 않은 추정치도 이와 유사한 통계적 유의성을 가진다(표 3-11). 25% 콜차입 한도규제 발표의 기울기 추정치(0.0127)는 통제하지 않은 추정치(0.0117)보다 크며, 25% 콜차입 한도규제 시행의 수준 추정치(-0.0856)는 통제하지 않은 추정치(-0.0878)보다 크기가 작다.

식 (5)에 따라 특정 사건이 연물별 국고채 금리에 미치는 영향은 요인계수(factor loading, $\Lambda(\tau)$)와 G 행렬의 곱으로 결정된다. 따라서 각 사건이 수익률 곡선의 수준, 기울기, 곡률 요인에 미치는 영향에 대한 추정치의 부호가 다르더라도, 사건이 국채 수익률에 미치는 영향의 방향은 같을 수 있다. 예를 들어 3년물(τ = 36) 국고채의 경우, 선행연구를 준용하여 decay 파라미터(λ)가 0.0609일 때, 기울기와 곡률 요인의 요인계수($\frac{1-e^{-\tau\lambda}}{\tau\lambda}$)의 값은 0.405과 0.293이다. 또한 수준요인의 요인계수는 1이다.

이를 <표 3-12>의 추정치 값을 곱하여 수준, 기울기, 곡률, 각 요인별 3년물 국고채 금리에 미친 영향에 대한 추정치는 각각 -0.0878, 0.0016, 0.0030임을 알 수 있다. 즉, 25% 콜차입 규제는 수준 요인을 통해 3년물 국고채 금리를 낮추며, 그 절댓값의 크기가 기울기, 곡률 요인에 비해 크다는 것을 알 수 있다. 또한 이를 합산한 값을 통해 25% 콜차입 한도규제 시행의 경우 3년물 국고채 금리에 미치는 영향에 대한 추정치는 -0.0832임을 알 수 있다. 이는 <표 3-14>의 추정치와 일치한다.

나) 25% 콜차입 한도규제가 연물별 국고채 수익률에 미치는 영향

<표 3-13>과 <표 3-14>는 25% 콜차입 한도규제가 연물별 국채 금리에

<표 3-13> 증권사 자기자본 대비 25% 콜차입 한도규제 금리 변화 MF-DNS 분석 결과 1

제도	연물	평균	표준편차	5%	50%	95%
25% 콜차입 한도규제 발표	2년	-0.0043	0.0105	-0.0212	-0.0040	0.0127
	3년	-0.0059	0.0105	-0.0227	-0.0056	0.0112
	5년	-0.0080	0.0106	-0.0248	-0.0077	0.0096
	10년	-0.0100	0.0108	-0.0279	-0.0100	0.0075
	20년	-0.0111	0.0109	-0.0292	-0.0111	0.0066
25% 콜차입 한도규제 시행	2년	-0.0803	0.0170	-0.1075	-0.0805	-0.0523
	3년	-0.0811	0.0170	-0.1085	-0.0814	-0.0530
	5년	-0.0825	0.0171	-0.1100	-0.0826	-0.0535
	10년	-0.0840	0.0173	-0.1117	-0.0844	-0.0550
	20년	-0.0848	0.0174	-0.1127	-0.0853	-0.0560

주: 1) 데이터 분석기간은 2011년 4월 27일~2012년 8월 10일임.
2) 25% 콜차입 한도규제 발표일은 2011년 5월 27일, 시행일은 2012년 7월 12일임.

<표 3-14> 발행량 통제 시 증권사 자기자본 대비 25% 콜차입 한도규제 금리 변화 MF-DNS 분석 결과 1

제도	연물	평균	표준편차	5%	50%	95%
25% 콜차입 한도규제 발표	2년	-0.0048	0.0107	-0.0222	-0.0046	0.0128
	3년	-0.0063	0.0107	-0.0236	-0.0061	0.0115
	5년	-0.0081	0.0107	-0.0256	-0.0081	0.0101
	10년	-0.0099	0.0109	-0.0275	-0.0099	0.0084
	20년	-0.0108	0.0110	-0.0291	-0.0108	0.0072
25% 콜차입 한도규제 시행	2년	-0.0824	0.0168	-0.1098	-0.0821	-0.0553
	3년	-0.0832	0.0169	-0.1109	-0.0830	-0.0557
	5년	-0.0845	0.0171	-0.1126	-0.0844	-0.0571
	10년	-0.0861	0.0173	-0.1145	-0.0860	-0.0589
	20년	-0.0869	0.0174	-0.1155	-0.0868	-0.0596

주: 1) 데이터 분석기간은 2011년 4월 27일~2012년 8월 10일임.
2) 25% 콜차입 한도규제 발표일은 2011년 5월 27일, 시행일은 2012년 7월 12일임.

미치는 영향을 분석한 결과이다. 분석 결과, 증권사 콜차입을 자기자본 대비 25% 이내로 제한함에 따라 국고채 수익률이 큰 폭으로 감소한다. 크게 규제 발표 시기와 규제 시행 시기로 나누어 살펴보았을 때 국고채 수익률 감소는 규제 시행 단계에서 크게 나타난다.

분석 결과, 25% 콜차입 한도규제 시행은 모든 연물에 걸쳐서 국고채 수익률을 약 8.24~8.69bp 하락시키는 것으로 추정되며, 통계적으로도 유의미한 결과를 나타낸다(신용구간 5~95%). 한편, 25% 콜차입 한도규제 발표는 약 0.48~1.08bp 하락시키는 것으로 추정되며, 25% 콜차입 한도규제 시행의 추정치에 비해 통계적 유의성이 상대적으로 낮다.

즉, 자기자본 대비 25% 이하 콜차입 한도규제 도입의 영향으로 국고채 수익률이 총 8.72~9.77bp 하락하는 것으로 나타났다. 다만, 국고채 수익률 하락 효과는 규제 도입 발표 때보다 규제 시행 시기에 더 크게 나타난다. 이는 만기가 짧은 단기자금시장의 특성으로 인해 증권사의 단기자금 차입수단이 콜차입에서 RP 매각을 통한 차입으로 즉시 변화하지 않았을 가능성이 있음을 암시한다.

앞서 이중차분분석을 통하여 증권사 자기자본 대비 25% 이하 콜차입 한도규제 시행으로 2년간 증권사의 RP 매각을 통한 자금조달이 약 5조원가량 증가한 것으로 분석되었다. 이때 RP 매각의 담보로 사용되기 위해 증가한 국고채 수요는 약 '5조원×0.65=3.25조원'으로 파악되는바, 국고채 자금 공급 1조원이 증가할 때 국고채 수익률은 약 2.7~3.0bp 정도 감소하는 것으로 해석할 수 있다. 이는 본 연구보고서의 앞 챕터에서 국고채 자금 수요가 1조원 증가할 때 국고채 수익률이 약 3.2~4.3bp 증가하는 것으로 추정된 결과에 상응하는 결과이다. 이는 각각 국고채 시장에서 자금 공급에 따른 금리 탄력성과 자금 수요에 따른 금리 탄력성을 짐작할 수 있게 한다.

2) 증권사 콜시장 참여 원칙적 배제 영향 분석

본 목에서는 제2금융권의 콜시장 참여의 원칙적 배제(이하 증권사의 콜시장 참여 원칙적 배제)가 국고채 수익률 곡선에 미치는 영향을 분석한 결과를 소개한다. 본 분석의 대상 기간은 규제 발표 이전 3개월과 시행 이후 3개월의 기간이다. 구체적으로 증권사 콜시장 참여 배제 발표(2013년 11월 22일)와 시행 사이의 기간 동안 1의 값을 가지는 더미변수와 25% 증권사 콜시장 참여 배제 시행(2015년 2월 24일) 이후 1의 값을 가지는 더미변수를 MF-DNS 모형의 제반 거시경제변수에 추가하여 증권사 콜시장 참여 배제가 국고채 금리에 미치는 영향을 분석하였다.

가) MF-DNS 파라미터 추정 결과

<표 3-15>와 <표 3-16>은 증권사의 콜시장 참여 원칙적 배제의 영향을 분석하기 위한 MF-DNS 모형의 거시경제변수에 국고채 발행량을 추가하지 않은 모형과 추가한 모형에 대한 각각의 파라미터 추정 결과이다. 두 모형 모두 국고채 발행량 외에 동일한 거시경제변수를 포함하였으며, 두 표 모두에서 MF-DNS 모형의 각 파라미터 추정치의 평균과 사후분포(posterior distribution)에 대한 정보를 표시하였다.

발행량을 고려한 <표 3-16>의 추정 결과를 살펴보면, 증권사의 콜시장 참여 원칙적 배제에 대한 계획 발표 및 시행 두 사건(event)은 기울기와 곡률 요인에 큰 영향을 미치는 것으로 보인다. 증권사의 콜시장 참여 원칙적 배제계획 발표가 기울기와 곡률 요인에 미치는 계수 추정치는 각각 0.0116과 -0.0168이며, 증권사 콜시장 참여 배제 시행이 곡률 요인에 미치는 계수 추정치는 -0.0365이다. 이들 계수 모두 통계적으로 유의하다(신용구간, 5~95%). 반면, 발행량을 통제하지 않은 추정치의 경우 증권사 콜시장 참여 원칙적 배제계획 발표의 기울기 추정치를 제외하고 통계적으로 유의하지 않다(표 3-15).

제6절 1항(증권사 자기자본 대비 콜차입 25% 이하 한도규제 분석)에서와 같이 식 (5)에 따라 특정 사건이 수준, 기울기, 곡률 요인에 미치는 영향에 대한 추정치가 국고채 수익률에 미치는 영향을 살펴볼 수 있다. <표 3-16>의 추정 결과를 보면 수준, 기울기, 곡률, 각 요인별 3년물 국고채 금리에 미친 영향에 대한 추정치는 각각 -0.0099, 0.0017, -0.0105임을 알 수 있다. 즉, 증권사 콜시장 참여 원칙적 배제 규제는 주로 수준과 곡률 요인을 통해 3년물 국고채 금리를 낮추며, 그 절댓값의 크기가 기울기 요인에 비해 크다는 것을 알 수 있다. 또한 이를 합산한 값을 통해 증권사 참여 배제 규제 시행의 경우 3년물 국고채 금리에 미치는 영향에 대한

<표 3-15> 증권사 콜시장 참여 원칙적 배제 발표/시행 전후 금리 변화 MF-DNS 파라미터 추정 결과 1

	수준	기울기	곡률							
μ (1 × 3)	0.0645 (0.2379)	-0.0027 (0.0308)	-0.0011 (0.0328)							
G_{ff} (3 × 3)	0.9407 (0.0247)	-0.0113 (0.0244)	0.0195 (0.0090)							
	-0.0080 (0.0195)	0.9274 (0.0195)	-0.0105 (0.0095)							
	0.0109 (0.0218)	0.0112 (0.0216)	0.9122 (0.0141)							
Ω (3 × 3)	0.0012 (0.0001)	-0.0011 (0.0001)	-0.0004 (0.0002)							
	-0.0011 (0.0001)	0.0015 (0.0001)	-4.9.E-05 (0.0002)							
	-0.0004 (0.0002)	0.0000 (0.0002)	0.0031 (0.0005)							
σ (1 × 1)	0.0020 (3.5.E-05)									
	규제 발표	규제 시행	CPI	전산업 생산지수	한국 기준금리	미국 기준금리	미국채 10년	CP 91일	콜 1일	코스피
G_{fm} (3 × 13)	-0.0102 (0.0055)	-0.0192 (0.0102)	-0.0009 (0.0025)	0.0003 (0.0004)	-0.0213 (0.0366)	0.0112 (0.3147)	0.0653 (0.0134)	0.0548 (0.0329)	6.4.E-03 (0.0279)	-2.2.E-05 (1.3.E-05)
	0.0146 (0.0053)	0.0156 (0.0105)	0.0003 (0.0007)	-0.0001 (0.0005)	0.0169 (0.0241)	0.0017 (0.0314)	-0.0706 (0.0141)	-0.0172 (0.0255)	0.0264 (0.0253)	1.6.E-05 (1.5.E-05)
	-0.0124 (0.0075)	-0.0193 (0.0159)	-0.0016 (0.0011)	-0.0004 (0.0007)	-0.0159 (0.0256)	0.0007 (0.0314)	-0.0615 (0.0196)	0.0185 (0.0274)	-1.6.E-02 (0.0263)	1.0.E-04 (3.1.E-05)

주: 괄호 안의 숫자는 표준편차임.

<표 3-16> 발행량 통제 시 증권사 콜시장 참여 원칙적 배제 발표/시행 전후 금리 변화 MF-DNS 파라미터 추정 결과 1

	수준	기울기	곡률									
μ (1 × 3)	0.1443 (0.2566)	-0.0012 (0.0308)	0.0022 (0.0315)									
G_{ff} (3 × 3)	0.9401 (0.0246)	-0.0103 (0.0251)	0.0205 (0.0092)									
	-0.0123 (0.0197)	0.9209 (0.0209)	-0.0131 (0.0097)									
	0.0051 (0.0213)	0.0028 (0.0218)	0.9103 (0.0132)									
Ω (3 × 3)	0.0012 (0.0001)	-0.0011 (0.0001)	-0.0003 (0.0002)									
	-0.0011 (0.0001)	0.0015 (0.0002)	-0.0002 (0.0002)									
	-0.0003 (0.0002)	-0.0002 (0.0002)	0.0028 (0.0005)									
σ (1 × 1)	0.0020 (3.4.E-05)											
	규제 발표	규제 시행	CPI	전산업 생산지수	한국 기준금리	미국 기준금리	미국채 10년	CP 91일	콜 1일	코스피	발행량	
G_{fm} (3 × 13)	-0.0072 (0.0054)	-0.0099 (0.0109)	-0.0011 (0.0028)	-0.0001 (0.0004)	-0.0209 (0.0378)	0.0081 (0.3124)	0.0715 (0.0140)	0.0517 (0.0325)	0.0076 (0.0272)	-2.2.E-05 (1.3.E-05)	-0.0040 (0.0022)	
	0.0116 (0.0053)	0.0043 (0.0117)	-0.0004 (0.0008)	0.0003 (0.0005)	0.0184 (0.0262)	-0.0005 (0.0309)	-0.0785 (0.0152)	-0.0152 (0.0236)	0.0282 (0.0249)	1.4.E-05 (1.6.E-05)	0.0050 (0.0024)	
	-0.0168 (0.0074)	-0.0365 (0.0166)	-0.0032 (0.0011)	0.0005 (0.0007)	-0.0122 (0.0262)	0.0040 (0.0316)	-0.0738 (0.0193)	0.0215 (0.0267)	-0.0127 (0.0270)	0.0001 (3.2.E-05)	0.0102 (0.0035)	

주: 괄호 안의 숫자는 표준편차임.

추정치는 -0.0187임을 알 수 있다(decay 파라미터(λ) = 0.0609). 이는 <표 3-18>의 추정치와 일치한다.[29]

나) 증권사의 콜시장 참여 원칙적 배제가 연물별 국고채 수익률에 미치는 영향

<표 3-18>은 증권사의 콜시장 참여 원칙적 배제가 연물별 국고채 수익률에 미치는 영향을 분석한 결과이다. 분석 결과, 증권사의 콜시장 참여 원칙적 배제는 계획 발표와 시행 사건별로 국고채 수익률을 하락시키는 것으로 추정되었다. 구체적으로 증권사의 콜시장 참여 원칙적 배제계획 발표는 모든 연물에 걸쳐서 약 1.17~1.88bp 하락시키는 것으로 추정되며, 통계적으로 유의하다(신용구간, 5~95% 수준). 한편, 증권사의 콜시장 참여 원칙적 배제 발표는 국고채 수익률을 약 0.68~0.82bp 하락시키는 것으로 추정되며, 통계적으로 유의미하다.

즉, 증권사의 콜시장 참여 원칙적 배제의 영향으로 국고채 수익률이 총 2.03~2.7bp 하락하는 것으로 나타났다. 다만, 국고채 수익률 하락 효과는 규제 도입 발표 때보다 규제 시행 시기에 더 크게 나타난다. 이러한 결과는 앞서 증권사의 콜차입을 자기자본 대비 25% 이내로 제한하는 규제 영향에 대한 분석 결과에서도 나타났던 현상이다. 따라서 <표 3-18>에서 나타나는 분석 결과는 <표 3-14>의 분석 결과와 마찬가지로 콜차입 규제 발표 이후 증권사의 단기자금 차입수단이 콜차입에서 RP 매각을 통한 차입으로 즉시 변화하지 않았을 가능성을 암시한다.

한편, 증권사의 콜시장 참여 원칙적 배제는 단기물 국고채 수익률에 미치는 영향이 큰 것으로 추정되었다. 발행량 통제 시 해당 규제 시행 이후 2, 3, 5년물의 경우 규제 발표 이전에 비해 각각 1.88, 1.86, 1.66bp 하락하였으며, 10년, 20년물의 경우 각각 1.35, 1.17bp 하락하였다. 이는 증권사의 콜시장 참여 원칙적 배제 시행 이후 RP 거래가 증가함에 따라 단기물(5년 이하) 국고채의 수요가 중장기물(10년 이상)에 비해 더 크게 증가할 가능성이 있음을 암시한다. 증권사의 경우 단기물 위주로 국채를 보유한

---

29 <표 3-18>의 3년물에 미친 영향에 대한 추정치는 -0.0186로 -0.0187과 차이가 있으나, 이는 소수 자릿수 표시 차이에 의해 비롯됨.

<표 3-17> 증권사 콜시장 참여 원칙적 배제 발표/시행 전후 금리 변화 MF-DNS 분석 결과 1

제도	연물	평균	표준편차	5%	50%	95%
증권사 콜차입 원칙적 배제 발표 (2013. 11. 22)	2년	-0.0071	0.0042	-0.0142	-0.0070	-4.3.E-05
	3년	-0.0086	0.0044	-0.0161	-0.0085	-0.0013
	5년	-0.0096	0.0047	-0.0174	-0.0096	-0.0019
	10년	-0.0099	0.0050	-0.0184	-0.0100	-0.0018
	20년	-0.0101	0.0052	-0.0189	-0.0101	-0.0015
증권사 콜차입 원칙적 배제 시행 (2015. 2. 24)	2년	-0.0177	0.0072	-0.0293	-0.0177	-0.0063
	3년	-0.0192	0.0078	-0.0315	-0.0195	-0.0067
	5년	-0.0198	0.0084	-0.0332	-0.0200	-0.0063
	10년	-0.0196	0.0091	-0.0341	-0.0196	-0.0049
	20년	-0.0194	0.0096	-0.0347	-0.0195	-0.0038

주: 1) 데이터 분석기간은 2012년 12월 28일~2015년 3월 24일임.
2) 증권사 콜시장 참여 원칙적 배제 발표일은 2013년 11월 22일, 시행일은 2015년 2월 24일임.

<표 3-18> 발행량 통제 시 증권사 콜시장 참여 원칙적 배제 발표/시행 전후 금리 변화 MF-DNS 분석 결과 1

제도	연물	평균	표준편차	5%	50%	95%
증권사 콜차입 원칙적 배제 발표 (2013. 11. 22)	2년	-0.0068	0.0040	-0.0135	-0.0067	-0.0002
	3년	-0.0079	0.0042	-0.0149	-0.0078	-0.0008
	5년	-0.0082	0.0045	-0.0158	-0.0082	-0.0006
	10년	-0.0078	0.0049	-0.0160	-0.0076	0.0004
	20년	-0.0075	0.0052	-0.0161	-0.0074	0.0012
증권사 콜차입 원칙적 배제 시행 (2015. 2. 24)	2년	-0.0188	0.0072	-0.0310	-0.0186	-0.0071
	3년	-0.0186	0.0078	-0.0314	-0.0185	-0.0057
	5년	-0.0166	0.0086	-0.0308	-0.0163	-0.0026
	10년	-0.0135	0.0096	-0.0293	-0.0135	0.0021
	20년	-0.0117	0.0102	-0.0286	-0.0118	0.0050

주: 1) 데이터 분석기간은 2012년 12월 28일~2015년 3월 24일임.
2) 증권사 콜시장 참여 원칙적 배제 발표일은 2013년 11월 22일, 시행일은 2015년 2월 24일임.

다는 점에서 증권사의 RP 거래 증가에 따라 단기물의 수요가 증가하였을 가능성이 높다.

2. LCR 규제가 국고채 수익률에 미친 영향

본 항에서는 2014~15년 LCR 도입 및 시행 초기 세 가지 사건인 ① LCR 규제 도입 발표(2014. 8. 27), ② 은행업 감독규정 개정안 의결(2014. 12. 24), ③ LCR 규제 실시(2015. 1. 1)가 만기별 국고채 금리에 미치는 영향을 분석하였다. 구체적으로 LCR 도입 발표(2014. 8. 27) 이전 대비 국고채 금리 변화량을 시기별로 추정하였다. 이를 위해 시기별 더미변수(dummy variable)를 MF-DNS 모형의 거시경제변수에 추가하여 규제 도입 발표가 국고채 금리에 미치는 영향을 분석하였다. 또한 규제 도입 이외의 외생적 요인의 영향을 제한하기 위해 분석대상 기간을 규제 발표 이전과 시행 이후의 단기간인 3개월 이내로 설정하였다.

또한 이전 항(제1항)과 동일하게 본 항의 MF-DNS 모형 내 제반 거시경제변수는 GDP(분기 자료), 전산업생산지수(월별 자료), 소비자물가지수(월별 자료) 등을 포함하고 있다. 본 항에 수록하고 있는 실증분석 결과는 해당 분기 혹은 월에는 같은 값을 갖는 것으로 일별 자료를 구축하였다. 앞선 항과 동일한 방식으로 강건성 검증 차원에서 선형 추세 내삽법(linear trend extrapolation)을 사용하여 분기별 혹은 월별 변화가 일별 단위에서 연속적인 변화가 되도록 자료를 변환하여 사용한 실증분석도 진행하였고 그 결과를 부록에 수록하였다. 분석 결과, 분기별 혹은 월별로 같은 값을 넣은 결과와 추세 내삽법을 통하여 연속적으로 변하도록 변환한 후 분석한 결과에는 큰 차이가 없어 결과의 강건함을 확인할 수 있었다.

가. MF-DNS 파라미터 추정 결과

<표 3-19>와 <표 3-20>은 LCR 규제 도입 발표(2014. 8. 27), 은행업 감독규정 개정안 의결(2014. 12. 24), LCR 규제 실시(2015. 1. 1)의 영향을

분석하기 위한 MF-DNS 모형의 거시경제변수에 국고채 발행량을 추가하지 않은 모형과 추가한 모형에 대한 각각의 파라미터 추정 결과이다. 두 모형 모두 국고채 발행량 외에 동일한 거시경제변수를 포함하였으며, 두 표 모두에서 MF-DNS 모형의 각 파라미터 추정치의 평균과 사후분포(posterior distribution)에 대한 정보를 표시하였다.

발행량을 고려한 <표 3-20>의 추정 결과를 살펴보면, 세 사건(event) 모두 주로 수준 요인에 큰 영향을 미치는 것으로 보인다. LCR 규제 도입 발표(2014. 8. 27)와 은행업 감독규정 개정안 의결(2014. 12. 24)이 수준 요인에 미치는 계수 추정치는 각각 -0.0192, -0.031이며, 통계적으로 유의하다. 한편 LCR 규제 실시(2015. 1. 1)가 수준에 미치는 계수 추정치는 -0.0201이다. 발행량을 통제하지 않은 추정치도 이와 유사한 상대적 크기와 통계적 유의성을 가진다. LCR 규제 도입 발표(2014. 8. 27)의 발행량을 통제한 수준 추정치(-0.0192)는 통제하지 않은 추정치(-0.0164)보다 절댓값이 크고, 은행업 감독규정 개정안 의결(2014. 12. 24)의 발행량을 통제한 수준 추정치(-0.0310)는 통제하지 않은 추정치(-0.0306)보다 크기가 작다.

나. LCR 규제 도입이 연물별 국고채 수익률에 미치는 영향

<표 3-21>은 LCR 규제 도입 발표(2014. 8. 27), 은행업 감독규정 개정안 의결(2014. 12. 24), LCR 규제 실시(2015. 1. 1)가 연물별 국고채 수익률에 미치는 영향을 분석한 결과이다. 이를 통해 세 사건은 모든 연물에 걸쳐서 국고채 수익률을 감소시킴을 알 수 있다. LCR 규제 도입 발표(2014. 8. 27), 은행업 감독규정 개정안 의결(2014. 12. 24), LCR 규제 실시(2015. 1. 1)에 따라 국고채 수익률이 1.97~2.33bp, 3.00~3.09bp, 1.15~1.92bp 하락하는 것으로 추정된다. 이는 자금 수요 곡선의 이동, 즉 국고채 발행량을 비롯한 제반 거시경제변수를 통제한 결과이다.

또한 LCR 규제 도입 발표는 국고채의 만기가 짧을수록 금리 하락 효과가 더 큰 것으로 추정된다. 2년물과 3년물의 경우 각각 2.33, 2.29bp 하락하며, 이는 10년물의 추정치(2.06bp 하락) 대비 0.27, 0.23bp 큰 추정치

<표 3-19> **LCR** 규제 도입 발표/시행 전후 금리 변화 **MF-DNS** 파라미터 추정 결과 1

	수준	기울기	곡률								
μ (1 × 3)	-0.0139 (0.3237)	-0.0004 (0.0103)	0.0001 (0.0100)								
G_{ff} (3 × 3)	0.8774 (0.0447)	-0.0906 (0.0515)	0.0331 (0.0131)								
	-0.0076 (0.0090)	0.9061 (0.0099)	0.0060 (0.0086)								
	-0.0072 (0.0093)	0.0061 (0.0096)	0.8023 (0.0099)								
Ω (3 × 3)	0.0011 (0.0002)	-0.0008 (0.0002)	-0.0011 (0.0004)								
	-0.0008 (0.0002)	0.0014 (0.0003)	0.0004 (0.0004)								
	-0.0011 (0.0004)	0.0004 (0.0004)	0.0057 (0.0014)								
σ (1 × 1)	0.0025 (0.0001)										
	규제 발표	규제수준 수정발표	규제 시행	**CPI**	전산업 생산지수	한국 기준금리	미국 기준금리	미국채 10년	CP 91일	콜 1일	코스피
G_{fm} (3 × 13)	-0.0164 (0.0104)	-0.0306 (0.0171)	-0.0190 (0.0161)	-0.0002 (0.0036)	0.0018 (0.0009	0.0489 (0.0356)	-0.0028 (0.3231)	0.0468 (0.0315)	-0.0004 (0.0098)	-2.7.E-05 (0.0104)	9.4.E-06 (2.3.E-05)
	-0.0058 (0.0061)	0.0005 (0.0093)	0.0143 (0.0081)	-0.0003 (0.0012)	0.0005 (0.0008	-0.0022 (0.0093)	-0.0003 (0.0102)	-0.0072 (0.0092)	-0.0019 (0.0096)	-0.0014 (0.0094)	-1.2.E-05 (3.1.E-05)
	-0.0131 (0.0085)	-0.0002 (0.0094)	0.0126 (0.0093)	0.0005 (0.0024)	-0.0026 (0.0016	-0.0024 (0.0096)	0.0002 (0.0100)	-0.0095 (0.0097)	-0.0012 (0.0097)	-0.0023 (0.0097)	-4.1.E-05 (0.0001)

주: 괄호 안의 숫자는 표준편차임.

<표 3-20> 발행량 통제 시 **LCR** 규제 도입 발표/시행 전후 금리 변화 **MF-DNS** 파라미터 추정 결과 1

	수준	기울기	곡률									
μ (1 × 3)	-0.0125 (0.3049)	0.0004 (0.0105)	0.0001 (0.0101)									
G_{ff} (3 × 3)	0.8703 (0.0466)	-0.1001 (0.0538)	0.0333 (0.0153)									
	-0.0102 (0.0089)	0.9051 (0.0096)	0.0021 (0.0090)									
	-0.0081 (0.0098)	0.0059 (0.0101)	0.8011 (0.0100)									
Ω (3 × 3)	0.0010 (0.0002)	-0.0007 (0.0002)	-0.0008 (0.0003)									
	-0.0007 (0.0002)	0.0013 (0.0002)	0.0002 (0.0004)									
	-0.0008 (0.0003)	0.0002 (0.0004)	0.0053 (0.0014)									
σ (1 × 1)	0.0025 (0.0001)											
	규제 발표	규제수준 수정발표	규제 시행	CPI	전산업 생산지수	한국 기준금리	미국 기준금리	미국채 10년	CP 91일	콜 1일	코스피	발행량
G_{fm} (3 × 13)	-0.0192 (0.0107)	-0.0310 (0.0177)	-0.0201 (0.0203)	0.0007 (0.0035)	0.0014 (0.0009)	0.0559 (0.0373)	-0.0098 (0.3229)	0.0468 (0.0319)	-0.0001 (0.0097)	0.0001 (0.0095)	4.5.E-06 (2.3.E-05)	-0.0044 (0.0051)
	-0.0023 (0.0063)	0.0022 (0.0086)	0.0112 (0.0086)	-0.0019 (0.0014)	0.0014 (0.0008)	-0.0043 (0.0093)	-0.0003 (0.0102)	-0.0094 (0.0094)	-0.0045 (0.0095)	-0.0047 (0.0092)	-4.6.E-06 (3.0.E-05)	0.0090 (0.0040)
	-0.0101 (0.0085)	-0.0003 (0.0101)	0.0114 (0.0095)	-0.0011 (0.0027)	-0.0017 (0.0016)	-0.0032 (0.0098)	0.0002 (0.0105)	-0.0111 (0.0099)	-0.0028 (0.0097)	-0.0033 (0.0092)	-3.7.E-05 (0.0001)	0.0086 (0.0064)

주: 괄호 안의 숫자는 표준편차임.

<표 3-21> LCR 규제 도입 발표/시행 전후 금리 변화 MF-DNS 분석 결과 1

제도	연물	평균	표준편차	5%	50%	95%
LCR 규제 도입 발표 (2014. 8. 27)	2년	-0.0229	0.0100	-0.0397	-0.0227	-0.0066
	3년	-0.0220	0.0099	-0.0386	-0.0218	-0.0056
	5년	-0.0204	0.0100	-0.0370	-0.0202	-0.0042
	10년	-0.0185	0.0101	-0.0352	-0.0185	-0.0022
	20년	-0.0174	0.0102	-0.0339	-0.0174	-0.0006
	30년	-0.0171	0.0103	-0.0337	-0.0171	-0.0001
은행업 감독규정 개정안 의결 (2014. 12. 24)	2년	-0.0304	0.0166	-0.0566	-0.0305	-0.0033
	3년	-0.0305	0.0166	-0.0566	-0.0305	-0.0034
	5년	-0.0305	0.0166	-0.0574	-0.0302	-0.0033
	10년	-0.0305	0.0168	-0.0583	-0.0302	-0.0023
	20년	-0.0306	0.0169	-0.0582	-0.0303	-0.0023
	30년	-0.0306	0.0170	-0.0583	-0.0303	-0.0025
LCR 규제 실시 (2015. 1. 1)	2년	-0.0086	0.0156	-0.0349	-0.0086	0.0168
	3년	-0.0105	0.0156	-0.0363	-0.0105	0.0150
	5년	-0.0132	0.0156	-0.0395	-0.0131	0.0126
	10년	-0.0160	0.0158	-0.0426	-0.0161	0.0096
	20년	-0.0175	0.0159	-0.0440	-0.0176	0.0081
	30년	-0.0180	0.0160	-0.0444	-0.0182	0.0078

주: 데이터 분석기간은 2014년 5월 28일~2015년 1월 30일임.

이다. 20년물과 30년물의 추정치의 경우 각각 -1.99bp와 -1.97bp로, 10년물 대비 약 0.13bp 차이가 난다.

이는 LCR 도입에 따라 단기물(5년 이하) 국고채의 수요가 중장기물(10년 이상)에 비해 더 크게 증가할 가능성을 암시한다. 은행의 부채는 예금으로 인해 다른 금융기관보다 상대적으로 만기가 짧다. 이에 따라 은행의 자산부채관리(ALM)상 짧은 만기의 국고채 보유 유인이 크다.

LCR 규제 실시(2015. 1. 1) 이후 LCR 비율의 단계별 도입의 경우, 국고채 수익률을 약 1~2bp 하락시키는 것으로 추정되었다. 이에 대한 분석 결과는 <부록 4>에 추가하였다.

증권사 콜시장 참여 제한과 LCR 정책 도입이 국고채 수익률에 미친 영향을 살펴본 결과, 콜시장 참여 제한 정책은 정책 발표 시기보다 실제

<표 3-22> 발행량 통제 시 LCR 규제 도입 발표/시행 전후 금리 변화 MF-DNS 분석 결과 1

제도	연물	평균	표준편차	5%	50%	95%
LCR 규제 도입 발표 (2014. 8. 27)	2년	-0.0233	0.0101	-0.0399	-0.0229	-0.0066
	3년	-0.0229	0.0101	-0.0398	-0.0226	-0.0064
	5년	-0.0219	0.0102	-0.0389	-0.0215	-0.0052
	10년	-0.0206	0.0104	-0.0381	-0.0205	-0.0034
	20년	-0.0199	0.0106	-0.0379	-0.0198	-0.0027
	30년	-0.0197	0.0106	-0.0378	-0.0196	-0.0023
은행업 감독규정 개정안 의결 (2014. 12. 24)	2년	-0.0300	0.0171	-0.0579	-0.0298	-0.0006
	3년	-0.0303	0.0172	-0.0575	-0.0304	-0.0010
	5년	-0.0306	0.0173	-0.0576	-0.0309	-0.0014
	10년	-0.0308	0.0174	-0.0584	-0.0309	-0.0013
	20년	-0.0309	0.0176	-0.0586	-0.0309	-0.0014
	30년	-0.0309	0.0176	-0.0587	-0.0310	-0.0014
LCR 규제 실시 (2015. 1. 1)	2년	-0.0115	0.0199	-0.0448	-0.0109	0.0199
	3년	-0.0130	0.0199	-0.0466	-0.0122	0.0183
	5년	-0.0152	0.0200	-0.0484	-0.0141	0.0165
	10년	-0.0175	0.0201	-0.0512	-0.0165	0.0144
	20년	-0.0188	0.0202	-0.0528	-0.0176	0.0136
	30년	-0.0192	0.0202	-0.0532	-0.0180	0.0133

주: 데이터 분석기간은 2014년 5월 28일~2015년 1월 30일임.

시행 시기에 수익률 변화가 컸지만 LCR 규제 도입 시에는 정책 발표 당시의 영향이 더 크게 나타났다. 이는 다음과 같은 차이에 의해 비롯된 것으로 사료된다. 콜거래는 주로 단기 거래(1~3일 이내)이므로, 콜거래 참여 제한 발표가 있더라도 증권사는 콜거래를 지속하면서, RP 거래를 위한 국고채 수요를 서서히 증가시켰을 가능성이 높다. 실제로 증권사 RP 거래는 콜시장 참여 제한정책 시행 시기에 급격히 증가하며, 이즈음 동시에 국고채 수요를 급증시킨 것으로 사료된다. 즉, 콜시장 참여 제한정책이 시행된 시기에 자금 수요 규모에 따라 필요한 국고채 규모가 결정되고 이에 대한 수요가 증가한 것으로 보인다. 이에 따라 참여 제한 발표보다 시행 전후로 증권사의 국고채 수요 변화가 더 클 가능성이 있다. 반면, LCR 규제는 향후 30일간 순유출액을 고려하여 고유동성자산을 보유해야 하므로, 은행은 시행 전에 LCR 규제 충족에 불리한 자산을 처분하고 미리 국고채 보유를 증가시켜 규제 시행에 대비하였을 가능성이 크다. 특히 감독당국에서 LCR 규제 시행 예고 후 실제 시행이 되기 이전부터 적절히 LCR 비율을 증가시켜 나가고 있는지 감독하게 되고, 이에 따라 LCR 규제 도입정책 발표 직후부터 은행의 국고채 보유 변화폭이 클 수 있다. 그 결과, LCR 정책 도입은 그 발표 후 비교적 빠른 시일 내에 국고채 수요를 증가시키게 된다.

제7절 결론

본 연구는 금융건전성 규제가 국고채 수요에 미치는 영향에 대해 분석하였다. 구체적으로 콜시장 참여 제한에 따라 증권사들이 추가적으로 Repo 시장으로 유입되는지를 분석하고, 이에 따라 국고채 수익률이 유의미하게 감소하는지 분석하였다. 또한 단계별 LCR 규제 도입에 따른 국고채 수익률의 변화를 분석하였다.

본 연구의 분석 결과, 증권사의 콜시장 참여를 자기자본 대비 25% 이하로 제한하고 그 이후 원칙적으로 배제한 결과를 합산하면 증권사의 국고채 수요가 증대됨에 따라 대략 10.8~12.5bp 내외로 국고채 수익률이 감소한다. 한편, LCR 규제가 단계적으로 도입됨에 따라 은행의 국고채 수요도 증가하고, 그 결과 국고채 수익률은 약 6.1~7.3bp 내외로 감소한다. 특히 두 정책 모두 단기물에서 수익률 감소의 효과가 좀 더 큰 것으로 나타난다. 이러한 결과는 향후 금융건전성 규제 도입이나 기존 규제의 강화 및 완화를 선택할 때 국고채 수요를 통한 시장 파급효과도 고려할 필요가 있음을 시사한다.

제4장

우리 국채시장의 변화와 정책과제: 외국인 국채 수요와 안전자산 지위를 중심으로

최 우 진 (고려대학교)

본 연구에서는 대외불확실성이 대내외 자본이동에 미치는 영향을 국채의 관점에서 고찰하고자 한다. 외국인 투자자들의 위험선호로 대표되는 대외불확실성은 급격한 자본유출입과 환율의 변동을 가져오는 가장 주요한 원인이 된다. 그러나 최근 신흥국의 문턱을 지나 선진국으로 도약하는 과정에서 우리 경제가 마주하는 대외 변동성에 근본적인 변화가 생겼다는 주장이 지속적으로 제기되고 있다.

본고에서는 이러한 대외불확실성의 변동이 우리 경제의 외국인 자본유출입과 환율에 미치는 영향을 살펴보도록 한다. 이러한 영향이 최근 들어 변화하였음을 살펴보고, 특히 외국인의 국채 수요가 이러한 변화의 중심에 있음을 확인하도록 한다. 실증분석에서 우리는 외국인 투자자들의 위험선호 현상으로 대표되는 VIX가 자본유출입과 환율에 미치는 규모가 지속적으로 감소하고 있음을 확인한다. 즉, VIX가 증가함에 따라 외국인 자본이 유출되고 환율이 상승(절하)하는 규모가 과거 대비 감소하고 있는 현상을 관찰한다. 특히 우리 경제가 대외순채권국으로 바뀐 2014년 3분기를 전후로 나누어 살펴보는 경우, 통계적으로 유의미한 변화를 확인할 수 있다. 아울러 이러한 변화는 외국인의 국채 투자에서 주로 관찰된다. VIX가 증가하는 상황에서 2014년 3분기 이전에는 외국인의 국채 투자가 유의미하게 감소하였으나 이후에는 이러한 현상이 관찰되지 않음을 확인할 수 있다.

상기의 실증분석 결과는 금융시장 참여자 및 정책담당자들로부터 널리 체감되고 있는 경험적 사실을 학술적으로 엄밀한 방법론을 사용하여 검증하였다는 점에서 그 의의가 있을 것이다. 원화표시 채권시장이 다른 신흥국 시장에 비하여 비교적 안정적인 가치를 유지하고 있음은 시장 참여자들에게 우리 자산이 안전자산의 지위를 향해 점진적으로 나아가고 있다는 평가를 가능하게 할 것이다. 이러한 변화의 중심에 국채를 위시한 우리 포트폴리오 자본의 투자환경 개선이 이루어지고 있음을 확인한다. 아울러 이러한 현재의 균형에 대한 통화정책 및 대외건전성 정책 등의 역할에 대하여 고찰하고 논의하도록 한다.

제1절 서론

1. 들어가며

소규모 개방경제인 우리 경제는 본질적인 대외불확실성을 마주하고 있다. 외국인 투자자들의 위험선호로 대표되는 이러한 불확실성은 급격한 자본유출입과 환율의 변동을 가져오는 가장 주요한 원인이 된다. 대외불확실성 충격에 따른 자본유출입과 환율의 변동은 실물부문에서는 수출입표시 가격의 변동을 통해 경상수지에 영향을 미치기도 하고, 금융시장에서는 단기 유동성을 제약하여 경기변동으로 귀결되기도 한다. 특히 대외자본 유입을 통하여 자본을 축적하는 신흥국에게 이러한 불안정성은 더욱 큰 위험 요인이다. 우리 역시 외환위기와 글로벌 금융위기 과정에서 외국인 자본의 급격한 유출이 거시경제 전반의 불안정으로 파급되는 경험을 겪기도 하였다. 외국인 자본유출입의 결정요인과 대외불확실성의 영향에 대하여 이해하는 것은 거시경제가 안정적으로 운영됨에 있어 가장 선결되어야 할 과제일 것이다.

그러나 최근 신흥국의 문턱을 지나 선진국으로 도약하는 과정에서 대외 변동성이 우리 경제에 미치는 영향에 근본적인 변화가 생겼다는 주장이 지속적으로 제기되고 있다. 글로벌 금융위기 이후 지속된 미국의 완화적 통화정책의 기조에 따라 신흥국을 비롯한 글로벌 시장으로 자본유입이 이어지는 가운데 우리 경제로 유입된 대외자본의 규모도 꾸준하게 증가하였다. 특히 신흥국으로 유입되는 외국인 자본은 상대적으로 높은 위험성을 감수하고서라도 높은 수익을 추구하는 경향성을 보인다. 이러한 투자자들의 투자심리가 급격하게 축소되면서 자본이 이탈하는 현상은 과거 우리를 비롯한 신흥국에서 매우 빈번하게 보여져 왔다. 미국의 완화적 통화정책의 종료 가능성에 따라 발발하였던 2013년의 긴축 발작(Taper Tantrum)의 경우 터키 등 신흥국의 외국인 자본 이탈과 거시경제의 변동성 확대로 이어지기도 하였다. 아울러 2015년 중국으로 유입되었던 자본이 급격하게 이탈한 상황에서는 중국 금융시장의 변동성이 확대되고 이에 대응하는 정책당국의 개입에 따라 중국의 외환보유액이 8,000억달러 가까이 급감하기도 하였다. 그러나 이러한 최근 신흥국들에서의 자본유출 사례가 우리 경제에서는 체감되지 않고 있다는 주장이 제기되고 있다.

본고에서는 이러한 대외불확실성이 우리 경제의 외국인 자본유출입과 환율에 미치는 영향을 확인하고, 최근 그 규모가 변화하였음을 살펴보고자 한다. 나아가 외국인의 국채 수요가 이러한 변화의 중심에 있음을 확인하도록 한다. 외국인 투자자들의 위험선호 지표로 해석되는 VIX가 우리 경제의 자본유출입과 환율에 미치는 영향은 시간이 흐름에 따라 지속적으로 감소하였으며, 특히 순대외채권국으로 전환하였던 2014년 3분기를 전후로 나누어 살펴보는 경우 이러한 변화를 유의미하게 확인할 수 있다. 글로벌 불확실성은 글로벌 금융위기 이후 가장 많은 주목을 받는 개념이며, 이에 따라 글로벌 불확실성을 추정하기 위한 VIX는 학술적 연구와 더불어 정책 논의에서 가장 빈번하게 등장하는 변수이다. 시카고옵션거래소(CBOE)에서 거래되는 S&P 500 지수 옵션 가격의 변동성으로 계산되는 VIX는 글로벌 투자자들의 위험선호 심리를 추정하는 지표로서 지난 20년간 신흥국의 자본유출입과 관련하여 가장 빈번하게 언급되었던

변수일 것이다. 본문에서는 VIX에 따른 대외계정 변수의 변동성이 최근 들어서 감소하고 있음을 확인하도록 한다. 보다 구체적으로 외국인 투자자들의 자본유출입과 이에 따라 결정되는 환율의 결정에 있어 VIX가 가지는 설명력, 즉 탄력성의 계수가 시간이 지나면서 점차 감소하고 있다는 실증분석의 결과를 제시한다. 환율의 경우 월간(2003년 1월~2022년 2월), 그리고 자본유출입의 경우 분기(2003년 1분기~2021년 4분기) 데이터를 활용하여 분석을 진행하였으며, 2014년 3분기를 기준으로 이전과 이후로 구분하는 경우 이러한 반응의 계수가 통계적으로 유의미한 차이를 보이고 있음을 확인하였다. 전체 기간을 대상으로 분석하는 경우 VIX가 1%p 증가하는 경우 환율은 0.045% 상승(절하)하였다. 그러나 2014년 3분기 이후와 이전을 구분하는 경우에 우리는 각 기간의 상반된 규모를 확인할 수 있다. VIX가 1%p 증가하는 경우 2015년 이전까지는 0.072% 상승(절하)하나 2014년 3분기 이후에는 0.026% 상승(절하)에 그치는 것으로 확인된다. 아울러 자본유출입의 경우에도 일반적으로 VIX가 1%p 증가하는 경우 GDP 대비 순자본유출은 0.009% 발생한다. 그러나 기간을 구분하였을 때에는 VIX가 1%p 증가하는 경우 2014년 3분기 이전까지는 0.022% 유출되지만 2015년 이후에는 오히려 0.07% 유입되는 것을 확인할 수 있다.

아울러 이러한 실증분석의 결과는 특히 국채를 위시한 포트폴리오 자본을 위주로 발생하고 있음을 확인할 수 있다. 전체 기간 동안 VIX가 1%p 증가하는 경우 GDP 대비 국채 자본유출은 0.044% 발생한다. 그러나 기간을 구분하였을 때에는 VIX가 1%p 증가하는 경우 2014년 3분기 이전까지는 0.075%의 유출이 발생하나 2014년 3분기 이후에는 오히려 0.012% 유출에 그치는 것을 확인할 수 있다. 외국인의 국채 수요를 제외한 포트폴리오 자본을 대상으로 분석하는 경우 이러한 결과가 나타나고 있지 않음을 확인하였다. 즉, 외국인의 국채 수요는 전체 외국인의 포트폴리오 투자를 견인하고 있으며, 이러한 국가 전체의 자본유출입 변동성 감소의 주요한 원인으로 작동한다는 것을 이해할 수 있을 것이다.

이러한 실증분석의 결과는 금융시장 참여자들뿐 아니라 정책연구기관

등에서도 널리 체감되고 있는 경험적 사실을 학술적으로 엄밀한 방법론을 사용하여 검증하였다는 점에서 의의가 있을 것이다. 순대외채권국으로 발돋움한 2014년 3분기를 직후로 극적인 변화가 발생하였다고 보기는 어려울 것이다. 그보다는 근본적으로 오래 쌓아왔던 외국인 투자자들의 우리 경제의 펀더멘털에 대한 신뢰가 이러한 변화를 가져왔다고 판단된다. 아시아 시장의 국채를 모니터하는 ADB(Asian Development Bank)의 아시안 본드 모니터(Asian Bond Monitor: ABM)의 2021년 6월호에서 다음을 확인할 수 있다.

"...The Republic of Korea continued to be a safe haven relative to other bond markets in the region for which data are available, some of which recorded net outflows in the previous months amid rising US treasury yields."

우리 채권시장을 다른 국가에 비하여 상대적으로 안전자산(safe haven)의 성격을 띠고 있는 시장으로 상정하고 있으며 2021년 6월 당시 이러한 성격이 지속되고 있다는 표현을 확인할 수 있다. 아울러 IMF가 우리 경제에 대하여 언급하였던 2019년 Article IV에서 역시 다음과 같은 내용들을 확인할 수 있다.

"...While the Korean won is not considered a safe-have currency, the episode was suggestive of occasional safe-have patterns in the demand for Korea debt securities which helped reduce pressures on the won."

우리 화폐가 안전자산(safe-haven currency)으로 간주되지는 않지만 시기에 따라(occasional) 우리 채권이 안전자산과 같은 패턴을 가지는 것으로 보이는 상황(episode)에 대하여 언급하고 있다. 상기의 사례에서 보이듯 많은 금융시장 참여자들과 정책담당자들은 우리 원화 자산이 다른 신흥국의 자산가치가 하락할 때 위험을 헤지할 수 있는 가능성을 언급하고 있다. 이러한 시장참여자들의 인식은 기타 여러 자료에서도 찾아볼 수 있다. 우리 원화표시 채권과 국채에 안전자산이라는 개념은 아직 생소할 수 있다. 아울러 글로벌 불확실성이 급격하게 확대되는 상황에서 우리 자산이 안전자산으로서 역할을 할 수 있으리라는 주장은 아직 시기상조일 것이다. 그러나 많은 연구자들에게 우리 자산이 지속적으로 안전자산의 지위를 향해 나아가고 있다고 체감되는 것은 사실일 것이다. 상기의 짧은 서술에서 보았듯 원화표시 자산은 다른 신흥국으로부터 자본이 이탈하는 상황에서도 외국인 자본이 오히려 유입되는 모습을 보이기도 하고 위기상황에서 원화의 가치가 다른 신흥국 화폐보다 오히려 강건한 모습을 보인다는 것도 많은 시장참여자들에 의해서 주장되고 있는 바이다. 특히 러시아–우크라이나 전쟁에 따른 지정학적 불확실성이 확대되고 미국의 통화정책이 급격하게 긴축되는 2022년 현재에도 대규모 자본유출은 일어나지 않고 있다는 것은 본고의 연구 결과를 뒷받침하는 정황이기도 하다.[30]

이러한 상황은 무엇보다도 국채시장을 위시한 외국인의 채권투자 환경이 근본적으로 개선되었음에 기인하였을 것이다. 본 저자는 대외불확실성이 확대되는 상황에서도 우리 자산이 비교적 그 가치를 지킬 수 있다는 신뢰가 형성되었기 때문에 가능할 수 있었을 것이라 추론한다. 본문의 마지막 장에서 우리는 이러한 외국인 투자환경이 어떻게 개선되었는지를 살펴보고, 이러한 환경을 지속하기 위하여 어떠한 정책적인 노력이 뒷받침되어야 하는지에 대하여 논의하도록 한다. 특히 통화정책과 거시건전성 정책, 그리고 금융시장의 대외개방이 어떠한 함의를 가지는지에 대하여 살펴본다. 신흥국을 지나 선진국으로 진입하는 문턱에서 이러한 변화는 자연스러운 현상일 수도 있을 것이다. 특히 우리 수출품의 경쟁력을 위한 근본적인 체질 개선이 이러한 좋은 균형을 견인하는 가장 주요한 원동력이 될 것이다. 우리 상품을 구매하거나 혹은 우리 상품을 제조하는 기업에 투자하기 위한 대외 수요가 견고한 상황은 우리 상품의

30 2020년 코로나 보건위기를 기준으로 보아도 우리 경제는 외국인 주식자본은 유출되었으나 채권자금은 유입기조를 유지하였던 것을 확인할 수 있다. 아울러 러시아-우크라이나 전쟁의 위험이 본격화되고 미국의 통화정책 긴축기조가 가장 강하게 작용하였던 2022년 6~8월에도 외국인 채권자금은 유입기조를 유지하였다.

거래를 위한 우리 화폐, 즉 원화 가치를 견고하게 지키는 가장 근원적인 요인일 것이다. 아울러 이러한 견고한 외국인 투자자들의 신뢰가 형성된 시점에서 자본시장 개방에 따른 편익이 외국인 자본의 급격한 변동성에 따른 위험보다 높을 수 있는바 이러한 균형을 지키기 위한 정책적인 노력 역시 수반되어야 할 것이다.

2. 기존 문헌

VIX로 대표되는 대외불확실성이 글로벌 금융위기 이후 가장 중요하게 다루어지는 변수임에 동의하지 않을 학자들은 많지 않을 것이다. VIX로 추정되는 글로벌 투자자들의 투자심리는 특히 미국의 통화정책에 의하여 변동하고 나아가 글로벌 금융사이클(Global Financial Cycle)을 발생시키기도 한다. Miranda-Agrippino and Rey(2020)에서 저자들은 이러한 상기의 주장을 검증하고 특히 이렇게 추정된 글로벌 금융사이클이 글로벌 자본유출입의 가장 주요한 변수임을 확인하였다. 아울러 이렇게 발생한 글로벌 자본유출입은 신흥국의 신용 혹은 유동성을 팽창시킨다는 것 역시 널리 검증된 사실이다. 예를 들어 di Giovanni *et al.*(2021)에서 저자들은 글로벌 금융사이클(GFC)이 신흥국(터키)으로 외국인 자금을 유입시키고 나아가 대내 신용을 확장시켰다는 실증분석의 결과를 확인하였다.[31]

우리 경제의 자본유출입의 행태가 과거와 대비하여 변화하였음은 최우진(2019)과 Choi(2020)에서도 다루어지고 있다. 최우진(2019)에서는 미국의 금리인상 충격을 식별하고 이러한 미국의 금리인상 충격이 우리 경제의 자본유출입에 미치는 영향을 글로벌 금융위기 전후를 비교하여 살펴보고 있다.[32] 본고는 다음과 같은 점에서 이전의 연구들과 차별점이 있

31 특히 저자들은 자본의 가격 하락을 통하여 유위험이자율 평형(uncovered interest rate parity)에서의 이격(deviation)이 발생하며, 이를 통해 신용 팽창이 일어나고 있음을 주장한다. Baskaya *et al.*(2017)에서도 유사한 내용의 분석들이 제시되고 있다.

32 최우진(2019)과 Choi(2020)는 각각 대내외 자본의 저량(stock)과 유량(flow), 즉 유출입을 다루었다는 점에서 차이가 있다. 그러나 두 연구 모두 글로벌 금융위기를 전후하여 미국의 금리인상 충격이 외국인 자본의 유출입에 미치는 영향에 변화가 일어났다는 점에

다. 첫째, 투자자들의 위험선호를 반영하는 VIX가 우리 자본유출입에 미치는 영향에 대하여 살펴보고 있다. 아울러 유위험이자율 평형설에 기초한 환율의 결정 모형을 함께 살펴봄으로서 자본유출입과 이러한 자본유출입에 관여하는 가격 변수인 환율을 하나의 프레임 하에서 살펴보고 있다. 특히 우리와 미국의 국채 이자율을 통제한 상황에서 VIX가 자본유출입에 미치는 영향을 살펴본다는 점에서 최우진(2019)과 차별점이 있을 것이다.

글로벌 금융위기를 전후하여 우리 경제의 자본유출입 행태에 변화가 있다는 주장은 Yun(2020)에서도 찾아볼 수 있을 것이다. Yun(2020)은 특히 글로벌 금융위기 이후 내국인의 대외자산 보유가 외국인의 국내자산 보유를 앞지르며 우리가 순대외채권국으로 변환하였다는 사실에 대하여 주목한다. 아울러 외환보유액의 보유 행태 역시 과거 대비 변화하였다는 점도 제시한다. 외환보유액의 증가 속도가 2000년대 초중반 대비 현저히 감소하였으며, 이에 따라 GDP 대비 외환보유액의 비중 역시 어느 정도의 수준을 유지하는 상황이라고 주장한다. 이러한 저자의 주장은 단순히 대외충격에 따른 자본유출입의 규모뿐 아니라 우리 경제의 대외부문이 보다 근본적인 변화를 동시에 맞이하고 있다는 함의를 주고 있다. 우리 경제가 본격적으로 신흥국을 벗어나 선진국의 문턱에 들어서면서 대외충격에 따른 견실함이 증가하면서 동시에 대외 저축이 증가하는 등 여러 가지 변화가 동시적으로 진행되고 있다고 유추된다. 이러한 상황과 더불어 본문에서는 외환보유액을 활용하여 외국인 자본유출에 대응하는 규모 역시 감소하였음을 추가적으로 제시한다. 외환보유액은 이러한 자본유출에 대응하는 가장 직접적인 정책대응이다. 2015년 중국에서 금융자본이 빠져나갈 중국의 경우 당시 3조 8,000억달러 규모의 외환보유액을 3조달러까지 소진할 정도로 적극적인 대응을 시도하였다. 즉, 외환보유액의 감소를 통하여 시장에 달러 유동성을 공급하고 화폐가치를 방어하였다. 우

서 합치(consistent)하는 결론을 내고 있다. 나아가 Choi(2020)는 이러한 실증분석의 결과가 대내 자본배분의 효율성이 증가하였기에 가능하다는 이론모형의 분석을 추가하여 설명하고 있다.

리 경제도 글로벌 금융위기 당시 외국인 자본이 급격하게 유출됨에 따라 약 600억달러의 외환보유액을 시장에서 매도하면서 달러 유동성 급감에 대응한 바 있다.[33] 그러나 이러한 행태는 대외충격에 따른 자본유출의 규모가 감소하는 경우 자연스럽게 변화를 가져올 것이다. 즉, 대외불확실성 확대에 대응하는 외환보유액의 유동성 공급 규모 역시 시기에 따라 변화할 수 있는 것이다. 본문에서는 상기의 자본유출 규모의 감소가 외환보유액을 적극적으로 운용하여 시중에 달러 유동성을 공급해야 하는 필요성을 감소시켰다는 추론을 뒷받침하는 실증분석 결과를 제공한다.

이러한 대외불확실성에 따른 환율의 변동성을 확인하기 위하여 본문에서 우리는 유위험이자율 평형설(Uncovered Interest Parity)을 확장한 환율결정모형을 상정하였음을 밝혀 둔다. Lustig *et al.*(2011)에서 저자들은 기울기 요인(slope factor)이 환율의 초과수익을 결정하는 주요한 원인이라고 주장한다. 글로벌 위험 요인(global factor)으로 구성되는 이러한 기울기 요인의 주요한 원인이 되며, 특히 글로벌 주식시장의 변동성이 기울기 요인과 관련되어 있음을 주장하고 있다.[34] Grisse and Nitschka(2015)에서는 이러한 Lustig *et al.*(2011)의 유위험이자율 평형모형의 글로벌 위험 요인을 VIX로 치환하여 스위스 프랑의 안전자산으로서의 위상을 검증한 바 있다. 본문에서는 Grisse and Nitschka(2015)의 방법론을 차용하되 2015년을 기준으로 이전과 이후를 구분하는 더미변수를 활용하여 VIX가 환율에 미치는 영향을 확인하였다. 자본유출입과 관련하여서는 최우진(2019)과 Choi(2020)에서 상정하였던 방법론과 유사한 방법론을 사용하였음도 밝혀 둔다.

본고의 구성은 다음과 같다. 제2절에서 우리는 대외불확실성이 환율 및 자본유출입에 미치는 영향에 대하여 고찰하도록 한다.[35] 특히 시기를

---

33 본 규모에는 외환보유액의 평가차액이 포함되었을 가능성이 있음을 밝혀두는 바이다.

34 저자들은 평형설(parity condition)에 기초한 2요인(two factor) 모형이 이자율 차이와 환율 변동성의 초과수익을 설명할 수 있다고 주장한다. 모든 외환을 포함하는 포트폴리오 모델의 평균초과수익(average excess return)과 캐리트레이드 위험의 두 가지 요인이 각각 수준(level) 요인과 기울기(slope) 요인을 대표한다.

35 관심이 있는 독자는 Hansen and Krogstrup(2019) 역시 참조하기 바란다.

구분하여 과거 대비 최근, 즉 2014년 3분기 이후 자본유출에 미치는 규모가 감소하였다는 실증분석의 결과를 제시한다. 나아가 자본의 종류를 구분하는 경우 외국인의 국채 수요와 이를 포괄하는 포트폴리오 자본유출입에서 이러한 경향성이 강하게 나오고 있음을 확인하도록 한다. 제3절에서는 이러한 변화를 만들어낸 원인에 대하여 살펴본다. 우리 금융시장에 대한 외국인의 투자환경이 개선되었음을 살펴보고, 이에 대응하는 추가적인 정책적인 시사점을 도출한다. 제4절에서는 결론을 제시하였다.

제2절 대외불확실성과 자본유출입

본 절에서는 VIX로 대표되는 외국인 투자자의 위험선호가 우리 경제의 자본유출입과 환율의 결정에 미치는 영향에 대하여 살펴본다. 최근 들어 이러한 경향성이 어떻게 달라지는지를 살펴보고, 특히 외국인의 국채 수요가 이러한 결과를 만들어내는 데 기여하고 있음을 살펴보도록 한다.

1. 자본유출입 및 환율의 결정모형

가장 먼저 유위험이자율 평형설(Uncovered Interest Parity: UIP)에 기초한 환율의 결정모형을 살펴보자. Grisse and Nitschka(2015)에서 저자들은 다음과 같은 환율결정모형을 상정하였다.

$$\Delta s_t^k = \alpha + \beta_1 \Delta \log(VIX_t) + \beta_2 (f_{t-1}^k - s_{t-1}^k) + \beta_3 AFX_t + \epsilon_t$$

여기서 s_t^k은 k국 대비 로그명목환율을, f_t^k은 로그선물환율을 의미한다. t는 월별 데이터이며, 기준이 되는 k는 미국 혹은 미국의 화폐인 USD를 상정하도록 한다. 명목환율 및 선물환율은 월말의 가격을 표시한다. 아울러 f_t^k은 1개월 후 거래가 실현되는 선물환거래의 환율을 의미한다. 무위험이자율 평형설에 따라 $f_t^k - s_t^k$는 대내외 이자율 격차($i_t^k - i_t$)와 일치하게 될 것이다. 이러한 대내외 이자율 격차는 낮은 이자율을 가진 국가로부터 자본이 이동(carry)하여 높은 이자율을 가지는 국가에 투자하였을 때 가지는 기회비용이라는 의미에서 캐리(carry)로 통칭되기도 한다. 만약 위험 프리미엄이 없는 상황이라면 유위험이자율 평형설은 $\Delta s_{t+1}^{k} = \alpha^{k} + \beta_{0}^{k}(f_{t}^{k} - s_{t}^{k}) + \epsilon_{t+1}^{k}$로 결정될 것이다. 즉, 외국인 자본을 조달한 비용(조달한 국가의 이자율)과 국내이자율 차이만큼 환율이 변동하여 수익률의 평형이 맞추어져야 할 것이다. 본문에서 우리가 상정하는 확장된 유위험이자율 평형모형은 이러한 기초모형에 AFX와 $\Delta \log(VIX)$의 항목이 추가된 형태라고 이해할 수 있을 것이다. AFX는 해외투자자들이 선물환거래를 통하여 평균적으로 얻는 수익을 추정하였다.[36] 다시 말하여 26개국의 $f_{t-1}^{k} - s_{t}^{k}$의 평균을 계산하여 활용한다. 아울러 Grisse and Nitschka(2015)와 마찬가지로 $\Delta \log(VIX)$를 글로벌 위험 요인, 즉 우리 경제가 마주하고 있는 대외불확실성의 지표로 활용하였다. Lustig *et al.*(2011)과 Grisse and Nitschka(2015)에서 살펴볼 수 있듯이 개별 국가의 환율변동성은 상당 부분 글로벌 위험 요인에 의하여 설명된다. 본문에서는 이러한 유위험이자율 평형설에 추가적으로 2014년 3분기 전후를 구분하는 지시함수(indicator function)를 활용하여 글로벌 위험 요인이 외국인 자본유출입에 미치는 영향이 과거 대비 현재 얼마나 변화하였는지에 대하여 살펴보고 있다. 2014년 3분기는 우리 경제가 순대외채권국으로 전환한 시기임을 다시 한번 상기하는 바이다. 나아가 자본유출입 행태의 변화에 있어 가장 주요한 외국인의 국채 수요가 전체적인 포트폴리오 자본유출입과 동조화되는 시기라는 점도 미리 밝혀둔다. 즉, 국채와 포트폴리오 자본유출입의 상관관계가 2014년 3분기를 기점으로 더 동조화되었

---

36 호주(AUD), 브라질(BRL), 캐나다(CAD), 칠레(CLP), 콜롬비아(COP), 체코(CZK), 유로(EUR), 헝가리(HUF), 인도(INR), 이스라엘(ILS), 일본(JPY), 말레이시아(MYR), 멕시코(MXN), 뉴질랜드(NZD), 노르웨이(NOK), 필리핀(PHP), 폴란드(PLN), 루마니아(RON), 러시아(RUB), 싱가포르(SGD), 남아프리카공화국(ZAR), 스웨덴(SEK), 스위스(CHF), 태국(THB), 터키(TRY), 영국(GBP) 등 26개국의 평균초과수익을 계산하였다. Lustig *et al.*(2011)의 표현방식에 따르면, 여기서 AFX는 수준(level) 요인을, △log(VIX)은 기울기(slope) 요인을 대표한다.

던 구조 변화(structural break)가 있었다고 판단된다. 자세한 내용에 대해서는 다음 절에서 추가적으로 논의하고자 한다.

보다 구체적으로 다음과 같은 유위험이자율 평형모형을 상정하도록 한다.

$$\Delta s_t^k = \alpha + \beta_1 Id.^{2014m7} + \beta_2 \Delta \log(VIX_t) + \beta_3 Id.^{2014m7} \times \Delta \log(VIX_t) + \beta_4 (f_{t-1}^k - s_{t-1}^k) + \beta_5 AFX_t + \epsilon_t \quad (1)$$

$Id.^{2014m7}$는 2014년 6월까지는 0, 2014년 7월 이후에는 1의 값을 가지는 지시함수(indicator function)이다. 이러한 표시함수와 글로벌 위험요인의 교차항을 설정하고 교차항 계수 β^3의 통계적 유의성을 통하여 과거와 현재의 탄력성 변화를 검증하도록 한다. 환율결정식의 시간(t)은 월자료를 기준으로 한다.

자본유출입의 결정모형은 다음과 같은 회귀분석식을 활용하도록 한다.

$$\begin{aligned} CF_t = \alpha + \beta_1 Id.^{2014q3} + \beta_2 \Delta \log(VIX_t) + \beta_3 Id.^{2014q3} \times \Delta \log(VIX_t) \\ + \beta_4 \Delta i_t^{US} + \beta_5 \Delta i_t^{KR} + \beta_6 \Delta \log(rGDP_{t-1}) \\ + \beta_7 Id.^{Crisis} + \beta_8 date + \beta_9 datesq + \epsilon_t \quad (2) \end{aligned}$$

위의 식에서 $Id.^{2014q3}$와 $\Delta \log(VIX)$는 유위험이자율 평형모형에서와 같이 지시함수와 글로벌 위험 혹은 대외불확실성을 의미한다. 자본유출입 결정식의 시간(t)은 분기를 기준으로 한다. CF_t는 분기 GDP 대비 자본유출입을 의미한다. 보다 구체적으로 국제수지 금융계정상의 자본유출을 추세적(trend) GDP로 나누어 표준화한 값을 사용한다. 본고에서는 순자본유출(net capital flows), 외국인 포트폴리오 자본유출(portfolio liability), 외국인 기타 자본유출(other liability)과 더불어 외국인 국채 자본유출을 살펴보도록 한다. 외국인 국채 자본유출은 기획재정부가 추계하는 국채, 특수채, 통안채, 지방채의 외국인 보유 월별 잔액의 차이를 분기별로 합계하는 방식으로 계상하였다.[37] 추가적인 통제변수로서 Δi_t^{US}와 Δi_t^{KR}은

37 본고에서는 중앙정부가 발행하는 국채, 지방정부가 발행하는 지방채, 한국은행이 발행하는 통안채(통화안정증권)와 더불어 정부 산하 공공기관인 한국전력, 토지공사 등이 발

각각 미국과 한국의 국채 3년물의 이자율 변화이다. $\Delta\log(rGDP)$는 분기 실질 GDP 성장률을, $Id.^{Crisis}$는 위기의 지시함수로서 글로벌 금융위기 등 위기상황을, $date$은 시간, $datesq$는 시간의 제곱($date \times date$)으로 각각 시간의 선형 및 비선형 추세를 통제한다. 글로벌 위기는 2007년 3분기부터 2009년 2분기까지로 한정하였다.

상기 식에서 보듯 환율결정식과 더불어 자본유출입의 결정에서도 2014년 3분기 전후로 대외불확실성의 영향이 과거 대비 현재 얼마나 변화하였는지를 확인하고자 한다.

2. 실증분석의 결과

본 항에서는 이렇게 설정된 환율 및 자본유출입의 결정식을 활용하여 대외불확실성(VIX)의 영향이 과거와 현재 어떻게 바뀌었는지에 대하여 실증분석한 결과를 확인하도록 한다. 본격적인 실증분석의 결과를 확인하기 전에 먼저 글로벌 위험 혹은 대외불확실성의 지표인 VIX와 환율의 추이를 살펴보자.

[그림 4-1]은 2004년 이후 VIX와 원달러 환율의 일별 자료를 제시하고 있다. 단순한 시계열에서도 우리 원달러 환율의 움직임은 최근 들어 변동성이 낮아지는 경향성을 확인할 수 있을 것이다. 2004년부터 글로벌 금융위기 기간을 지나는 2010년까지 환율은 상대적으로 매우 심한 변동성을 보이고 있다. 이 기간 동안 환율의 상방 및 하방은 900원대에서부터 1,500원을 상회하는 수준의 높은 변동성이 확인된다. 이러한 변동성은 2010년 이후 낮아지는 모습을 보이게 된다. 환율 상하방의 폭이 좁아지면서 외환시장 참여자의 사전적(prior)인 밴드(band) 역시 감소할 것으로 기대할 수 있을 것이다.

나아가 2014년 이후에는 이러한 환율 상하방의 폭이 더욱 감소하고 있다. 상대적으로 VIX의 경우 글로벌 금융위기와 코로나 보건위기 당시 매우

행하는 특수채를 국채로 분류하였음을 다시 한번 밝혀 둔다.

[그림 4-1] 대외불확실성(VIX)과 환율 추이

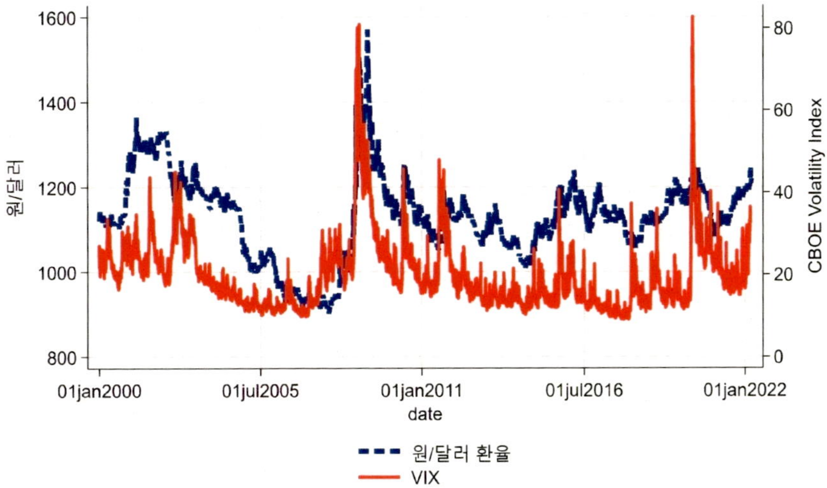

주: VIX와 환율의 일별 자료임.
자료: 시카고선물거래소(CBOE); 한국은행 경제통계시스템.

높은 수준으로 확대되었음을 확인할 수 있다.

물론 글로벌 금융위기 기간 동안의 변동성보다는 코로나 보건위기에 따른 변동성 확대가 다소 커보이는 것은 사실이다. VIX의 변동성이 과거와 현재 대비 확대된 정도보다는 환율의 변동성이 과거와 현재 대비 변화된 차이가 더 큰 것을 알 수 있다. 이러한 단순자료에서 보이는 변동을 다음의 그림을 통하여 추가로 확인하여 보자. 보다 구체적으로 2014년 3분기 전후로 표본을 분리하여 VIX 및 환율의 변동을 그려보았다. [그림 4-2]에서는 VIX($\Delta\log(VIX)$) 및 환율의 로그를 취한 값의 차분의 분포를 확인하고 두 변수의 단순 선형 상관관계를 그려보았다. 좌측은 2014년 2분기까지의 변동을, 우측은 2014년 3분기 이후의 변동을 보여주고 있다. 아울러 환율 증감의 반응성이 매우 낮아진 것 역시 확인할 수 있다. 다시 말해 대외불확실성의 증감에 따른 환율의 변동이 과거 대비 낮은 규모임을 단순한 두 변수 선형관계의 그림에서 확인할 수 있는 것이다.

이러한 관계에 대하여 보다 엄밀한 실증분석을 시도해 본 결과를 <표 4-1>에서 확인할 수 있다. <표 4-1>에서 우리는 식 (1)의 실증분석 결과를

[그림 4-2] 대외불확실성(VIX)과 환율의 변동

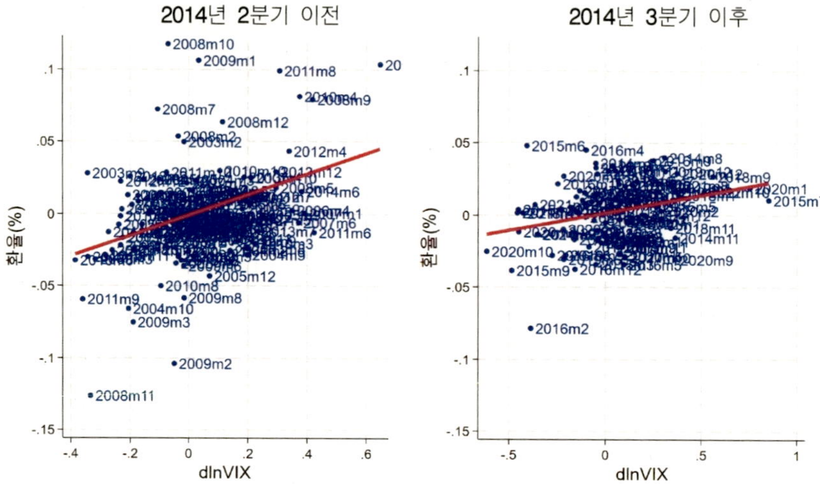

주: VIX와 환율의 월별데이터의 로그 차분값임.
자료: 시카고선물거래소(CBOE); 한국은행 경제통계시스템.

확인한다. 전체 기간(2003년 1월~2022년 2월)을 대상으로 분석하는 경우 대외불확실성이 1% 확대되는 경우 환율은 0.045% 상승(절하)하는 것을 확인할 수 있다. 그러나 이러한 환율의 반응은 시기를 구별하는 경우 유의미한 차이가 있다. <표 4-1>의 (3)에서 우리는 대외불확실성이 1% 확대되는 경우 2014년 6월 이전까지는 환율은 0.072% 상승(절하)하지만 2014년 7월 이후에는 0.026%(=0.072% - 0.046%) 상승(절하)하는 것을 확인할 수 있다. 특히 대외불확실성의 증감과 2014년 7월 이후 지시함수의 교차항의 계수는 통계적으로 유의미한 차이를 보이고 있음이 확인된다. 즉, 우리 경제가 대외순채권국으로 전환하였던 2014년 3분기 이후 대외불확실성의 증감에 따른 환율 상승의 반응은 이전과 통계적으로 유의미한 수준으로 다르다고 해석할 수 있다.

아울러 2014년 이후의 이러한 환율변동 규모는 다른 국가와 비교하더라도 높지 않은 수준이라고 판단된다. 표본의 시기가 상이하기에 절대적인 비교가 가능한 것은 아니지만 Grisse and Nitschka(2015)에서 저자들은 대외불확실성 1% 확대 시 스위스 프랑은 0.03% 상승(절하)한다는 결과를

<표 4-1> 대외불확실성(VIX)과 환율

	명목환율 상승		
	(1)	(2)	(3)
I.(2014년 7월 이후)			0.002 (0.764)
dln(VIX)	0.045*** (0.000)	0.072*** (0.001)	0.071*** (0.001)
dln(VIX) × I.(2014년 7월 이후)		-0.046** (0.038)	-0.046** (0.038)
Carry	-0.043 (0.661)	-0.043 (0.631)	-0.047 (0.621)
Avg. Excess Return	-0.051 (0.548)	-0.049 (0.546)	-0.027 (0.849)
관측치	229	229	229

주: 2003년 1월부터 2022년 2월까지 분석하였음. 괄호 안은 4기간 자기상관을 고려한 Newey-West 표준오차를 나타냄.
자료: 시카고선물거래소(CBOE); 한국은행 경제통계시스템; Datastream; FRED.

보도한 바 있다. 유사한 실증분석의 설계에서 보이는 우리 원화의 반응성, 즉 계수의 크기가 상대적으로 크지 않다는 것을 확인할 수 있다. 대표적인 안전자산인 스위스 프랑과 단순 비교하여 평가하기는 어려울 것이다. 그러나 최소한 과거 대비 우리 원화의 변동성이 축소되고 있으며, 안전자산 수준으로 점근하는 개선이 이루어지고 있다고 평가할 수 있을 것이다.

이러한 환율의 변화가 2014년 이후 유의미하게 변화한다는 결과와 더불어 자본유출입의 반응성 역시 변화하였을 것이라는 가설에 대해서도 살펴보도록 하자. 다음으로 우리는 대외불확실성이 자본유출입에 미치는 영향에 대하여 구체적으로 살펴본다. 먼저 거주자의 대외투자에서 비거주자의 대내투자를 제외한 순자본유출에 미치는 결과에 대하여 확인하도록 한다.

<표 4-2>에서 식 (2)를 활용한 실증분석 결과를 확인할 수 있다. 환율의 결정과 마찬가지로 대외불확실성의 증가는 순자본유출을 가져오고 있음을 확인할 수 있다. 2003년 1분기부터 2021년 4분기까지 전체 표본을 분석한 결과, 대외불확실성이 1% 확대되는 경우 GDP 대비 순자본유출은 0.009%p 확대되는 것을 확인할 수 있다. 대외불확실성의 확대에 따라

<표 4-2> 대외불확실성(VIX)과 자본유출입: 순자본유출

	순자본유출		
	(1)	(2)	(3)
I.(2014년 3분기 이후)			0.020 (0.119)
dln(VIX)	0.009 (0.329)	0.025*** (0.008)	0.022** (0.020)
dln(VIX) × I.(2014년 3분기 이후)		-0.031** (0.031)	-0.029** (0.036)
미 국채금리 인상	1.442 (0.161)	1.566 (0.124)	1.295 (0.195)
국채금리 인상	-1.325 (0.189)	-1.257 (0.221)	-1.036 (0.293)
전기 실질GDP 성장률	-0.036 (0.508)	-0.054 (0.285)	-0.050 (0.303)
위기기간	-0.022 (0.124)	-0.026* (0.061)	-0.025* (0.059)
시간트렌드	0.002 (0.452)	0.002 (0.448)	0.004 (0.125)
시간트렌드sq	-0.000 (0.551)	-0.000 (0.542)	-0.000 (0.130)
관측치	75	75	75

주: 2003년 1분기부터 2021년 4분기까지 분석하였음. 괄호 안은 2기간 자기상관을 고려한 Newey-West 표준오차를 나타냄.
자료: 시카고선물거래소(CBOE); 한국은행 경제통계시스템; Datastream; FRED.

대외순자본이 유출됨은 개발도상국 및 신흥국 소규모 개방경제에서 지속적으로 관찰되어 왔던 현상일 것이다. 우리 경제 역시 외환위기 혹은 글로벌 경제위기 상황에서 외국인 자본이 유출되면서 환율이 상승하였던 경험을 가지고 있으며, 이는 대외건전성 정책을 운용하기 위한 주요한 근거가 되어왔다.

그러나 환율과 마찬가지로 이러한 자본유출 반응은 시기를 구별하는 경우 유의미한 차이가 발생하고 있음을 확인할 수 있다. <표 4-2>의 (3)에서 우리는, 대외불확실성이 1% 확대되는 경우 2014년 3분기 이전까지는 순자본이 0.022%p 유출되지만 2014년 3분기 이후에는 오히려 0.007%p (=0.022%p－0.029%p) 유입되는 것을 확인할 수 있다. 환율의 결과와 마

<표 4-3> 대외불확실성(VIX)과 자본유출입: 포트폴리오 자본유출

	포트폴리오 자본유출		
	(1)	(2)	(3)
I.(2014년 3분기 이후)			0.015 (0.126)
dln(VIX)	0.051*** (0.000)	0.074*** (0.000)	0.072*** (0.000)
dln(VIX) × I.(2014년 3분기 이후)		-0.045** (0.031)	-0.043** (0.032)
미국채금리 인상	1.178 (0.146)	1.358* (0.071)	1.148 (0.128)
국채금리 인상	-1.608 (0.128)	-1.511 (0.163)	-1.340 (0.216)
전기 실질GDP 성장률	-0.035 (0.575)	-0.061 (0.338)	-0.058 (0.347)
위기기간	0.012 (0.371)	0.006 (0.661)	0.006 (0.646)
시간트렌드	0.002 (0.292)	0.002 (0.299)	0.004 (0.106)
시간트렌드sq	-0.000 (0.328)	-0.000 (0.330)	-0.000 (0.100)
관측치	75	75	75

주: 2003년 1분기부터 2021년 4분기까지 분석하였음. 괄호 안은 2기간 자기상관을 고려한 Newey-West 표준오차를 나타냄.
자료: 시카고선물거래소(CBOE); 한국은행 경제통계시스템; Datastream; FRED.

찬가지로 2014년 3분기 이후 지시함수의 교차항의 계수는 통계적으로 유의미한 차이를 보이고 있다. 우리가 대외자산이 대외채무보다 더 많아진, 즉 순대외채권국으로 전환하였던 2014년 3분기 이후 대외불확실성의 증감에 따른 자본유출입은 이전과 통계적으로 유의미한 수준으로 다르다는 결과를 확인할 수 있는 것이다.

이러한 결과는 무엇보다도 외국인의 포트폴리오 자본 수요에 기인한다는 사실을 추가적으로 확인할 수 있다. 전체 자본유출입 중에서 내국인의 대외자본을 제외한 외국자본은 크게 직접투자, 포트폴리오 투자, 그리고 기타투자로 이루어진다. 먼저 장기투자를 목표로 유입되는 직접투자와 은행부문을 포함하는 기타투자를 제외한 포트폴리오 투자를 살펴보도록

<표 4-4> 대외불확실성(VIX)과 자본유출입: 기타자본유출

	기타자본유출		
	(1)	(2)	(3)
I.(2014년 3분기 이후)			0.000 (0.986)
dln(VIX)	0.016 (0.454)	0.044 (0.213)	0.044 (0.221)
dln(VIX) × I.(2014년 3분기 이후)		-0.054 (0.180)	-0.054 (0.185)
미 국채금리 인상	0.657 (0.549)	0.875 (0.428)	0.873 (0.444)
국채금리 인상	-3.118* (0.096)	-2.999* (0.084)	-2.997* (0.093)
전기 실질GDP 성장률	-0.157 (0.111)	-0.189** (0.025)	-0.189** (0.026)
위기기간	-0.018 (0.135)	-0.025** (0.017)	-0.025** (0.018)
시간트렌드	0.002 (0.317)	0.002 (0.324)	0.002 (0.297)
시간트렌드sq	-0.000 (0.295)	-0.000 (0.293)	-0.000 (0.266)
관측치	75	75	75

주: 2003년 1분기부터 2021년 4분기까지 분석하였음. 괄호 안은 2기간 자기상관을 고려한 Newey-West 표준오차를 나타냄.
자료: 시카고선물거래소(CBOE); 한국은행 경제통계시스템; Datastream; FRED.

하자. <표 4-3>에서는 전체 자본유출입에서 외국인의 포트폴리오 자본만을 독립적으로 분석한 결과를 살펴보고 있다. 2003년 1분기부터 2021년 4분기까지 전체 표본을 분석한 결과, 대외불확실성이 1% 확대되는 경우 GDP 대비 포트폴리오 자본유출은 0.051%p 확대되는 것을 확인할 수 있다. 이는 순자본유출입과는 통계적으로 매우 유의미한 수준이다.

나아가 2014년 이전과 이후를 구분하는 경우, 대외불확실성이 1% 확대되는 경우 2014년 3분기 이전까지는 외국인 포트폴리오 자본은 0.072%p 유출되지만 2015년 이후에는 0.029%p(=0.072%p-0.043%p) 유출되는 것을 확인할 수 있다. 이러한 결과는 모두 통계적으로 유의미하다는 것도 밝혀둔다. 2014년 3분기 이후 지시함수의 교차항의 계수는 통계적으로 유의미한 차이를 보이고 있음에 유의하자.

흥미로운 것은 이러한 경향성이 기타투자의 경우에는 통계적으로 유의미하게 나타나고 있지 않다는 점이다. <표 4-4>의 (3)에서 외국인의 기타투자의 경우, 대외불확실성이 1% 확대될 때 2014년 3분기 이전까지는 외국인 기타투자 자본은 0.044%p 유출되지만 이후에는 오히려 0.010%p (=0.044%p - 0.054%p) 유입되는 것을 확인할 수 있다. 정성적으로 포트폴리오 투자와 비슷한 행태임을 알 수 있다. 그러나 2014년 3분기 이전에도, 그리고 이후의 변화도 모두 통계적으로 유의미하지 않다. 이는 일반적으로 은행부문을 포함하는 기타투자 자본이 대외불확실성에 따른 대외자본 유출입의 가장 주요한 채널이었다고 평가되는 것과는 다소 상반된 결과이다.

이러한 결과를 바탕으로 우리는 과거 대비 현재 우리 대외자본의 유출입과 이와 관련된 환율의 결정에 있어 대외불확실성이 미치는 영향의 규모가 감소하였음을 확인할 수 있다. 무엇보다도 과거 대비 포트폴리오 자본유출입의 행태가 전체 순자본유출입의 행태를 대표적으로 추적하고 있음을 확인할 수 있었다. 그렇다면 이러한 포트폴리오 자본유출입은 어떠한 부문에 의하여 결정되는 것일까? 본 저자는 무엇보다도 우리는 추가적으로 외국인 포트폴리오 자본 중 공공부문의 채권, 즉 국채 자본유출에 주목하고자 한다. 앞 장에서도 살펴보았듯 국채는 외국인 투자자들의 한국 시장 투자의 신뢰의 근원에 있는 가장 중요한 자산이며, 특히 최근 보건위기에서 자본유입의 주요한 요소이기도 하였다.

먼저 전체 포트폴리오 자본유출입 중 외국인 국채 자본의 유출입이 차지하는 비중이 어느 정도인지에 대하여 확인해 보자. [그림 4-3]에서 우리는 국제수지상 외국인 포트폴리오 자본과 기획재정부 통계에서 확인되는 외국인 국채 자본을 하나의 그림으로 그려 보았다. 상기의 변수는 모두 트렌드 분기 GDP 대비 비중으로 정규화하였음을 밝혀 둔다. 아울러 국채의 경우 국고채를 비롯하여 지방채, 외국환평형기금채권 및 기타(주택채권, 재정증권)채권을 모두 포함하였다. 국채와 포트폴리오 자본유출의 변동성이 대략 2014년을 기점으로 상당히 줄어들고 있음이 확인된다. 나아가 두 변수가 2014년 이후 이전보다 더 동조화되고 있는 경향성도 확인된다.

[그림 4-3] 포트폴리오 자본유출과 국채 자본유출 추이

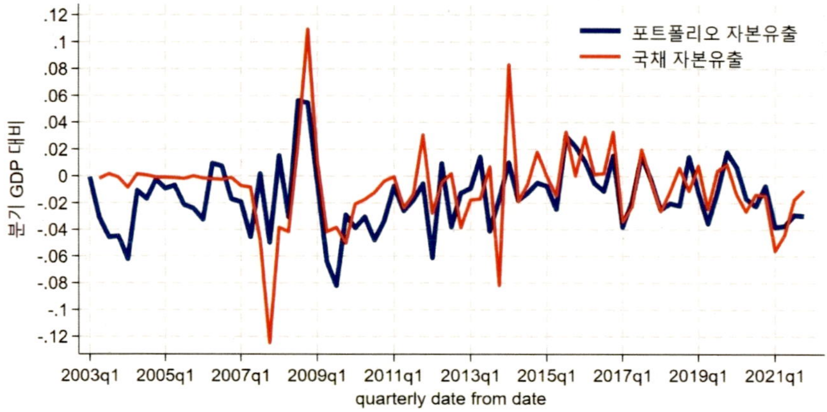

자료: 한국은행 경제통계시스템; 기획재정부 국채시장 웹사이트.

<표 4-5> 대외불확실성(VIX)과 자본유출입: 국채 자본유출

	국채 자본유출		
	(1)	(2)	(3)
I.(2014년 3분기 이후)			0.014 (0.262)
dln(VIX)	0.044** (0.049)	0.077** (0.013)	0.075** (0.019)
dln(VIX) × I.(2014년 3분기 이후)		-0.064* (0.065)	-0.063* (0.075)
미 국채금리 인상	2.388* (0.063)	2.646** (0.028)	2.458* (0.057)
국채금리 인상	-3.258** (0.025)	-3.118** (0.021)	-2.966** (0.035)
전기 실질GDP 성장률	-0.116 (0.124)	-0.153** (0.027)	-0.151** (0.027)
위기기간	-0.017 (0.277)	-0.026* (0.079)	-0.025* (0.085)
시간트렌드	0.001 (0.707)	0.001 (0.717)	0.002 (0.313)
시간트렌드sq	-0.000 (0.662)	-0.000 (0.661)	-0.000 (0.236)
관측치	75	75	75

주: 2003년 1분기부터 2021년 4분기까지 분석하였음. 괄호 안은 2기간 자기상관을 고려한 Newey-West 표준오차를 나타냄.

자료: 시카고선물거래소(CBOE); 한국은행 경제통계시스템; Datastream; FRED.

포트폴리오 자본유출 중 국채만을 대상으로 분석한 결과는 <표 4-5>에서 확인할 수 있다. 2003년 1분기부터 2021년 4분기까지 전체 표본을 분석한 결과, 대외불확실성이 1% 확대되는 경우 GDP 대비 포트폴리오 자본유출은 0.044%p 확대되는 것을 확인할 수 있다. 나아가 2014년 이전과 이후를 구분하는 경우, 대외불확실성이 1% 확대되는 경우 2014년 2분기 이전까지는 외국인 포트폴리오 자본은 0.075%p 유출되지만 2014년 3분기 이후에는 0.012%p(=0.075%p-0.063%p) 유출되는 것을 확인할 수 있다. 이러한 정성적인 결과는 포트폴리오 자본유출의 결과와 유사하되 2014년 3분기 이후의 계수는 국채 자본유출입에서 보다 높은 규모로 감소하고 있음을 확인할 수 있다.

만약 포트폴리오 자본유출에서 국채를 제외한 다른 자본만을 대상으로 분석하는 경우의 결과는 어떻게 될까? <표 4-6>에서 포트폴리오 자본에서 국채 자본을 제외한 나머지 민간부문의 자본만을 대상으로 분석한 결과를 확인하자. 대외불확실성의 확대에 따른 자본유출입의 경우 통계적으로 유의미한 결과를 확인할 수 없다. 아울러 전제 순자본유출입과 정성적으로 반대되는 결과가 나오고 있음 역시 확인할 수 있을 것이다.

이러한 포트폴리오 및 국채 자본유출의 변화는 그림을 통해서도 확인할 수 있다. [그림 4-4]에서 우리는 본 분석의 원자료가 되는 $\Delta\log(VIX)$와 GDP 대비 자본유출 변동(%p)의 분포를 확인하고 두 변수의 단순 선형 상관관계를 그려 보았다. [그림 4-4]의 좌측 그림은 2014년까지의 변동을, 우측은 2015년 이후의 변동을 보여주고 있다. 전체적으로 포트폴리오 자본유출의 패턴과 국채 자본유출의 패턴이 매우 유사하며 정량적으로도 유사한 규모의 탄력성을 보이고 있다.

이러한 분석들을 통하여 우리는 대외불확실성의 충격에도 불구하고 자본유출의 규모는 유의미하게 감소하였음을 확인할 수 있다. 이러한 실증분석의 결과를 통하여 우리는 대외불확실성 충격에 따른 외국인 포트폴리오 자본의 유출 규모가 2015년 이후 통계적으로 유의미한 수준으로 감소하였다는 결론을 얻을 수 있을 것이다. 이러한 외국인 포트폴리오 자본유출은 특히 외국인의 국채 자본유출에 기인한다고 해석할 수 있다.

<표 4-6> 대외불확실성(VIX)과 자본유출입: 국채를 제외한 포트폴리오 자본유출

	포트폴리오 자본유출(국채 부문제외)		
	(1)	(2)	(3)
I.(2014년 3분기 이후)			0.002 (0.874)
dln(VIX)	0.007 (0.618)	-0.003 (0.918)	-0.003 (0.912)
dln(VIX) × I.(2014년 3분기 이후)		0.019 (0.489)	0.019 (0.491)
미 국채금리 인상	-1.210 (0.367)	-1.288 (0.340)	-1.310 (0.350)
국채금리 인상	1.650 (0.259)	1.608 (0.253)	1.626 (0.264)
전기 실질GDP 성장률	0.081 (0.253)	0.093 (0.191)	0.093 (0.191)
위기기간	0.029* (0.051)	0.032** (0.033)	0.032** (0.034)
시간트렌드	0.002 (0.525)	0.002 (0.533)	0.002 (0.464)
시간트렌드sq	-0.000 (0.601)	-0.000 (0.612)	-0.000 (0.533)
관측치	75	75	75

주: 2003년 1분기부터 2021년 4분기까지 분석하였음. 괄호 안은 2기간 자기상관을 고려한 Newey-West 표준오차를 나타냄.
자료: 시카고선물거래소(CBOE); 한국은행 경제통계시스템; Datastream; FRED.

무엇보다도 가장 최근의 코로나 보건위기 시점의 자본유출은 주목할 만하다. 보건위기에 따른 대외불확실성의 급격한 확대에도 불구하고 외국인의 포트폴리오 및 국채 자본유출의 규모는 상대적으로 매우 작은 규모임을 확인할 수 있다. 2015년 이후를 살펴보고 있는 우측 그림에서 2020년 1분기의 외국인의 포트폴리오 및 국채 자본유출은 불확실성의 확대에도 불구하고 0의 기준선에 매우 근접하여 큰 폭의 변동을 보이지 않고 있음을 확인할 수 있다. 외국인의 국채 수요는 오히려 유입된 사실 역시 확인된다.

이러한 변화가 2015년 이후에 극적으로 이루어진 것은 아닐 것이다. 본문에서는 2015년을 기점으로 이러한 유의미한 통계적 결과를 확인할

[그림 4-4] 대외불확실성(VIX) 변동과 자본유출입

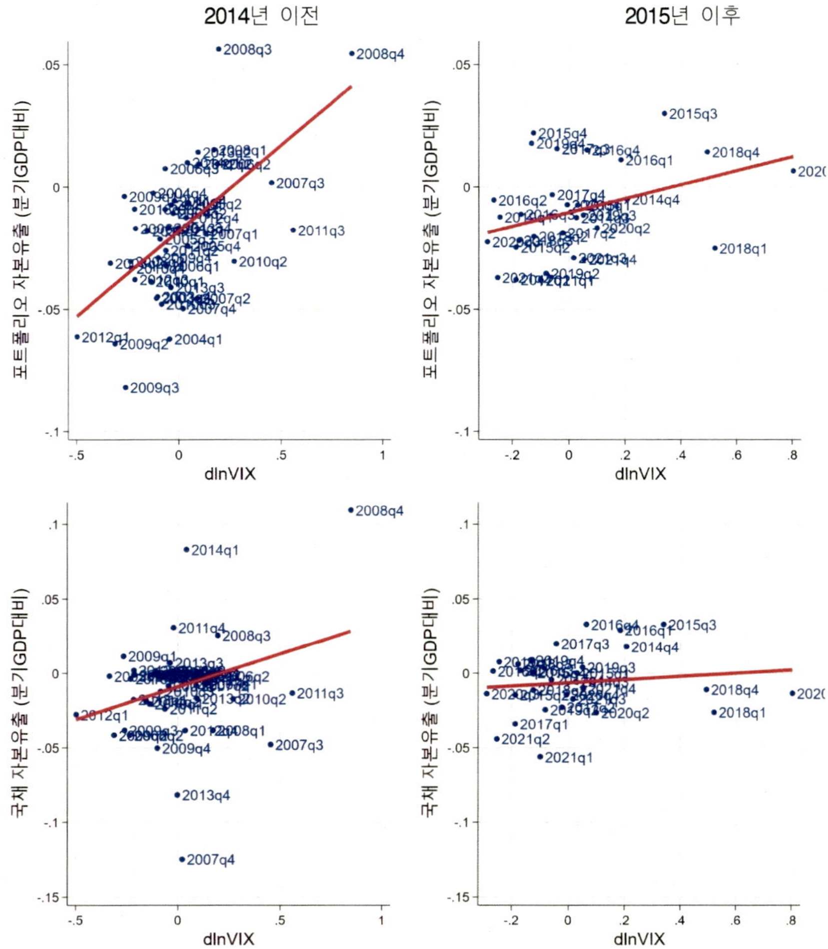

주: 2003년 1분기부터 2021년 4분기까지 분석하였음. VIX 분기별데이터의 로그 차분값, 추세 GDP대비 자본유출임.
자료: 시카고선물거래소(CBOE); 한국은행 경제통계시스템.

수 있지만 이러한 변화 자체는 2010년 이후 지속적으로 이루어져 왔다고 판단된다. 보다 구체적인 논의를 위하여 우리는 대외불확실성이 미치는 영향을 그 시점에서 과거 5년간의 데이터만을 활용하여 계수의 변화를 추적하는 롤링분석을 시도한다. 이러한 5년 롤링분석을 통하여 시기별로 이러한 반응성의 차이가 어떻게 변화하여 왔는지를 살펴보도록 하자. [그림

[그림 4-5] 대외불확실성(VIX)과 자본유출입: 롤링 회귀분석

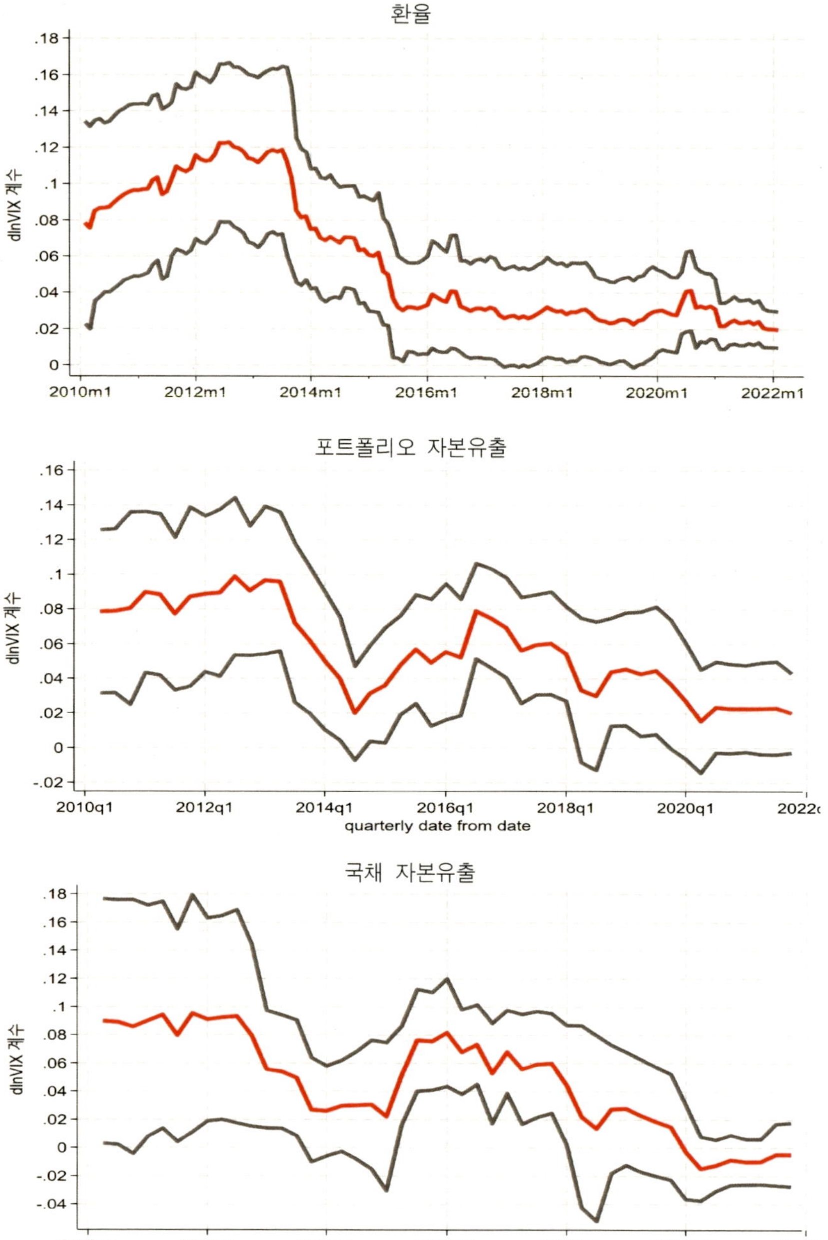

주: 5년 롤링 분석의 계수를 그린 것임. 회색선은 Newey-West 90% 오차범위임.
자료: 시카고선물거래소(CBOE); 한국은행 경제통계시스템; Datastream; FRED.

4-5]의 가장 상단의 그림은 대외충격에 따른 환율 절상의 계수를, 중단은 포트폴리오 자본유출입의 계수를, 하단은 외국인 국채 자본의 계수를 나타내고 있다. 이러한 그림 모두에서 우리는 전체적인 반응성의 규모가 지속적으로 감소하고 있다는 사실을 확인할 수 있다. 환율의 반응성의 경우 직전 5년의 기간에 글로벌 금융위기 기간이 포함되는 2013년까지 그 계수가 상승하는 것이 확인된다. 그러나 글로벌 금융위기 기간이 지난 이후에는 지속적으로 감소하고 있음을 확인할 수 있다. 코로나 보건위기 기간인 2020년 이후 소폭 상승하지만 과거 글로벌 금융위기 기간 이후의 반응성의 규모와 비교하였을 때는 매우 작은 규모임도 보인다.

포트폴리오 자본과 국채 자본의 계수도 전체적으로 비슷한 흐름을 보여주고 있음을 확인할 수 있다. 무엇보다도 2020년 이후 포트폴리오 자본이 대외불확실성에도 유입기조인 상황은 외환위기 혹은 글로벌 금융위기를 겪으며 큰 규모의 외국인 자본유출을 겪은 우리로서는 매우 주목할 만한 개선이다.

아울러 보건위기 이후 주식시장의 경우 외국인 자본이 유출 혹은 유입의 기조가 전환되며 지속된 것과 대비하여 우리 국채 자본의 경우 꾸준하게 유입기조가 유지되었는데, 이는 최근의 보고들과도 그 결을 같이하는 실증분석의 결과로서 주목할 만한 것이다.

마지막으로 이러한 변화들의 통계적 의미를 확인하기 위하여 우리 분석의 기점이 되는 2014년 3분기를 2년의 간격을 두고 2012년 3분기 혹은 2016년 3분기로 바꾸어서 그 강건성을 검증하도록 해보자.

즉, 동일한 분석을 다시 하되 지시함수의 기점을 각각 2012년 3분기 그리고 2016년 3분기로 바꾸어 보도록 한다. 국채 자본유출을 기준으로 보았을 때 2014년 3분기를 기점으로 나누는 것과 비교하여 보자. 2012년 3분기를 기준으로 전후를 비교하여 보았을 때 이전과 이후의 계수의 변화를 나타내는 지시함수와의 교차항의 통계적 유의성은 사라지는 것을 볼 수 있다. 다시 말하여 이러한 이전과 이후를 비교함에 있어 글로벌 금융위기 직후인 2012년을 상정하는 것은, 우리에게 통계적으로 유의미한 결과값을 제공하고 있지는 않은 것으로 보인다.

<표 4-7> 대외불확실성(VIX)과 자본유출입: 포트폴리오 및 국채(2012년 3분기 전후)

	포트폴리오 자본유출	국채 자본유출
	(1)	(2)
I.(2012년 3분기 이후)	0.018* (-0.051)	0 (-0.976)
dln(VIX)	0.067*** (-0.001)	0.075** (-0.033)
dln(VIX) × I.(2012년 3분기 이후)	-0.024 (-0.314)	-0.053 (-0.168)
미국채금리 인상	1.051 (-0.153)	2.551** (-0.04)
국채금리 인상	-1.39 (-0.214)	-3.008** (-0.032)
전기 실질GDP 성장률	-0.034 (-0.596)	-0.157** (-0.028)
위기기간	0.014 (-0.232)	-0.026 (-0.118)
시간트렌드	0.001 (-0.747)	0 (-0.856)
시간트렌드sq	0 (-0.678)	0 (-0.791)
관측치	75	75

주: 2003년 1분기부터 2021년 4분기까지 분석하였음. 괄호 안은 2기간 자기상관을 고려한 Newey-West 표준오차를 나타냄.

자료: 시카고선물거래소(CBOE); 한국은행 경제통계시스템; Datastream; FRED.

반면, 2016년 3분기를 기점으로 비교하는 경우 이전과 이후의 차이에 대해서 비교적 강건한 결과를 확인할 수 있다. 대외불확실성이 자본유출입에 미치는 영향을 추정함에 있어 과거와 대비하여 최근 유의미한 변화가 있는 것을 확인할 수 있다. 다만, 그 기점은 2012년 전후보다는 2014년 혹은 그 이후에 보다 강건하게 나타나고 있다는 점을 확인할 수 있었다.

지금까지 우리는 대외불확실성 충격이 환율 및 자본유출입에 미치는 영향에 대하여 살펴보았다. 무엇보다도 국채 등으로 대표되는 외국인 포트폴리오 자본유출의 규모는 과거 대비 최근 감소하고 있음을 알 수 있었다. 나아가 외국인 국채 수요가 이러한 현상에 기여하고 있다는 사실도

<표 4-8> 대외불확실성(VIX)과 자본유출입: 포트폴리오 및 국채(2016년 3분기 전후)

	포트폴리오 자본유출	국채 자본유출
	(1)	(2)
I.(2016년 3분기 이후)	0.015 (0.139)	0.011 (0.449)
dln(VIX)	0.072*** (0.000)	0.075** (0.019)
dln(VIX) × I.(2016년 3분기 이후)	-0.043** (0.033)	-0.061* (0.086)
미국채금리 인상	1.123 (0.134)	2.466* (0.058)
국채금리 인상	-1.332 (0.219)	-2.993** (0.034)
전기 실질GDP 성장률	-0.057 (0.348)	-0.150** (0.029)
위기기간	0.007 (0.637)	-0.025* (0.090)
시간트렌드	0.004 (0.134)	0.001 (0.472)
시간트렌드sq	-0.000 (0.126)	-0.000 (0.386)
관측치	75	75

주: 2003년 1분기부터 2021년 4분기까지 분석하였음. 괄호 안은 2기간 자기상관을 고려한 Newey-West 표준오차를 나타냄.
자료: 시카고선물거래소(CBOE); 한국은행 경제통계시스템; Datastream; FRED.

확인할 수 있었다. 다음 절에서는 이러한 실증분석을 해석하고 정책적인 함의를 찾아보도록 하자.

제3절 우리 채권시장 투자환경과 정책적 시사점

지금까지 우리는 VIX로 대표되는 대외충격이 자본유출입 및 환율에 미치는 영향에 대하여 고찰하였다. 특히 이러한 충격에 따른 자본유출과 환율의 상승(절하) 규모가 과거 대비 많이 개선되었음을 확인할 수 있었다. 본 절에서는 이러한 자본유출 규모가 변화한 근원적인 환경에 대하여 논의하고, 이러한 균형을 지키기 위한 정책적인 시사점에 대하여 논의하고자 한다.

1. 외국인 투자환경 개선과 국채시장

본 항에서는 외국인의 국채 수요가 이러한 개선에 기여한 이유에 대하여 고찰해 보도록 한다. 앞 절에서 살펴보았듯 대외불확실성이 대외자본 유출입에 미치는 영향이 과거 대비 지속적으로 감소하고 개선되어 왔음은 다수의 정책입안자 및 시장참여자들에게서 체감되어 오던 사실일 것이다.

무엇보다도 전체 순자본유입에서 중요한 부분을 차지하고 있는 포트폴리오 자본유출입과 국채 자본유출입이 2014년 이후 크게 동조화되었다는 사실을 상기하여 보자. [그림 4-3]에서 국채와 포트폴리오 자본유출의 변동성이 대략 2014년을 기점으로 매우 줄어들고 있음을 확인할 수 있었다. 이러한 두 변수 간에 공적분 관계가 존재한다고 상정하였을 때, 그리고 이러한 공적분 관계(cointegration vector)에 구조적 변화(structural break)가 존재한다고 가정하였을 때 그 시기를 추정하는 Gregory Hansen test를 진행하여 보았다. 이러한 경우 Augmented Dickey Fuller 기준에서 2014년 1분기가 3% 수준에서 유의미한 분절의 시기로 확인되었다. 이러한 결과는 우리가 순대외채권국으로 전환하였던 2014년 3분기와 유사하다. 전반적으로 2014년을 기점으로 전후를 비교하는 작업이 크게 무리가 되는 구분은 아니라고 판단된다.

다시 말해 이러한 외국인 국채 수요는 특히 2014년 이후 전체 포트폴리오 자본유입의 대부분을 차지하고 있으며, 2019년 이후의 지속적인 유입을 견인하고 있음을 알 수 있다. 아울러 2020년 보건위기 이후 분기 GDP의 5% 이상의 외국인 자본유입 규모를 기록하는 등 대외불확실성이 크게 확대되는 시기에 우리 채권시장으로 자본이 유입되는 등 과거 스위스, 일본 등의 대표적인 안전자산을 보유한 국가에서 확인되는 현상 등이 관찰되고 있음은 매우 고무적이다. 우리 원화표시 자산을 안전자산이라고 이해하는 것은 아직까지 시기상조일 것이나 적어도 안전자산의 지위를 향해 가는 모습으로 변화하고 있다는 점에 대해서는 많은 사람들이 동의할 수 있을 것이다.

그렇다면 이러한 과거 대비 대외불확실성의 영향이 축소 및 개선된 사실은 어떠한 요인에 기인한 것일까? 본고에서는 이러한 전환이 일어났던 구체적인 원인에 대해서 검증하고 있지는 않다. 그러나 원칙적으로 무엇이 이러한 전환을 가지고 왔는지에 대하여 논의해볼 수는 있을 것이다. 무엇보다도 장기간에 걸쳐 대규모 경상수지 흑자가 발생하면서, 2014년에 대외순자산국으로 전환됨에 따라 채무불이행에 대한 우려가 감소하였음도 이러한 개선에 기여하지 않았을까 추정하여 볼 수 있다. 경상수지 흑자 그 자체가 양호한 거시경제 여건을 반영한다고 말하기는 어려울 것이다. 그러나 우리 경제에 투자하는 외국인 투자자 입장에서는 투자대상 국가가 채권국인지 채무국인지가 대외건전성 측면에서 매우 중요한 요인 중 하나일 것이다. 과거에 급격한 자본유출을 겪은 다수의 신흥국에서 위기 직전 경상수지 적자를 기록하였는데, 이러한 상황이 외국인 투자자들의 투자 관련 인식에 부정적인 영향을 주고 있는 것은 엄연한 사실이다.[38]

아울러 비교적 낮은 인플레이션이 지속되면서 원화가치의 선제적 믿음(prior belief)에 근본적인 개선이 이루어져 왔던 점 역시 거론할 수 있을 것이다. 높은 인플레이션이 지속될 경우 원화 자산가치의 하락으로 이어지는 반면 낮은 인플레이션에 따라 원화표시 명목자산의 변동성이 줄어들고 가치가 안정되면서 외국인 투자자의 신뢰 형성에 기여하였다고 사료된다. 정부의 재정건전성 관리를 위한 노력 역시 원칙적으로 우리 국채의 펀더멘털에 대한 신뢰가 형성되는 데 기여했을 것으로 판단된다.

---

38 본문의 분석에서 다루지는 않았지만 우리 금융기관의 적극적인 대외투자도 글로벌 위기 상황에서 내국인에 의한 자본유입으로 나타나 대외부문의 안정에 기여하였다는 주장 역시 존재한다. Hansen and Krogstrup(2019)는 적극적인 내국인의 대외투자 규모가 증가함에 따라 국제금융시장이 불안정해지는 시점에서 외국인이 국내투자자금을 회수할 때 내국인 역시 대외투자를 회수하는 방식으로 작동하였다고 주장한다. 이러한 내국인의 기여에 따라 환율변동의 폭이 줄고, 외국인 자본유출의 부정적 영향을 상쇄하였다고 주장한다.

[그림 4-6] 국채 투자환경 관련 지표

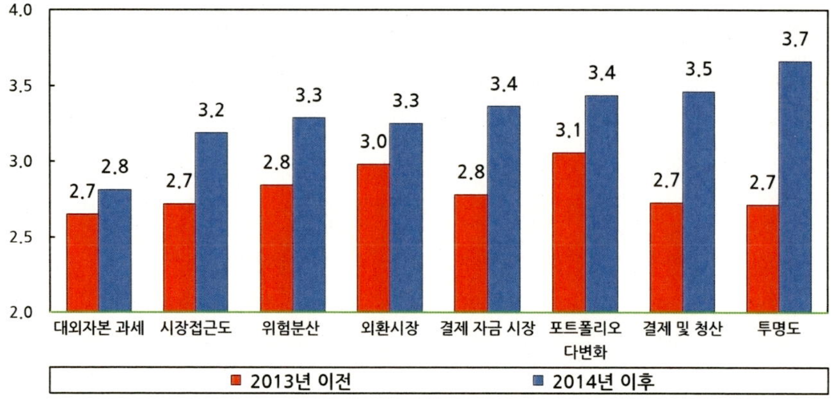

자료: Asia Bond Online, "Government Bond Market Structural Issues".

이에 따라 포트폴리오 자본유입이 외국인의 국채 수요를 중심으로 이루어져 있음에는 재정부문의 역할도 작지 않았음을 함의한다. 여타 국가에 비해 GDP 대비 낮은 국가채무를 유지한 점도 대외건전성 개선에 긍정적인 요인으로 작용하고 있다고 판단된다.[39]

이와 함께 한국 기업의 국제경쟁력 제고, 활발한 대외투자 등도 대외건전성의 개선에 기여하였을 것으로 사료된다. ICT 산업을 중심으로 국제경쟁력을 유지하면서 한국경제의 경제펀더멘털이 양호한 수준을 지속한 점이 글로벌 투자자의 신뢰 형성에 기여하였을 것이다. 2020년 이후 외국인 자본이 유입되었던 상황은 코로나19 위기 국면에서 전 세계적으로 디지털 경제가 가속화되면서 반도체 등을 위시하는 우리 주력 산업의 미래에 대한 긍정적인 기대가 형성되었음에 기인하였을 것이다. 경제 전반에서의 국제경쟁력 유지는 한 나라의 화폐와 이러한 화폐로 표시되는 자산가치를 안정적으로 유지하는 데 가장 근원적인 요인이다.

이러한 전반적인 개선은 외국인 투자자들의 우리 국채 투자환경 관련 지표에서도 확인된다. [그림 4-6]은 서베이 데이터를 바탕으로 작성된 외국

39 글로벌 금융위기 이후 도입된 외환건전성 정책이 단기 자본유출입의 변동성 감소에 기여하였다는 주장도 존재함을 확인해 둔다.

인 투자자들의 우리 국채 투자환경 관련 지표들을 보여준다. 2013년 이전과 비교하였을 때 대외자본 과세, 시장접근도, 위험분산, 외환시장, 결제 자금 시장, 포트폴리오 다변화, 결제 및 청산의 용이성, 전체 투자환경의 투명성 등의 지표에서 대부분 높은 개선을 이루고 있음이 확인된다.[40]

외환시장의 투명성을 높이는 노력은 국가 간 자본거래의 활성화로 이어지며, 우리 원화표시 자산가치에 대한 불확실성이 감소하는 선순환구조로 정착될 수 있을 것이다. 자산시장에 대한 투명성이 높아지고, 결제 및 청산 과정의 편의성이 증가하는 등 지속적인 투자환경 개선을 위한 노력이 우리 국채 등의 자산에 외국인 자본을 유입하는 데 주요하게 기여하고 있다고 판단된다. 이러한 전반적인 개선을 통하여 우리 국채로 대표되는 채권시장의 투자여건이 지속적으로 개선되고, 이러한 결과 대외불확실성에 따른 변동성이 감소하는 모습으로 개선되어 온 것이라고 주장하는 바이다.

2. 정책적 시사점

마지막으로, 그렇다면 이러한 개선된 상황을 지속적으로 지켜나가고 더욱더 발전시키기 위해서 필요한 정책은 무엇일까?

제일 먼저 우리는 외환보유액의 운용에 있어 이러한 개선된 상황을 반영하고 있다는 사실부터 상기하고자 한다. 우리 경제의 외환보유액은 글로벌 금융위기 이후 일정 규모(GDP 대비 약 25%)에 도달한 후 그 수준이 크게 증가하지 않고 지속적으로 유지되고 있다는 사실을 먼저 밝혀두는 바이다. 이러한 사실은 외환위기 직후 소진된 외환보유액을 글로벌 금융위기 직후 GDP의 25% 규모까지 매우 빠르게 쌓아 왔던 과거의 기조와는 매우 대비되는 바이다. 높은 외환보유액 규모는 대외건전성에 긍정적으로 작용할 것으로 기대된다. 외환위기가 외환보유액의 소진에 따른 글로벌 헤지펀드의 환위험 절하 공격에 따라 촉발된 바 있다는 점에

40 거시건전성 3종 세트로 대표되는 대외건전성 정책이 일정 부분 유지되고 있다는 점에서 대외자본 과세 부문의 개선 정도가 다소 낮은 것으로 판단된다.

서 우리 경제가 빠르게 외환보유액을 쌓아 올린 것은 긍정적으로 평가할 수 있을 것이다.

그러나 이러한 외환보유액의 급격한 확대가 원화절하 압력으로 작용하는 경우, 수출물가 혹은 수입물가에 영향을 미칠 수 있다. 예를 들어 원화의 가치를 낮추는 압력으로 작용하는 경우 우리 경제의 수입물가를 높일 가능성이 있는 것이다. 아울러 외환보유액 확보를 위하여 발행된 통화안정증권 등이 대내 자본 배분과 기업투자에도 영향을 미칠 가능성도 존재한다.[41] 우리 경제의 펀더멘털에 대한 대외투자자의 신뢰가 견실하게 확보되고 있는 현시점에서 외환보유액을 통한 대외변동성 관리의 필요성은 매우 낮아진 상황이다. 외환보유액을 중앙은행의 대외 안전자산 유출이라는 관점에서 이해하는 경우 공공부문의 자본유출입으로 이해할 수 있을 것이다. 즉, 외국인의 자본유출에 대비하는 우리 공공부문의 자본유입으로 이해할 수 있다.

<표 4-9>에서는 이러한 관점에서 대외불확실성이 외환보유액의 운용에 미치는 영향을 확인할 수 있다. <표 4-9>의 (3)에서 우리는 2014년 3분기 이전까지 대외불확실성에 따라 외국인 자본이 유출되는 상황에 대응하기 위하여 외환보유액을 급격히 감소(내국인의 자본유입)시키고 있음을 확인할 수 있다. 대외불확실성이 1% 확대되는 경우 2014년 2분기 이전까지는 외환보유액을 0.082%p 유입함으로써 대응하지만 2014년 3분기 이후에는 0.017%p(=0.082%p－0.065%p)만을 유입함을 알 수 있다. 즉, 2014년 이후 불확실성에 대응하기 위하여 외환보유액을 매도하는 규모가 상당 부분 감소하였다.

이러한 변화의 근저에는 앞 절에서 살펴보았던 기업경쟁력과 거시정책 운용에 대한 대외투자자들의 긍정적인 평가가 존재할 것이다. 한국 기업의 국제경쟁력에 기반한 한국의 양호한 경제 펀더멘털이 한국 자산가치의 안정에 기여하는 한편, 정책 개입의 필요성이 축소되고 투명성의 제고로 이어져, 대외투자자의 신뢰가 향상되는 상황이다. 이러한 우리의 현

41 이에 대한 내용은 Choi *et al.*(2023)에서 확인할 수 있다.

<표 4-9> 대외불확실성(VIX)과 외환보유액

	외환보유액 증감		
	(1)	(2)	(3)
I.(2014년 3분기 이후)			-0.005 (0.442)
dln(VIX)	-0.049*** (0.004)	-0.083*** (0.001)	-0.082*** (0.001)
dln(VIX) × I.(2014년 3분기 이후)		0.066** (0.013)	0.065** (0.014)
미국채금리 인상	0.052 (0.950)	-0.213 (0.780)	-0.147 (0.853)
국채금리 인상	1.015 (0.301)	0.870 (0.308)	0.816 (0.354)
전기 실질GDP 성장률	0.020 (0.812)	0.058 (0.379)	0.057 (0.385)
위기기간	-0.030* (0.075)	-0.022 (0.201)	-0.022 (0.203)
시간트렌드	-0.003 (0.215)	-0.003 (0.205)	-0.003 (0.103)
시간트렌드sq	0.000 (0.299)	0.000 (0.275)	0.000 (0.130)
관측치	75	75	75

주: 괄호 안은 2기간 자기상관을 고려한 Newey-West 표준오차를 나타냄.
자료: 시카고선물거래소(CBOE); 한국은행 경제통계시스템; Datastream; FRED.

상황은 여타의 선진국에서 이루어지고 있는 좋은 균형점에 근접하였다고 판단된다. 우리 기업의 생산성을 비롯한 거시경제 펀더멘털의 근본적인 개선은 환율 절하 운용 가능성을 낮추고 이에 따라 원화의 가치가 지켜진다면 우리 채권시장에 대한 외국인 투자자들의 견고한 신뢰가 형성될 수 있을 것이다. 이는 나아가 우리 경제로의 자본유입으로 이어져 다시 기업환경이 개선되는 선순환의 구조를 이룰 것이다. 현재 한국 국채가 다른 국가의 외환보유액에 편입되어 있는 규모는 2020년 말 기준 810억 달러 규모로, 미국 달러화 외의 기타 통화로서는 상당히 높은 수준이다.[42] 이러한 현상들은 우리가 어느 정도 좋은 선진국 균형에 근접한 상

42 Arslanalp, Eichengreen and Simpson-Bell, "The Stealth Erosion of Dollar Dominance: Active

황임을 역설하고 있을 것이다.

단기적으로는 대외건전성을 지속적으로 유지하기 위하여 환율 및 자본유출을 면밀히 모니터링하고, 갑작스러운 금융시장의 불안에 대비해야 하는 정책당국의 역할이 중요하다. 코로나 보건위기 등 이례적이고 급격한 대외 충격에는 언제나 적극적으로 대응할 필요성이 있을 것이다. 정책당국은 글로벌 불확실성이 확대되고 있는 상황을 엄중히 인식하고, 외국인 투자자의 급격한 이탈이 예상되는 경우 외환건전성 정책 등을 적극적으로 운용해야 할 것이다.

그러나 중장기적으로는 인플레이션 및 재정을 안정적으로 관리하고 외환시장 접근성 개선을 위한 노력을 지속해야 할 것이다. 이를 통하여 공공부문보다는 민간부문에 의하여 견인되는 기업의 국제경쟁력 강화로 이어질 수 있도록 환경을 조성하는 것이 가장 주요한 정책적 방향이 될 것이다. 최근의 높은 인플레이션과 국가채무의 급증을 관리하는 정책은 한국 거시경제 안정을 위해 필요할 뿐만 아니라 대외건전성을 유지하는 핵심 요인이다. 아울러 기업경쟁력 확보를 위하여 규제시스템을 개혁하고 인프라 투자를 통하여 경제활력을 제고하여 우리 화폐 가치의 근간인 거시경제 펀더멘털을 개선할 필요성을 거듭 역설하는 바이다. 대외건전성은 소규모 개방경제의 안정적인 운용을 위하여 무엇보다도 필요한 정책일 것이다. 그러나 기업경쟁력의 근원적인 개선과 그에 따른 펀더멘털의 신뢰가 형성되고 과도한 공공부문의 개입을 지양하는 기조가 이러한 신뢰를 지켜 나가는 길이라고 주장하는 바이다.

제4절 결 론

본 보고서는 대외불확실성이 대내외 자본이동에 미치는 영향을 국채의 관점에서 고찰하였다. 외국인 투자자들의 위험선호로 대표되는 대외불확

Diversifiers and the Rise of Nontraditional Reserve Currencies," IMF Working Paper, 2022.

실성은 급격한 자본유출입과 환율의 변동을 가져오는 가장 주요한 원인이 된다. 그러나 최근 신흥국의 문턱을 지나 선진국으로 도약하는 과정에서 우리 경제가 마주하는 대외변동성에 근본적인 변화가 생겼다는 주장이 지속적으로 제기되고 있다.

본고에서는 이러한 대외불확실성의 변동이 우리 경제의 외국인 자본유출입과 환율에 미치는 영향을 살펴보았다. 이러한 영향이 최근 들어 변화하였음을 살펴보고, 특히 외국인의 국채 수요가 이러한 변화의 중심에 있음을 확인하였다. 실증분석에서 우리는 외국인 투자자들의 위험선호 현상으로 대표되는 VIX가 자본유출입과 환율에 미치는 규모가 지속적으로 감소하고 있음을 확인하였다. 즉, VIX가 증가함에 따라 외국인 자본이 유출되고 환율이 상승(절하)하는 규모가 과거 대비 감소하고 있음을 확인하였다. 특히 2015년을 전후로 나누어 살펴보는 경우 통계적으로 유의미한 변화를 확인할 수 있다. 아울러 이러한 변화는 외국인의 국채 투자에서도 관찰된다. VIX가 증가하는 상황에서 2015년 이전에는 외국인의 국채 투자가 유의미하게 감소하였으나 이후에는 이러한 현상이 관찰되고 있지 않음을 확인할 수 있다.

상기의 실증분석 결과는 금융시장 참여자 및 정책담당자들에게서 널리 체감되고 있는 경험적 사실을 학술적으로 엄밀한 방법론을 사용하여 검증하였다는 점에서 의의가 있을 것이다. 원화표시 채권시장이 다른 신흥국 시장에 비하여 비교적 안정적인 가치를 유지하고 있음은 시장 참여자들에게 우리 자산이 안전자산의 지위를 향해 점진적으로 나아가고 있다는 평가를 가능하게 할 것이다.

제5장

결 론

김 미 루 (한국개발연구원)

코로나19 대응을 위한 확장적 재정정책 강도의 적절성에 대한 이론의 여지는 있을 수 있으나 확장적 재정정책 자체가 불가피한 상황이었음을 부인하기는 어렵다. 추가적인 세수를 기대하기 어려운 상황에서 시행한 확장적 재정정책은 필연적으로 국고채발행을 증가시켰다. 또한 이는 일시적인 현상이 아닌 저출산과 고령화에 따라 점차 심화되고 장기화될 수 있는 문제이다. 이 상황에서 국고채발행 증가의 영향을 면밀히 살펴보고, 대내외 수요에 영향을 미칠 수 있는 요소를 찾아보는 것은 매우 중요한 연구라 할 수 있다.

이에 따라 본 연구에서는 우리나라 국채시장의 제도적 특성하에서, 최근 국채 발행량 급증이 야기한 제반 문제를 탐구하고, 더욱 중요해진 대내·대외 국채 수급 문제를 탐구하였다.

먼저 국고채 발행량 증가가 수익률 곡선에 미친 영향과 시장금리 급등에 대응하기 위한 국고채 조기상환(buy-back) 정책의 효과를 살펴보았다. 분석 결과에 따르면, 국고채발행이 1조원 증가할 때 국고채 수익률은 약 2.5~2.9bp 상승하며, 이러한 현상은 국고채 발행량이 빠르게 증가한 코로나19 이후 더 두드러지고 국고채 수요 저변이 비교적 부족한 중장기물에서 더욱 크게 나타난다. 한편, 1조원 규모의 국고채 조기상환(buy-back)이 실시되면 국고채 수익률은 약 1.9~2.1bp 감소한다. 특히 국고채 조기상환의 경우 시장에서 미리 예측하고 있는 정례 바이백의 효과보다는 긴급 바이백의 효과가 유의미하게 나타났다. 또한 국고채 바이백에 따른 수익률 감소의 영향도 발행량 증가에 따른 수익률 증가의 영향과 마찬가지로 상대적으로 수요 기반이 적은 중장기물에서 더욱 크게 나타났다.

국고채 바이백이 수익률 곡선에 미치는 영향에 대한 연구는 최근 주요국의 급격한 정책금리 인상에 따른 시장금리 상승 국면에서도 중요한 시사점을 갖는다. 2022년 9월 말~10월 영국의 국채시장은 대규모 감세안 발표 및 철회, 무제한 양적완화 시행 및 종료에 따른 매우 큰 변동성을 경험했다. 9월 23일 영국은 대규모 감세안을 발표하였다. 감세안 발표 전일인 22일에 영국 10년물 길트채 금리는 3.50%였으나 9월 23일 감세안 발표 후 3.83%로 하루 만에 33bp 급등했다. 이후 연이틀 급등을 지속하여 9월 27일에는 4.51%까지 치솟았다. 그러나 9월 28일 영란은행의 무제한 양적완화 발표 직후 4.01%로 하루 만에 50bp 급락하며 마감했다. 이후 무제한 양적완화 종료, 대규모 감세안 철회 발표가 될 때마다 급등락을 반복하여 높은 변동성을 보였다. 중앙은행의 양적완화 정책과 정부의 바이백 간에는 발권력을 동원하는가 아닌가에 따른 본질적인 차이가 존재하지만 국고채를 매입하는 양적완화의 규모에 따라 국고채 수익률이 얼마나 변할 수 있는지에 대한 지표가 될 수 있다. 또한 최근 미국의 경우 일본 등 외국에서 보유하는 미국채 매도세가 증가함에 따라 장기물 위주로 국고채 금리가 빠르게 증가하고 이것이 미국의 주택담보대출금리 등 시장금리의 상승으로 이어졌다. 이에 따른 부작용을 완화하기 위해 미국의 재무부는 국고채 바이백 시행계획을 발표하였다. 이러한 사례들도 국고채 바이백에 따른 국고채 수익률 감소에 대한 연구가 시장안정을 위한 적절한 규모의 양적완화와 바이백 규모를 결정하는 데 중요한 역할을 함을 시사한다.

또한 본 연구는 금융건전성 규제가 국고채 수요에 미치는 영향에 대해 분석하였다. 본 연구의 분석 결과, 증권사의 콜시장 참여를 자기자본 대비 25% 이하로 제한하고 그 이후 원칙적으로 배제한 결과를 모두 합산하면 증권사의 국고채 수요가 증대됨에 따라 대략 10.8~12.5bp 내외로 국고채 수익률이 감소한다. 한편, LCR 규제가 단계적으로 도입됨에 따라 은행의 국고채 수요도 증가하고, 그 결과 국고채 수익률은 약 6.1~7.3bp 내외로 감소한다. 특히 두 정책 모두 단기물에서 수익률 감소의 효과가 좀 더 큰 것으로 나타나는데, 이는 증권사나 은행 모두 장기 국고채보다는 주로 단기 국고채를 수요하기 때문으로 사료된다. 이러한 결과는 시장금리가 급격히 변동하는 시기에 결국 금융안전성 규제를 담당하는 금융위원회와 국고채발행을 담당하는 기획재정부 간에 긴밀한 소통이 필요함을 시사한다.

마지막으로 본 연구에서는 국고채 대외 수요와 관련하여 대외불확실성의 변동이 우리 경제의 외국인 자본유출입과 환율에 미치는 영향을 살펴보았다. 특히 이러한 영향이 최근 들어 변화하였음을 살펴보았다. 실증분석 결과, 최근으로 올수록 외국인 투자자들의 위험선호 현상으로 대표되는 VIX가 자본유출입과 환율에 미치는 영향이 지속적으로 감소하고 있음을 알 수 있었다. 즉, VIX가 증가함에 따라 외국인 자본이 유출되고 환율이 상승(절하)하는 규모가 과거 대비 감소하고 있음을 확인하였다. 특히 순대외금융자산 규모가 양수로 전환된 다음해인 2015년을 전후로 나누어 살펴보는 경우 통계적으로 유의미한 변화를 확인할 수 있다. 아울러 이러한 변화는 외국인의 국채 투자에서도 관찰된다. VIX가 증가하는 상황에서 2015년 이전에는 외국인의 국채 투자가 유의미하게 감소하였으나 이후에는 이러한 현상이 관찰되고 있지 않음을 확인할 수 있었다.

또한 국고채 발행량 증가에 따른 국고채 수익률 상승, 그로 인한 기업 및 가계의 조달금리 상승의 부작용을 최소화하기 위해서는 추가적인 외국 자본의 유입을 도모해야 한다. 이를 위해 정부는 최근 세계국채지수(WGBI) 편입을 도모하고 있다. 선행연구에 따르면, 세계국채지수에 편입하게 되면 60~90조원 규모의 외국자본이 추가로 국내에 도입되고, 이는 국채 발행량 증가에 따른 금리 상승 및 민간 부채 구축효과의 감소를 야기한다.[43] 물론 이 과정에서 위험 선호가 전환되는 시기에 급격한 외국자

43 2020년 금융연구원은 약 50~60조원의 외국인 국채 투자 유입이 이루어질 것으로 추정했고, 최근 IB 및 국내증권사 등은 국채 발행잔액, 환율 등을 감안한 자금 유입 규모를

본 유출 가능성이 증가하지 않는지에 대한 검토가 수반되어야 하는데, 본 연구의 결과는 그 우려가 점차 감소하고 있음을 시사한다.

한편, 향후 본 연구를 기반으로 공사채, 회사채 등의 채권과 국고채 사이의 상호 영향에 관한 연구를 진행해 볼 수 있다. 예를 들어, 한전채와 주금공의 MBS와 같은 공사채의 발행량은 국고채 수요에 영향을 미칠 수 있다. 이에 따라 본 연구의 모형에 공사채 발행량을 통제하여 국고채 발행량이 국고채 금리에 미치는 영향의 변화를 분석해 볼 수 있다. 이를 바탕으로 국고채 발행 전략을 수립하여 효율적인 재정 운영에 활용할 수 있을 것으로 사료된다.

본 연구는 통계적 모형 기반의 MF-DNS 모형을 활용하여 국고채발행이 국채 금리에 미치는 영향을 분석하였는데, 기존 연구 중에는 무재정차익거래(no-arbitrage) 조건하에 확률적 할인인자(stochastic discount factor)를 기반으로 하는 수익률 곡선 모형에 대한 연구도 있다(Affine term structure 모형). 확률적 할인인자 기반 모형에서는 위험 프리미엄의 동태적 변화가 수익률 곡선에 직접적인 영향을 미치며, 이에 따라 국채 금리의 만기별 기간프리미엄 추정이 가능하다. 통화정책 수립에 있어서, 기간프리미엄 추정은 시기별 기대기준금리 경로(expected short-term rate)를 추정할 수 있다는 점에서 중요하다. 향후 연구주제로서 확률적 할인인자 기반 모형을 활용, 국고채 발행 및 바이백의 기간프리미엄에 미치는 영향 분석을 통해 통화정책 및 거시경제환경 변화에 따른 국고채 발행 및 운영 전략 수립을 고려해 볼 수 있다.

또한 국고채 대내 수요와 관련한 향후 연구주제로서, 우선 보험사의 IFRS17 도입 및 신지급여력제도(K-ICS)가 국고채 수요에 미치는 영향을 고려해 볼 수 있다. 2023년 시행 예정인 IFRS17 국제회계기준이 도입되면서 보험사의 부채평가, 사업비 및 수익인식 등에 변화가 예상된다. IFRS17에 따른 중요한 변화는 보험부채의 시가평가 도입이다. 이에 따라 보험사의 자산-부채 듀레이션 불일치가 증가하게 되며, 이에 대응하여 보

60~90조원 수준으로 추정하였다(기획재정부, 「한국, 세계국채지수(WGBI) 관찰대상국(Watch List) 등재」, 보도참고자료, 2022. 9. 30).

험사의 국고채 장기물 보유가 증가하게 되었다. 따라서 효율적인 국고채 발행 및 수급 계획 수립을 위해 IFRS17 도입이 국고채 수요 및 수익률에 미치는 영향에 대한 분석이 필요하다.

금융건전성 규제가 국고채 수익률에 미치는 영향은 규제 도입 시기 국고채 발행 규모에 영향을 받을 가능성이 크다. 본 연구에서는 국고채 발행량을 통제하기 때문에 국고채 발행량의 직접적인 영향은 통제되지만 국고채 잔액 및 발행 규모에 따라 국고채 수요의 가격탄력성은 다를 수 있다. 예를 들어, 현재는 85% 수준으로 유예되어 있는 LCR 규제를 2023년 6월까지 92.5%까지 상승시키는 단계적 정상화가 예정되어 있는데, 이때 시중은행들은 LCR 규제를 충족시키기 위해 추가적으로 국고채를 수요하게 된다. 만일 이때 국고채 발행량이 충분하지 않다면 국고채 가격이 빠르게 상승할 가능성이 있고, 이는 국고채 금리가 빠르게 하락할 수 있음을 의미한다. 반면 LCR 규제가 정상화되는 과정에서 국고채 발행 규모가 충분하다면 국고채 금리의 빠른 하락은 나타나지 않을 수 있다.

만일 LCR 규제가 정상화되는 과정에서 국고채 발행량이 충분하지 않고 2022년의 경우처럼 高인플레이션이 유지된다면 기준금리를 추가적으로 인상하여도 국고채 금리의 하락으로 인한 시장금리의 하락으로 중앙은행이 의도하는 만큼 통화정책이 긴축적으로 운용되지 않을 수 있다. 이는 통화정책의 효율성을 높이기 위해서도 통화정책과 금융건전성 규제 그리고 국고채 발행 규모 등이 서로 유기적으로 소통하며 운용될 필요가 있음을 암시한다.

한편, 정부는 국고채 추가 발행을 계획하며 관련 규제를 도입 혹은 조정함으로써 국고채 수요를 조절하기도 한다. 서론에서 언급한 2020년 미 연준의 보완적 레버리지 비율 조정이 대표적인 예이다. 이 또한 금융건전성 규제와 국고채 발행 규모 및 시기 결정 등이 유기적으로 운용될 필요가 있음을 시사한다.

본 연구에서는 유사한 금융건전성 규제가 국고채 발행량이 적은 시기와 많은 시기에 모두 시행된 선례가 없어서 금융건전성 규제가 국고채 수익률에 미치는 영향이 국고채 발행 규모에 따라 달라지는 것을 실증적으로 식별할 수 없었다. 하지만 금융건전성 규제 도입 시 국채발행 규모 결정을 어떻게 하는 것이 최적일지에 대한 시사점을 얻기 위해 향후에 진행할 필요가 있는 매우 중요한 연구주제라 할 수 있다.

또한 향후 연구주제로 코로나19 이후 LCR 유연화 조치가 국고채 수요에 미친 영향 분석을 고려해 볼 수 있다. 코로나19 위기 대응에 따라 LCR 규제를 완화함에 따라 일반은행 중 기존 LCR 규제인 100% 미만으로 내려온 은행의 비율이 증가하였다(그림 3-15). 본 연구의 분석 결과로 미루어 짐작해보면, 향후 LCR 규제가 정상화되는 과정에서 은행의 국고채 수요가 증가하고, 그 결과 국고채 수익률 감소를 야기할 수 있다. 따라서 이에 대한 분석을 향후에 진행할 필요가 있다.

마지막으로, 향후 연구주제로 금융건전성 규제 도입에 따른 금융시스템 리스크(system risk)에 대한 영향 분석을 고려해 볼 수 있다. 금융건전성 규제 도입의 일차적 목표는 금융시스템의 안전성 유지에 있다. 따라서 개별 금융기관 또는 금융시장에 대한 규제 도입이 전체 금융시스템의 안정성에 미치는 영향에 대한 분석이 필요하며, 더 나아가 금융시스템 리스크와 국고채 수요 간의 관계에 대한 추가적인 연구를 고려해 볼 필요가 있다.

참고문헌

강규호 · 오형석, 「미국 장기시장금리 변동이 우리나라 금리기간구조에 미치는 영향 분석 및 정책적 시사점」, 『BOK 경제연구』, 제2015-2호, 2015, pp.1~32.

강동익 · 이환웅 · 강규호, 「2021 조세특례 예비타당성평가 개인투자용 국채상품 도입방안」, 『기획재정부 용역보고서』, 2021.

구병수, 「베이지안 변수선택을 이용한 한국 수익률곡선 추정」, 『경제분석』, 제26권 제1호, 2020.

국회예산정책처, 「2022년도 제2회 추가경정예산안 분석」, 2022.

금융위원회, 「은행업감독규정 · 세칙 변경예고 — 금융규제 개혁방안 후속조치(예대율 합리화 등) 및 은행의 위기대응능력 강화(LCR 도입)」, 보도자료, 2014. 8. 27.

______, 「보험 자본건전성 선진화 추진단 9차 회의 개최」, 보도자료, 2022. 2. 24.

금융위원회 · 금융감독원, 「코로나19 대응을 위한 금융규제 유연화 방안」, 보도자료, 2020. 4. 16.

기획재정부, 『국채 2016』, 2017.

______, 「제14차 국고채 매입 입찰결과」, 보도자료, 2018. 12. 12.

______, 「[보도참고] 적자국채 추가발행 등에 대한 신재민 前사무관의 주장 관련」, 보도자료, 2019. 1. 1.

______, 「2020년 국고채 발행계획 및 제도개선 방안」, 보도자료, 2019. 12. 23.

______, 「2022년 국고채 발행계획」, 보도자료, 2021. 12. 24.

______, 「한국, 세계국채지수(WGBI) 관찰대상국(Watch List) 등재」, 보도참고자료, 2022. 9. 30.

______, 『국채 2021』, 2022.

김동헌 · 이명재, 「일별 콜금리 분석」, 『경제분석』, 제14권 제4호, 2008, pp.85~112.

박정희, 「바젤III 단기유동성비율(LCR)규제가 국내은행 대출에 미친 영향: 중소기업대출을 중심으로」, 『중소기업금융연구』, 제40권 제4호, 2020, pp.67~96.

백인석 · 주현수 · 황세운 · 서현덕, 『단기자금시장 구조개편에 대한 평가와 정책과제』, 연구총서 15-04, 자본시장연구원, 2015.

신현열, 「단기 유동성비율 규제(LCR)와 통화정책 간의 상호작용 경로」, BOK 경제리뷰, 제2014-6호, 2014.

윤재호, 「SVAR(structural VAR)를 이용한 거시 · 금융 기간구조(Macro-finance term structure) 모형 분석」, 『금융경제연구』, 제466호, 2011.

임형석, 『콜시장의 지준시장화에 따른 콜금리 움직임 분석』, KIF 연구보고서 2010-06, 2010.

정현석 · 강규호, 「미국 시장금리가 우리나라 수익률곡선에 미치는 비대칭적 영향 분석」, 『경제학연구』 제65권 제4호, 2017, pp.159~202.

최우진, 『대외 충격이 신흥국에 미치는 영향: 미국의 금리 충격과 총자본유출입을 중심으로』, 정책연구시리즈 2019-21, 한국개발연구원, 2019.

한국은행, 「금융안정 상황(2021년 3월)」, 보도자료, 2021. 3. 25.

______, 『금융안정보고서』, 2021. 12.

______, 『금융안정보고서』, 2022. 6.

Altavilla, Carlo, Giacomo Carboni, and Roberto Motto, "Asset Purchase Programmes and Financial Markets: Lessons from the Euro Area," ECB Working Paper, No. 1854, 2015.

Ang, A. and M. Piazzesi, "A No-arbitrage Vector Autoregression of Term Structure Dynamics with Macroeconomic and Latent Variables," *Journal of Monetary Economics*, 50, 2003, pp.745~787.

Ang, A., M. Piazzesi, and M. Wei, "What Does the Yield Curve Tell Us about GDP Growth," *Journal of Econometrics,* 131, 2006, pp.359~403.

Arslanalp, Serkan, Barry Eichengreen, and Chima Simpson-Bell, "The Stealth Erosion of Dollar Dominance: Active Diversifiers and the Rise of Nontraditional Reserve Currencies," IMF Working Paper, No.WP/22/58, 2022.

Asian Development Bank, "Asia Bond Monitor: June 2021," 2021.

Baskaya, Yusuf S., Julian di Giovanni, Sebnem Kalemli-Ozcan, Jose-Luis Peydro, and Mehmet Ulu, "Capital Flows and the International Credit Channel," *Journal of International Economics*, 108, 2017, pp.s15~s22.

Bauer, Michael and Christopher Neely, "International Channels of the Fed's Unconventional Monetary Policy," Federal Reserve Bank of St. Louis Working Paper, No. 2012-028A, 2012.

Bauer, Michael and Glenn Rudebusch, "The Signaling Channel for Federal Reserve Bond Purchases," Federal Reserve Bank of San Francisco Working Paper,

No. 2011-21, 2011.

Bech, Morten L. and Todd Keister, "On the Economics of Committed Liquidity Facilities," BIS Working Paper, No. 439, 2014.

Bernanke, Ben, "Financial Crisis Inquiry Commission Closed Session," Financial Crisis Inquiry Commission, 2009.

Bindseil, Ulrich and Jeroen Lamoot, "The Basel III Framework for Liquidity Standards and Monetary Policy Implementation," SFB 648 Discussion Paper, No. 2011-041, 2011.

Boissel, Charles, Frannois Derrien, Evren Ors, and David Thesmar, "Sovereign Crisis and Bank Financing: Evidence from European Repo Market," Working Paper, 2014.

Bonner, Clemens and and Cylvester C. W. Eijffinger, "The Impact of the LCR on the Interbank Money Market," CEPR Discussion Paper, No. 9124, 2012.

Brunnermeier, Markus K. and Lasse Heje Pedersen, "Market Liquidity and Funding Liquidity," *Review of Financial Studies,* 22(6), 2009, pp.2201~2238.

Chadha, Jagjit, Philip Turner, and Fabrizio Zampolli, "The Interest Rate Effects of Government Debt Maturity," BIS Working Paper, No. 415, 2013.

Christensen, Jens and Glenn Rudebusch, "The Response of Interest Rates to US and UK Quantitative Easing," *The Economic Journal,* 122(564), 2012, pp.385~414.

Christensen, Jens and Glenn Rudebusch, "Modeling Yields at the Zero Lower Bound: Are Shadow Rates the Solution?" *Advances in Econometrics,* 35, 2016, pp.75~125.

Choi, Woo Jin, "Effect of US Monetary Policy on Gross Capital Flows: Cases in Korea," *KDI Journal of Economic Policy*, 42(4), 2020.

Choi, Woo Jin, Ju Hyun Pyun, and Youngjin Yun, "Firm Investment and Bank Credit Reallocation Channel of International Reserves: Evidence from Matched Bank-Firm Data," manuscript, 2023.

Churm, Rohan, Michael Joyce, George Kapetanios, and Konstantinos Theodoridis, "Unconventional Monetary Policies and the Macroeconomy: The Impact of the United Kingdom's QE2 and Funding for Lending Scheme," London: Bank of England Staff Working Paper, No. 542, 2015.

Copeland, A., Darrell Duffie, Antoine Martin, and Susan McLaughlin, "Policy Issues in the Design of Tri-party Repo Market," Working Paper, 2011.

D'Amico, Stefania, William English, David Lopez-alido, and Edward Nelson, "The Federal Reserve's Large-scale Asset Purchase Programmes: Rationale and Effects," *Economic Journal,* 122(564), 2012, pp.415~446.

D'Amico, Stefania and Thomas King, "Flow and Stock Effects of Large-Scale Treasury Purchases: Evidence on the Importance of Local Supply," *Journal of Financial Economics*, 108(2), 2013, pp.425~448.

De Rezende, Rafael, David Kjellberg, and Oskar Tysklind, "Effects of the Riksbank's Government Bond Purchases on Financial Prices," *Economic Commentaries*, 13, 2015.

Diebold, F. X., G. D. Rudebusch, and B. Aruoba, "The Macroeconomy and the Yield Curve: A Dynamic Latent Factor Approach," *Journal of Econometrics*, 131, 2006, pp.309~338.

Duffie, G. R., "Term Premia and Interest Rate Forecasts in Affine Models," *Journal of Finance*, 57, 2002, pp.405~443.

di Giovanni, Julian, Sebnem Kalemli-Ozcan, Mehmet Ulu, and Yusuf S. Baskaya Mehmet Ulu, "International Spillovers and Local Credit Cycles," *The Review of Economics Studies*, 2021, pp.1~41.

Fukunaga, Ichiro, Naoya Kato, and Junko Koeda, "Maturity Structure and Supply Factors in Japanese Government Bond Markets," *Monetary and Economic Studies*, 2015.

Gagnon, Joseph E., "Quantitative Easing: An Underappreciated Success," *Policy Brief*, No. PB16-4, 2016.

Gagnon, Joseph, Matthew Raskin, Julie Remache, and Brian Sack, "The Financial Market Effects of the Federal Reserve's Large-Scale Asset Purchases," *International Journal of Central Banking,* 7(1), 2011, pp.3~43.

Gorton, Gary and Andrew Metrick, "Securitized Banking and the Run on Repo," *Journal of Financial Economics,* 104(3), 2012, pp.425~451.

Greenwood, Robin and Dimitri Vayanos, "Bond Supply and Excess Bond Returns," NBER Working Paper, No. 13806, 2008.

Grisse, Christian and Thomas Nitschka, "On Financial Risk and the Safe Haven Characteristics of Swiss Franc Exchange Rates," *Journal of Empirical Finance*, 32, 2015, pp.153~164.

Hamilton, James and Cynthia Wu, "The Effectiveness of Alternative Monetary Policy Tools in a Zero Lower Bound Environment," *Journal of Money,*

Credit, and Banking, 44(1), 2012, pp.3~46.

Hansen, Niels-Jakob and Signe Krogstrup, "Recent Shifts in Capital Flow Patterns in Korea: An Investor Base Perspective," IMF Working Papers, 2019(262), 2019.

Hoerova, Maria, Caterina Mendicino, Kalin Nikolov, Glenn Schepens, and Skander Van den Heuvel, "Benefits and Costs of Liquidity Regulation," ECB Working Paper Series, No. 2169, 2018.

Huh, Yesol and Sebastian Infante, "Bond Market Intermediation and the Role of Repo," *Journal of Banking & Finance,* Volume 122, 2021.

IMF, "Republic of Korea: 2019 Article IV Consultation－Press Release; Staff Report; and Statement by the Executive Director for the Republic of Korea," International Monetary Fund Asia and Pacific Dept, Volume 2019, Issue 132, 2019.

Infante, Sebastian, Charles Press, and Zack Saravay, "Understanding Collateral Re-use in the U.S. Financial System," *AEA Papers and Proceeding,* 110, 2020, pp.482~486.

Joyce, Michael, Ana Lasaosa, Ibrahim Stevens, and Matthew Tong, "The Financial Market Impact of Quantitative Easing in the United Kingdom," *International Journal of Central Banking*, 7(3), 2011, pp.113~161.

Kim, Don H. and Jonathan H. Wright, "An Arbitrage-Free Three-Factor Term Structure Model and the Recent Behavior of Long-Term Yields and Distant-Horizon Forward Rates," Finance and Economics Discussion Series, FEDS Working Paper, No. 2005-37, 2005.

Krishnamurthy, Arvind and Annette Vissing-Jorgensen, "The Effects of Quantitative Easing on Interest Rates," *Brookings Papers on Economic Activity*, 2011, pp.3~43.

Li, Canlin and Min Wei, "Term Structure Modelling with Supply Factors and the Federal Reserve's Large Scale Asset Purchase Programs," Finance and Economics Discussion Series, FEDS Working paper, No. 2012-37, 2012.

Lustig, Hanno, Nikolai Roussanov, and Adrien Verdelhan, "Common Risk Factros in Currency Markets," *The Review of Financial Studies*, 24(11), 2011.

Middeldorp, Menno, "Very Much Anticipated: ECB QE Had a Big Impact on Asset P rices, Even before It Was Officially Announced," Bank Underground-BOE, 14 August 2015.(https://bankunderground.co.uk/2015/08/14/very-much-anticipated-e

cb-qe-had-a-big-impact-on-asset-prices-even-before-it-was-officially-announced/)

Middeldorp, Menno and Oliver Wood, "Too Eagerly Anticipated: The Impact of the Extension of ECB QE on Asset Prices," Bank Underground-BOE, 4 March 2016.(https://bankunderground.co.uk/2016/03/04/too-eagerly-anticipated-the-impact-of-the-extension-of-ecb-qe-on-asset-prices/)

Miranda-Agrippino, Silvia, and Hélène Rey, "U.S. Monetary Policy and the Global Financial Cycle," *The Review of Economic Studies*, 87(6), 2020, pp.2754~2776.

Neely, Christopher, "The Large-Scale Asset Purchases Had Large International Effects," Federal Reserve Bank of St. Louis Working Paper, No. 2010-018D, 2012.

Nelson, Charles R. and Andrew F. Siegel, "Parsimonios Modeling of Yield Curves," *The Journal of Business*, 60(4), 1987, pp.473~489.

Rosa, Carlo, "How "Unconventional" Are Large-Scale Asset Purchases? The Impact of Monetary Policy on Asset Prices," Federal Reserve Bank of New York Staff Report, No. 560, 2012.

Wu, Tao, "Unconventional Monetary Policy and Long-Term Interest Rates," IMF Working Papers, 2014/189, 2014.

Schmitz, Stefan W., "The Impact of the Basel III Liquidity Standards on the Implementation of monetary Policy," Oesterreichische Nationalbank, 2011.

Swanson, Eric, "Let's Twist Again: A High-Frequency Event-Study Analysis of Operation Twist and Its Implications for QE2," *Brookings Papers on Economic Activity,* 2011.

______, "Measuring the Effects of Unconventional Monetary Policy on Asset Prices," NBER Working Paper, No. 21816, 2015.

Yun, Youngjin, "Post-Crisis Changes in the Pattern of Capital Flows — The Case of Korea," *Economics Bulletin*, 40(1), 2020.

<웹사이트 및 자료>

기획재정부, '국채시장'(https://ktb.moef.go.kr/, 접속일: 2022. 11. 3).

금융감독원, '금융통계정보시스템'(https://fisis.fss.or.kr/fss/fsiview/indexw.html, 접속일: 2022. 6. 23).

기획재정부, '국채시장'(https://ktb.moef.go.kr/, 접속일: 2022. 11. 15).

시카고선물거래소, 'CBOE'(https://www.cboe.com/, 접속일: 2022. 10. 24).

통계청, '지표누리 e-나라지표'(https://www.index.go.kr/enara, 접속일: 2022. 11. 3).

한국은행, '금융경제동향－금융시장 주요지표,' 2021. 11. 3; 2021. 11. 8; 2021. 12. 28.(http://www.bok.or.kr/, 접속일: 2022. 11. 15).

한국은행, 'ECOS 경제통계시스템'(https://ecos.bok.or.kr/#/, 접속일: 2022. 6. 28; 2022. 10. 17).

Asia Bond Online(https://asianbondsonline.adb.org/, 접속일: 2022. 10. 28).

Datastream(Bloomberg Terminal, 접속일: 2022. 10. 10).

FRED(https://fred.stlouisfed.org/, 접속일: 2022. 10. 27).

부 록

A1. 국채 발행량 증가가 수익률 곡선에 미치는 영향(제2장)

가. MCMC 단계별 추정과정 설명

<부표 1-1> θ의 사전예측분포 및 하이퍼파라미터

파라미터	사전예측분포와 하이퍼파라미터
μ	일반정규분포($\overline{\mu} = (0_{1\times 3}$, 매크로 변수의 비조건부평균$_{1\times M})'$, $\overline{V} = 0.01 \times I_{(3+M)})$
$vec(G)$	일반정규분포$(vec(\overline{g}),\ \overline{V_g}),\ \overline{g} = 0.95 \times I_{(3+M)},\ \overline{V_g} = 0.25 \times I_{(3+M)}$
Ω	역위샤트$(k_0 = 1, R_0 = (0.15 \times I_{(3+M)})^{-1} \times k_0$
$5000 \times \sigma^2_{\tau,i}$	역감마$(\frac{v_0}{2}, \frac{\delta_0}{2}),\ v_0 = 20,\ \delta_0 = 20, i = 1, 2, \cdots, N$

자료: 구병수(2020).

나. MCMC 단계별 추정과정 설명

1) 1단계: μ와 G 샘플링

우선 f, m, Ω, σ가 주어졌을 때, 전환식을 다시 써보면 Seemingly Unrelated Regression 형태로 변형할 수 있다.

$$f = Z \bullet \gamma + v \tag{1}$$

단, $Z = I \otimes (I,\ f,\ m)$이고, γ는 $(m,\ \gamma_{ff},\ \gamma_{fm})$를 벡터화한 $k(1+k+m)$ 차원의 벡터이다.

SUR로 표현된 식 (1)에서 Ω, σ가 주어졌을 때, γ를 샘플링하면, m, G가 샘플링된다. γ의 완전조건부 분포는 Normal-Normal 업데이트에 의해 아래와 같은 정규분포를 통해서 도출된다.

$$\gamma \mid Z,\ \Omega,\ \sigma\ \sim\ N(D_{1,}\ \ C,\ \ D_1)$$

$D_1 = D_0^{-1} + \sum_{t=2}^{T}(Z_{t-1}'\Omega^{-1}Z_{t-1})^{-1}$이며, $C = D_0^{-1} \times \gamma_0 + \sum_{t=2}^{T} Z_{t-1}'\,\Omega^{-1} Z_t$이다.

γ_0는 γ의 사전 평균이며, D_0는 사전 분산-공분산 행렬이다.

2) 2단계: Omega 샘플링

Ω의 완전 조건부 분포는 다음과 같은 역위샤트 분포를 따르고, 이로부터 Ω를 샘플링한다.

$$\Omega \mid Z,\ \mu,\ G\ \sim\ W^{-1}(\nu_{1,}\ \ R_1)$$

단, $\nu_1 = \nu_0 + T,$

$$R_1 = R_0 + \sum_{t=2}^{T}(f_t - Z_{t-1}\gamma)(f_t - Z_{t-1}\gamma)' + R_0^{-1}$$

3) 3단계: Σ 샘플링

만기별 측정오차들 사이에 상관관계가 없고, 측정오차의 평균적인 충격의 크기가 동일하다고 가정했기 때문에, 하나의 Σ의 σ_τ를 샘플링하면 된다. σ_{τ^2}의 완전 조건부 분포는 다음과 같은 역감마 분포이다.

$$\sigma_{\tau^2} \mid f,\ m\ \sim\ \Gamma^{-1}\left(\frac{x_0 + T}{2},\quad \frac{x_0 + \sum_{t=1}^{T}(y_t\tau_i - \Lambda_{\tau_i} f_t)^2}{2}\right)$$

4) 4단계: 샘플링

f 샘플링의 첫 번째 단계는 칼만필터를 이용하여 상태변수의 필티드 분포의 조건분 기댓값과 조건부 분산을 도출하는 과정이다.

$A_t = \{y_i\ ,\ m_{i+1}\}$ from $i = o$ to t

는 t에 가용한 모든 정보이고, 칼만 필터는 다음과 같은 6개의 식으로 구성된다.

$$f_{t|t-1} = E(f_t \mid D_{t-1}, \theta) = \mu + G_{ff}f_{t-1} + G_{fm}m_t + G_{fx}x_t$$

$$P_{t|t-1} = Var(f_t \mid D_{t-1}, \theta) = G_{ff}P_{t-1|t-1} + G_{ff}' + \Omega$$

$$f_{t|t-1} = E(f_t \mid D_{t-1}, \theta) = \Lambda f_{t|t-1}$$

$$V_{t|t-1} = Var(f_t \mid D_{t-1}, \theta) = \Lambda P_{t|t-1}\Lambda' + \Sigma$$

$$f_{t|t} = E(f_t \mid D_t, \theta) = f_{t|t-1} + P_{t|t-1}\Lambda'(V_{t|t-1})^{-1}(y_t - y_{t|t-1})$$

$$P_{t|t} = Var(f_t \mid D_t, \theta) = P_{t|t-1} - P_{t|t-1}\Lambda'(V_{t|t-1})^{-1}\Lambda P_{t|t-1}$$

두 번째 단계는 칼만필터의 결과를 이용하여 E와 V를 계산한 후, $t = T, T-1, \ldots, 1$ 역순으로 f_t를 샘플링한다. 우선 f_T는 다음의 분포에서 샘플링한다.

$$f_T \mid D, \theta \sim N(f_{T|T}, P_{T|T})$$

$t = T, \ldots 2, 1$에 대해서는 f_{t+1}이 주어졌을 때 f_t를 아래의 정규분포에서 샘플링한다.

$$f_t \mid f_{t+1}, D, \theta \sim N(E(f_t \mid D_t, \theta, f_{t+1}), Var(f_t \mid D_t, \theta, f_{t+1}))$$

다. 국고채 총발행량 – 연물별 금리 회귀분석(일부 변수 제외)

<부표 1-2> 국고채 총발행량–국고채 연물별 금리 회귀분석 결과 2(응찰량 제외)

독립변수	종속변수: 연물별 발행금리(%)				
	3년	5년	10년	20년	30년
국고채 총발행량(조원)	0.011 (0.008)	0.013 (0.010)	0.015 (0.011)	0.008 (0.012)	0.011 (0.012)
전산업생산지수	0.002 (0.005)	0.000 (0.006)	0.001 (0.007)	-0.001 (0.008)	-0.004 (0.008)
연물별 발행금리t-1	0.640*** (0.119)	0.519*** (0.104)	0.568*** (0.103)	0.528*** (0.108)	0.603*** (0.098)
연물별 미국채금리(%)	0.131** (0.065)	0.266*** (0.075)	0.272*** (0.079)	0.234*** (0.088)	0.218** (0.088)
한국은행 기준금리(%)	-0.010 (0.120)	-0.182 (0.127)	-0.213* (0.126)	-0.251* (0.132)	-0.153 (0.127)
연물별 국고채 거래회전율(%)	-0.0003 (0.0002)	-0.001 (0.001)	-0.003 (0.004)	-0.005 (0.015)	-0.0004 (0.0060)
분기 더미	O				
연도 더미	O				
상수항	0.481* (0.270)	0.939*** (0.294)	0.800** (0.364)	0.971** (0.423)	0.572 (0.403)
관측치 수	78	78	78	78	78
R-squared	0.948	0.929	0.913	0.894	0.908

주: 1) 분석기간: 2015년 1월~2021년 6월.
2) 국고채 거래회전율 = 국고채 거래량/국고채 잔액.
3) 2년물, 50년물은 샘플 수가 적어서 회귀분석 대상에서 제외함.
4) <표 6-2>의 모델에서 연물별 응찰량을 제외한 모델임.
Standard errors in parentheses.
***p<0.01, **p<0.05, *p<0.1.

라. 국고채 총발행량 — 연물별 금리 회귀분석(발행금리$_{t-1}$ 제외)

<부표 1-3> 국고채 총발행량–국고채 연물별 금리 회귀분석 결과 3(발행금리$_{t-1}$ 제외)

독립변수	종속변수: 연물별 발행금리(%)				
	3년	5년	10년	20년	30년
국고채 총발행량(조원)	0.041*** (0.014)	0.035* (0.019)	0.064*** (0.020)	0.037* (0.019)	0.048** (0.023)
전산업생산지수	0.000 (0.006)	-0.001 (0.007)	0.001 (0.008)	-0.007 (0.009)	-0.008 (0.010)
연물별 국고채 응찰량	-0.075*** (0.025)	-0.038 (0.034)	-0.106*** (0.035)	-0.120* (0.069)	-0.067 (0.045)
연물별 미국채금리(%)	0.192*** (0.071)	0.381*** (0.083)	0.348*** (0.088)	0.352*** (0.097)	0.318*** (0.111)
한국은행 기준금리(%)	0.131 (0.131)	-0.046 (0.145)	-0.131 (0.143)	-0.248 (0.152)	0.000 (0.161)
연물별 국고채 거래회전율(%)	-0.001** (0.000)	-0.001 (0.001)	-0.007 (0.004)	-0.009 (0.018)	0.001 (0.007)
분기 더미	O				
연도 더미	O				
상수항	1.797*** (0.286)	1.764*** (0.360)	2.389*** (0.410)	2.192*** (0.449)	1.495*** (0.470)
관측치 수	78	78	78	78	78
R-squared	0.934	0.902	0.888	0.860	0.857

주: 1) 분석기간: 2015년 1월~2021년 6월.
2) 국고채 거고채 거래량/국고채 잔액.
3) 2년물, 50년물은 샘플 수가 적어서 회귀분석 대상에서 제외함.
4) <표 6-2>의 모델에서 연물별 발행금리의 Lag를 제외한 모델임.
Standard errors in parentheses.
***p<0.01, **p<0.05, *p<0.1.

마. 국고채 총발행량 – 연물별 금리 회귀분석(응찰량, 발행금리$_{t-1}$ 제외)

<부표 1-4> 국고채 총발행량–국고채 연물별 금리 회귀분석 결과 4

(응찰량, 발행금리t-1 제외)

독립변수	종속변수: 연물별 발행금리(%)				
	3년	5년	10년	20년	30년
국고채 총발행량(조원)	0.011 (0.010)	0.019 (0.012)	0.016 (0.013)	0.015 (0.014)	0.022 (0.015)
전산업생산지수	0.000 (0.006)	-0.004 (0.007)	-0.001 (0.008)	-0.008 (0.009)	-0.009 (0.010)
연물별 미국채금리(%)	0.237*** (0.074)	0.395*** (0.082)	0.437*** (0.089)	0.399*** (0.094)	0.365*** (0.107)
한국은행 기준금리(%)	0.179 (0.138)	-0.044 (0.146)	-0.147 (0.152)	-0.259* (0.154)	-0.049 (0.159)
연물별 국고채 거래회전율(%)	-0.0005** (0.0002)	-0.001 (0.001)	-0.006 (0.005)	-0.013 (0.018)	0.0004 (0.0075)
분기 더미	O				
연도 더미	O				
상수항	1.342*** (0.260)	1.560*** (0.313)	1.788*** (0.384)	1.953*** (0.434)	1.469*** (0.474)
관측치 수	78	78	78	78	78
R-squared	0.924	0.900	0.870	0.853	0.852

주: 1) 분석기간: 2015년 1월~2021년 6월.
2) 국고채 거래회전율 = 국고채 거래량/국고채 잔액.
3) 2년물, 50년물은 샘플 수가 적어서 회귀분석 대상에서 제외함.
4) <표 6-2>의 모델에서 연물별 발행금리의 Lag와 응찰량을 제외한 모델임.
Standard errors in parentheses.
*** p<0.01, ** p<0.05, * p<0.1.

A2. 금융건전성 규제가 국고채 수익률에 미치는 영향(제3장)

가. MCMC 단계별 추정과정 설명

<부표 2-1> θ의 사전예측분포 및 하이퍼파라미터

파라미터	사전예측분포와 하이퍼파라미터
μ	일반정규분포($\overline{\mu} = (0_{1\times 3}$, 매크로 변수의 비조건부평균$_{1\times M})'$, $\overline{V} = 0.01 \times I_{(3+M)}$)
$vec(G)$	일반정규분포($vec(\overline{g})$, $\overline{V_g}$), $\overline{g} = 0.95 \times I_{(3+M)}$, $\overline{V_g} = 0.25 \times I_{(3+M)}$
Ω	역위샤트($k_0 = 1, R_0 = (0.15 \times I_{(3+M)})^{-1} \times k_0$)
$5000 \times \sigma^2_{\tau,i}$	역감마($\frac{v_0}{2}, \frac{\delta_0}{2}$), $v_0 = 20$, $\delta_0 = 20$, $i = 1, 2, \cdots, N$

자료: 구병수(2020).

1) 1단계: μ와 G 샘플링

우선 f, m, Ω, σ가 주어졌을 때, 전환식을 다시 써보면 Seemingly Unrelated Regression 형태로 변형할 수 있다.

$$f = Z \bullet \gamma + v \tag{1}$$

단, $Z = I \otimes (I,\ f,\ m)$이고, γ는 $(m,\ \gamma_{ff},\ \gamma_{fm})$를 벡터화한 $k(1+k+m)$ 차원의 벡터이다.

SUR로 표현된 식 (1)에서 Ω, σ가 주어졌을 때, γ를 샘플링하면, m, G가 샘플링된다. γ의 완전조건부 분포는 Normal-Normal 업데이트에 의해 아래와 같은 정규분포를 통해서 도출된다.

$$\gamma \mid Z,\ \Omega,\ \sigma \sim N(D_1,\ C,\ D_1)$$

$D_1 = D_0^{-1} + \sum_{t=2}^{T}(Z_{t-1}'\Omega^{-1}Z_{t-1})^{-1}$이며, $C = D_0^{-1} \times \gamma_0 + \sum_{t=2}^{T} Z_{t-1}'\Omega^{-1}Z_t$ 이다.

γ_0는 γ의 사전 평균이며, D_0는 사전 분산-공분산 행렬이다.

2) 2단계: Omega 샘플링

Ω의 완전 조건부 분포는 다음과 같은 역위샤트 분포를 따르고, 이로부터 Ω를 샘플링한다.

$$\Omega \mid Z,\ \mu,\ G \sim W^{-1}(\nu_{1,}\ R_1)$$

단, $\nu_1 = \nu_0 + T$,

$$R_1 = R_0 + \sum_{t=2}^{T}(f_t - Z_{t-1}\gamma)(f_t - Z_{t-1}\gamma)' + R_0^{-1}$$

3) 3단계: Σ 샘플링

만기별 측정오차들 사이에 상관관계가 없고, 측정오차의 평균적인 충격의 크기가 동일하다고 가정했기 때문에, 하나의 Σ의 σ_τ를 샘플링하면 된다. σ_{τ^2}의 완전 조건부 분포는 다음과 같은 역감마 분포이다.

$$\sigma_{\tau^2} \mid f,\ m \sim \Gamma^{-1}\left(\frac{x_0 + T}{2},\quad \frac{x_0 + \sum_{t=1}^{T}(y_t\tau_i - \Lambda_{\tau_i} f_t)^2}{2}\right)$$

4) 4단계: 샘플링

f 샘플링의 첫 번째 단계는 칼만필터를 이용하여 상태변수의 필티드 분포의 조건분 기댓값과 조건부 분산을 도출하는 과정이다.

$A_t = \{y_i\ ,\ m_{i+1}\}$ from $i = o$ to t는

t에 가용한 모든 정보이고, 칼만 필터는 다음과 같은 6개의 식으로 구성된다.

$$f_{t\mid t-1} = E(f_t \mid D_{t-1}, \theta) = \mu + G_{ff}f_{t-1} + G_{fm}m_t + G_{fx}x_t$$

$$P_{t\mid t-1} = Var(f_t \mid D_{t-1}, \theta) = G_{ff}P_{t-1\mid t-1} + G_{ff}' + \Omega$$

$$f_{t\mid t-1} = E(f_t \mid D_{t-1}, \theta) = \Lambda f_{t\mid t-1}$$

$$V_{t\mid t-1} = Var(f_t \mid D_{t-1}, \theta) = \Lambda P_{t\mid t-1}\Lambda' + \Sigma$$

$$f_{t|t} = E(f_t \mid D_t, \theta) = f_{t|t-1} + P_{t|t-1}\Lambda'(V_{t|t-1})^{-1}(y_t - y_{t|t-1})$$

$$P_{t|t} = Var(f_t \mid D_t, \theta) = P_{t|t-1} - P_{t|t-1}\Lambda'(V_{t|t-1})^{-1}\Lambda P_{t|t-1}$$

두 번째 단계는 칼만필터의 결과를 이용하여 E와 V를 계산한 후, $t = T, T-1, \ldots, 1$ 역순으로 f_t를 샘플링한다. 우선 f_T는 다음의 분포에서 샘플링한다.

$$f_T \mid D, \theta \sim N(f_{T|T}, P_{T|T})$$

$t = T, \ldots 2, 1$에 대해서는 f_{t+1}이 주어졌을 때 f_t를 아래의 정규분포에서 샘플링한다.

$$f_t \mid f_{t+1}, D, \theta \sim N(E(f_t \mid D_t, \theta, f_{t+1}), Var(f_t \mid D_t, \theta, f_{t+1}))$$

나. LCR 규제 발표 및 시행에 따른 일반은행 국채보유액 및 자산 대비국채보유비율 추이

[부도 2-1] 2013~15년 일반은행 분기별 국채보유액 및 자산 대비 국채보유비율 추이

(단위: 조원, %)

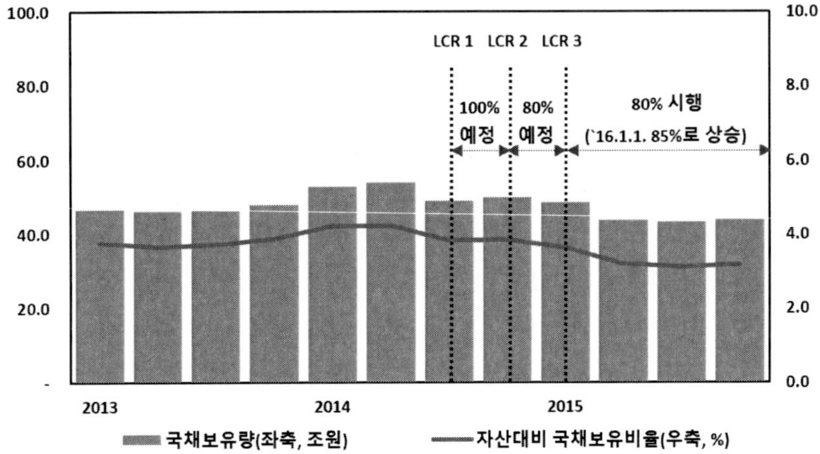

자료: 금융감독원 금융통계정보시스템.

[부도 2-2] 2014~21년 일반은행' 분기별 국채보유액 및 자산 대비 국채보유비율 추이

(단위: 조원, %)

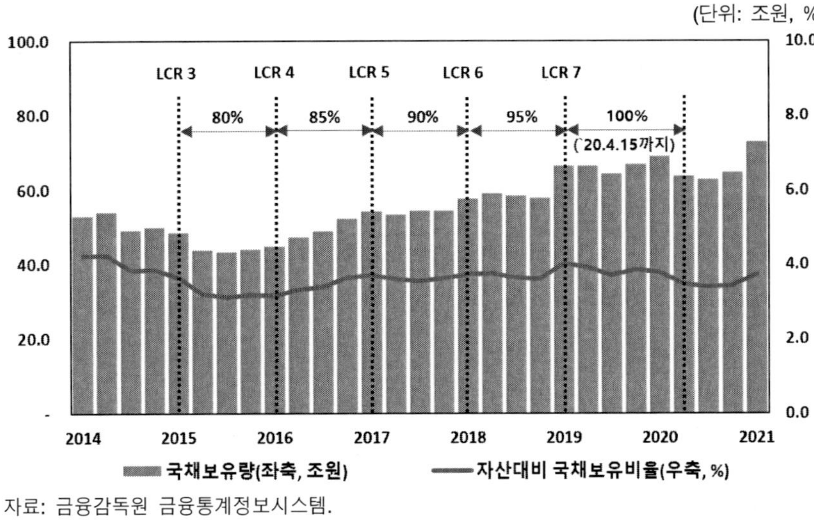

자료: 금융감독원 금융통계정보시스템.

[부도 2-3] 2019~22년 일반은행 분기별 국채보유액 및 자산 대비 국채보유비율 추이

(단위: 조원, %)

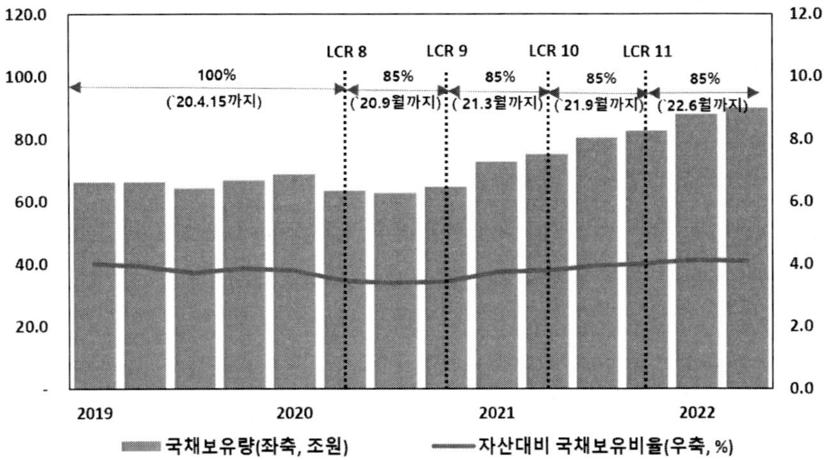

자료: 금융감독원 금융통계정보시스템.

다. LCR 비율 단계별 상승의 영향 분석(5%씩 증가)

<부표 2-2> LCR 시행 발표(2014. 8. 27) 전후 금리 변화 MF-DNS 파라미터 추정 결과

	수준	기울기	곡률						
μ (1 × 3)	-0.0324 (0.3065)	-0.0005 (0.0105)	0.0004 (0.0100)						
G_{ff} (3 × 3)	0.8866 (0.0433)	-0.0768 (0.0462)	0.0317 (0.0134)						
	-0.0092 (0.0091)	0.9090 (0.0095)	0.0100 (0.0089)						
	-0.0072 (0.0094)	0.0065 (0.0099)	0.8033 (0.0097)						
Ω (3 × 3)	0.0012 (0.0002)	-0.0009 (0.0002)	-0.0013 (0.0004)						
	-0.0009 (0.0002)	0.0014 (0.0003)	0.0006 (0.0004)						
	-0.0013 (0.0004)	0.0006 (0.0004)	0.0063 (0.0015)						
σ (1 × 1)	0.0025 (0.0001)								
	시행 발표	CPI	전산업 생산지수	한국 기준금리	미국 기준금리	미국채 10년	CP 91일	콜 1일	코스피
G_{fm} (3 × 13)	-0.0189 (0.0123)	-0.0001 (0.0034)	0.0017 (0.0008)	0.0501 (0.1840)	-0.0134 (0.3186)	0.0334 (0.0249)	0.0118 (0.0887)	-0.0117 (0.1796)	2.1.E-05 (2.4.E-05)
	0.0013 (0.0069)	0.0006 (0.0012)	0.0000 (0.0007)	-0.0011 (0.0095)	0.0001 (0.0102)	-0.0101 (0.0091)	-0.0006 (0.0094)	-0.0011 (0.0095)	-2.4.E-05 (3.1.E-05)
	-0.0031 (0.0087)	0.0016 (0.0026)	-0.0033 (0.0016)	-0.0022 (0.0096)	0.0006 (0.0102)	-0.0100 (0.0095)	-0.0009 (0.0100)	-0.0019 (0.0101)	-0.0001 (0.0001)

주: 괄호 안의 숫자는 표준편차임.

<부표 2-3> 발행량 통제 시 LCR 시행 발표(2014. 8. 27) 전후 금리 변화 MF-DNS 파라미터 추정 결과

	수준	기울기	곡률							
μ (1 × 3)	-0.0457 (0.3114)	-0.0004 (0.0099)	-0.0005 (0.0100)							
G_{ff} (3 × 3)	0.8696 (0.0504)	-0.0991 (0.0556)	0.0284 (0.0147)							
	-0.0099 (0.0088)	0.9065 (0.0093)	0.0036 (0.0091)							
	-0.0084 (0.0099)	0.0065 (0.0101)	0.8024 (0.0098)							
Ω (3 × 3)	0.0011 (0.0002)	-0.0008 (0.0002)	-0.0010 (0.0004)							
	-0.0008 (0.0002)	0.0013 (0.0003)	0.0004 (0.0004)							
	-0.0010 (0.0004)	0.0004 (0.0004)	0.0057 (0.0013)							
σ (1 × 1)	0.0025 (0.0001)									
	시행 발표	CPI	전산업 생산지수	한국 기준금리	미국 기준금리	미국채 10년	CP 91일	콜 1일	코스피	발행량
G_{fm} (3 × 13)	-0.0228 (0.0126)	0.0009 (0.0035)	0.0013 (0.0009)	0.0364 (0.1755)	0.0117 (0.3192)	0.0350 (0.0253)	0.0131 (0.0905)	0.0111 (0.1711)	1.5.E-05 (2.4.E-05)	-0.0040 (0.0044)
	0.0049 (0.0071)	-0.0018 (0.0014)	0.0012 (0.0008)	-0.0045 (0.0093)	0.0006 (0.0098)	-0.0118 (0.0093)	-0.0032 (0.0095)	-0.0041 (0.0095)	-1.1.E-05 (3.2.E-05)	0.0112 (0.0038)
	-0.0008 (0.0088)	-0.0005 (0.0028)	-0.0021 (0.0018)	-0.0031 (0.0099)	-0.0004 (0.0102)	-0.0114 (0.0100)	-0.0029 (0.0099)	-0.0030 (0.0101)	-0.0001 (0.0001)	0.0109 (0.0066)

주: 괄호 안의 숫자는 표준편차임.

<부표 2-4> LCR 시행 발표(2014. 8. 27) 전후 금리 변화 MF-DNS 분석 결과

연물	평균	표준편차	5%	50%	95%
2년	-0.0192	0.0117	-0.0386	-0.0192	-0.0006
3년	-0.0193	0.0117	-0.0385	-0.0193	-0.0009
5년	-0.0193	0.0118	-0.0389	-0.0191	-0.0003
10년	-0.0191	0.0120	-0.0390	-0.0188	0.0009
20년	-0.0190	0.0121	-0.0391	-0.0189	0.0013
30년	-0.0190	0.0122	-0.0391	-0.0189	0.0014

주: 1) 데이터 분석기간은 2014년 5월 28일~2015년 1월 30일임.
2) LCR1 기준은 2014년 8월 27일임.

<부표 2-5> 발행량 통제 시 LCR 시행 발표(2014. 8. 27) 전후 금리 변화 MF-DNS 분석 결과

연물	평균	표준편차	5%	50%	95%
2년	-0.0207	0.0120	-0.0404	-0.0204	-0.0009
3년	-0.0213	0.0120	-0.0410	-0.0209	-0.0011
5년	-0.0219	0.0121	-0.0420	-0.0213	-0.0012
10년	-0.0223	0.0123	-0.0425	-0.0218	-0.0015
20년	-0.0226	0.0124	-0.0428	-0.0221	-0.0012
30년	-0.0226	0.0125	-0.0429	-0.0221	-0.0011

주: 1) 데이터 분석기간은 2014년 5월 28일~2015년 1월 30일임.
2) LCR1 기준은 2014년 8월 27일임.

라. LCR 비율 단계별 상승의 영향 분석(5%씩 증가) 파라미터 추정치

<부표 2-6> 단계별 LCR 비율 상승 전후 금리 변화 MF-DNS 파라미터 추정 결과

	수준	기울기	곡률									
μ (1 × 3)	0.0725 (0.1615)	4.3.E-05 (0.0100)	-0.0014 (0.0099)									
G_{ff} (3 × 3)	0.9506 (0.0149)	-0.0257 (0.0130)	0.0121 (0.0037)									
	-0.0270 (0.0077)	0.9485 (0.0071)	-0.0022 (0.0040)									
	-0.0156 (0.0083)	0.0013 (0.0084)	0.9172 (0.0074)									
Ω (3 × 3)	0.0007 (0.0001)	-0.0006 (0.0001)	-0.0006 (0.0001)									
	-0.0006 (0.0001)	0.0010 (0.0001)	-0.0002 (0.0002)									
	-0.0006 (0.0001)	-0.0002 (0.0002)	0.0046 (0.0005)									
σ (1 × 1)	0.0016 (2.1.E-05)											
	LCR 85%	**LCR 90%**	**LCR 95%**	LCR 100%	**CPI**	전산업 생산지수	한국 기준금리	미국 기준금리	미국채 10년	**CP 91일**	콜 1일	코스피
G_{fm} (3 × 13)	-0.0084 (0.0042)	-0.0070 (0.0059)	-0.0217 (0.0084)	-0.0155 (0.0102)	-0.0001 (0.0017)	-0.0004 (0.0002)	0.0316 (0.0172)	-0.0090 (0.0050)	0.0259 (0.0055)	-0.0121 (0.0084)	0.0024 (0.0098)	5.7.E-06 (7.3.E-06)
	0.0034 (0.0045)	-0.0101 (0.0046)	-0.0076 (0.0058)	-0.0068 (0.0075)	0.0005 (0.0004)	0.0002 (0.0003)	0.0099 (0.0086)	0.0122 (0.0042)	-0.0123 (0.0058)	0.0057 (0.0089)	0.0117 (0.0086)	-3.4.E-05 (9.6.E-06)
	0.0143 (0.0070)	-0.0020 (0.0062)	0.0151 (0.0074)	-0.0036 (0.0088)	-0.0037 (0.0008)	0.0008 (0.0006)	-0.0064 (0.0095)	0.0283 (0.0062)	0.0052 (0.0079)	-0.0038 (0.0097)	-0.0037 (0.0090)	0.0001 (2.0.E-05)

주: 괄호 안의 숫자는 표준편차임.

<부표 2-7> 발행량 통제 시 단계별 LCR 비율 상승 전후 금리 변화 MF-DNS 파라미터 추정 결과

	수준	기울기	곡률										
μ (1 × 3)	0.0076 (0.1687)	0.0006 (0.0095)	-0.0001 (0.0098)										
G_{ff} (3 × 3)	0.9454 (0.0158)	-0.0265 (0.0138)	0.0177 (0.0042)										
	-0.0267 (0.0073)	0.9485 (0.0070)	-0.0026 (0.0043)										
	-0.0067 (0.0082)	-0.0047 (0.0084)	0.8949 (0.0077)										
Ω (3 × 3)	0.0007 (0.0001)	-0.0006 (0.0001)	-0.0006 (0.0001)										
	-0.0006 (0.0001)	0.0010 (0.0001)	-0.0002 (0.0002)										
	-0.0006 (0.0001)	-0.0002 (0.0002)	0.0045 (0.0005)										
σ (1 × 1)	0.0016 (2.15E-05)												
	LCR 85%	LCR 90%	LCR 95%	LCR 100%	CPI	전산업 생산지수	한국 기준금리	미국 기준금리	미국채 10년	CP 91일	콜 1일	코스피	발행량
G_{fm} (3 × 13)	-0.0100 (0.0042)	-0.0096 (0.0068)	-0.0295 (0.0108)	-0.0269 (0.0133)	0.0001 (0.0017)	-3.6.E-05 (0.0003)	0.0332 (0.0170)	-0.0075 (0.0050)	0.0288 (0.0056)	-0.0109 (0.0089)	0.0019 (0.0096)	-3.0.E-07 (7.1.E-06)	0.0029 (0.0010)
	0.0037 (0.0045)	-0.0098 (0.0047)	-0.0070 (0.0062)	-0.0058 (0.0079)	0.0004 (0.0004)	0.0003 (0.0003)	0.0097 (0.0086)	0.0122 (0.0043)	-0.0119 (0.0060)	0.0058 (0.0087)	0.0111 (0.0085)	-3.5.E-05 (8.7.E-06)	0.0002 (0.0010)
	0.0149 (0.0072)	-0.0078 (0.0066)	0.0175 (0.0078)	0.0060 (0.0091)	-0.0011 (0.0009)	-0.0015 (0.0006)	-0.0024 (0.0095)	0.0258 (0.0060)	-0.0018 (0.0080)	-0.0029 (0.0096)	-0.0005 (0.0093)	0.0001 (1.9.E-05)	-0.0145 (0.0020)

주: 괄호 안의 숫자는 표준편차임.

<부표 2-8> 단계별 LCR 비율 상승 전후 금리 변화 MF-DNS 분석 결과

제도	연물	평균	표준편차	5%	50%	95%
LCR 85%	2년	-0.0025	0.0032	-0.0077	-0.0026	0.0026
	3년	-0.0032	0.0033	-0.0087	-0.0033	0.0022
	5년	-0.0046	0.0035	-0.0105	-0.0046	0.0009
	10년	-0.0064	0.0038	-0.0127	-0.0063	-0.0002
	20년	-0.0074	0.0040	-0.0141	-0.0072	-0.0009
	30년	-0.0077	0.0041	-0.0146	-0.0075	-0.0010
LCR 90%	2년	-0.0123	0.0051	-0.0206	-0.0125	-0.0035
	3년	-0.0110	0.0052	-0.0195	-0.0112	-0.0021
	5년	-0.0096	0.0054	-0.0185	-0.0097	-0.0006
	10년	-0.0083	0.0056	-0.0176	-0.0083	0.0011
	20년	-0.0076	0.0057	-0.0174	-0.0075	0.0019
	30년	-0.0074	0.0058	-0.0173	-0.0073	0.0022
LCR 95%	2년	-0.0207	0.0075	-0.0333	-0.0207	-0.0082
	3년	-0.0201	0.0076	-0.0330	-0.0201	-0.0074
	5년	-0.0202	0.0078	-0.0335	-0.0203	-0.0075
	10년	-0.0208	0.0080	-0.0344	-0.0210	-0.0080
	20년	-0.0212	0.0082	-0.0350	-0.0214	-0.0082
	30년	-0.0214	0.0083	-0.0353	-0.0216	-0.0082
LCR 100%	2년	-0.0197	0.0089	-0.0341	-0.0199	-0.0053
	3년	-0.0189	0.0091	-0.0338	-0.0191	-0.0042
	5년	-0.0177	0.0094	-0.0333	-0.0178	-0.0027
	10년	-0.0167	0.0097	-0.0328	-0.0167	-0.0013
	20년	-0.0161	0.0100	-0.0328	-0.0161	-0.0006
	30년	-0.0159	0.0101	-0.0327	-0.0160	-0.0003

주: 1) 데이터 분석기간은 2015년 10월 31일~2019년 1월 31일임.
2) LCR4는 2016년 1월 1일, LCR5는 2017년 1월 1일, LCR6는 2018년 1월 1일, LCR7은 2019년 1월 1일이 제도 시작일임.

<부표 2-9> 발행량 통제 시 단계별 LCR 비율 상승 전후 금리 변화 MF-DNS 분석 결과

제도	연물	평균	표준편차	5%	50%	95%
LCR 85%	2년	-0.0038	0.0033	-0.0093	-0.0037	0.0016
	3년	-0.0045	0.0034	-0.0102	-0.0045	0.0011
	5년	-0.0060	0.0036	-0.0120	-0.0059	-0.0002
	10년	-0.0079	0.0038	-0.0143	-0.0079	-0.0017
	20년	-0.0089	0.0040	-0.0156	-0.0089	-0.0023
	30년	-0.0093	0.0041	-0.0160	-0.0092	-0.0025
LCR 90%	2년	-0.0165	0.0060	-0.0264	-0.0163	-0.0068
	3년	-0.0152	0.0061	-0.0254	-0.0150	-0.0053
	5년	-0.0134	0.0063	-0.0237	-0.0132	-0.0035
	10년	-0.0116	0.0065	-0.0222	-0.0113	-0.0009
	20년	-0.0106	0.0066	-0.0216	-0.0104	0.0003
	30년	-0.0103	0.0067	-0.0213	-0.0101	0.0010
LCR 95%	2년	-0.0275	0.0101	-0.0439	-0.0272	-0.0110
	3년	-0.0270	0.0102	-0.0439	-0.0269	-0.0104
	5년	-0.0274	0.0103	-0.0448	-0.0271	-0.0103
	10년	-0.0283	0.0105	-0.0462	-0.0283	-0.0113
	20년	-0.0289	0.0107	-0.0469	-0.0288	-0.0118
	30년	-0.0291	0.0107	-0.0473	-0.0291	-0.0121
LCR 100%	2년	-0.0278	0.0123	-0.0486	-0.0278	-0.0071
	3년	-0.0273	0.0125	-0.0478	-0.0273	-0.0067
	5년	-0.0270	0.0127	-0.0475	-0.0269	-0.0062
	10년	-0.0269	0.0129	-0.0473	-0.0267	-0.0055
	20년	-0.0269	0.0131	-0.0473	-0.0268	-0.0054
	30년	-0.0269	0.0132	-0.0475	-0.0268	-0.0052

주: 1) 데이터 분석기간은 2015년 10월 31일~2019년 1월 31일임.
2) LCR4는 2016년 1월 1일, LCR5는 2017년 1월 1일, LCR6는 2018년 1월 1일, LCR7은 2019년 1월 1일이 제도 시작일임.

마. 강건성 검증 1(RP 매수 이중차분 회귀분석)

<부표 2-10> 규제 시행 이후 180영업일간 업권별 RP 매수 이중차분 회귀분석 결과 2

독립변수	종속변수: 업권별 RP 매수금액(조원)		
	모형 1	모형 2	모형 3
규제시점 더미*실험군	2.106*** (0.146)	2.106*** (0.119)	2.106*** (0.115)
규제시점 더미	-0.312*** (0.103)	-0.841*** (0.091)	-1.009*** (0.092)
실험군 (증권사 더미)	3.783*** (0.137)	3.783*** (0.112)	3.783*** (0.108)
GDP	0.0001*** (0.00002)	0.0001*** (0.00002)	
전산업생산지수	-0.019 (0.037)	0.034 (0.038)	
소비자물가지수	-0.053 (0.099)	-0.222** (0.104)	
CDS프리미엄	-0.002 (0.001)		
국고채 3년물 금리	-0.606*** (0.129)		
상수항	1.239*** (0.097)	-37.720*** (4.417)	-11.300* (6.327)
관측치 수	564	564	564
R-squared	0.965	0.977	0.978

주: 1) 분석기간은 2012년 1월부터 2013년 4월 2일까지로 규제 시행 이후 180영업일간을 분석기간으로 산정함.
2) <표 3-7> 분석 데이터에서 월별 CPI와 전산업생산지수를 내삽을 통해 일별화한 뒤 추정하였음.
Standard errors in parentheses.
***p<0.01, **p<0.05, *<0.1.

<부표 2-11> 규제 시행 이후 360영업일간 업권별 RP 매수 이중차분 회귀분석 결과 2

독립변수	종속변수: 업권별 RP 매수금액(조원)		
	모형 1	모형 2	모형 3
규제시점 더미*실험군	2.392*** (0.206)	2.392*** (0.195)	2.392*** (0.179)
규제시점 더미	-0.316** (0.146)	-0.706*** (0.144)	-1.262*** (0.142)
실험군 (증권사 더미)	3.783*** (0.199)	3.783*** (0.188)	3.783*** (0.173)
GDP	-0.000003 (0.00001)	0.00004*** (0.00001)	
전산업생산지수	0.159*** (0.056)	0.142*** (0.052)	
소비자물가지수	0.273*** (0.106)	-0.666*** (0.121)	
CDS프리미엄	-0.012*** (0.002)		
국고채 3년물 금리	-0.855*** (0.136)		
상수항	1.239*** (0.141)	-37.786*** (6.902)	38.254*** (8.688)
관측치 수	924	924	924
R-squared	0.936	0.943	0.952

주: 1) 분석기간은 2012년 1월부터 2013년 12월 23일까지로 규제 시행 이후 360영업일간을 분석기간으로 산정함.
2) <표 3-8>의 분석 데이터에서 월별 CPI와 전산업생산지수를 내삽을 통해 일별화한 뒤 추정하였음.
Standard errors in parentheses.
***p<0.01, **p<0.05, *p<0.1.

<부표 2-12> 규제 시행 이후 540영업일간 업권별 RP 매수 이중차분 회귀분석 결과 2

독립변수	종속변수: 업권별 RP 매수금액(조원)		
	모형 1	모형 2	모형 3
규제시점 더미*실험군	3.465*** (0.481)	3.465*** (0.343)	3.465*** (0.339)
규제시점 더미	0.042 (0.34)	-2.018*** (0.251)	-2.493*** (0.266)
실험군 (증권사 더미)	3.783*** (0.469)	3.783*** (0.335)	3.783*** (0.33)
GDP	-0.00002 (0.00002)	0.0000007 (0.00002)	
전산업생산지수	0.091 (0.077)	0.147* (0.076)	
소비자물가지수	1.517*** (0.17)	1.250*** (0.19)	
CDS프리미엄	0.009*** (0.003)		
국고채 3년물 금리	-1.402*** (0.234)		
상수항	1.239*** (0.332)	-139.629*** (9.886)	-123.757*** (11.973)
관측치 수	1,284	1,284	1,284
R-squared	0.785	0.891	0.894

주: 1) 분석기간은 2012년 1월부터 2014년 9월 18일까지로 규제 시행 이후 540영업일간을 분석기간으로 산정함.

2) <표 3-9>의 분석 데이터에서 월별 CPI와 전산업생산지수를 내삽을 통해 일별화한 뒤 추정하였음.

Standard errors in parentheses.

***p<0.01, **p<0.05, *p<0.1.

<부표 2-13> 규제 시행 이후 720영업일간 업권별 RP 매수 이중차분 회귀분석 결과 2

독립변수	종속변수: 업권별 RP 매수금액(조원)		
	모형 1	모형 2	모형 3
규제시점 더미*실험군	4.997*** (0.805)	4.997*** (0.526)	4.997*** (0.483)
규제시점 더미	0.517 (0.569)	-3.502*** (0.383)	-4.134*** (0.363)
실험군 (증권사 더미)	3.783*** (0.789)	3.783*** (0.516)	3.783*** (0.473)
GDP	0.0003*** (0.00002)	0.0001*** (0.00002)	
전산업생산지수	-0.470*** (0.102)	0.005 (0.097)	
소비자물가지수	-0.325 (0.23)	0.318 (0.233)	
CDS프리미엄	0.019*** (0.004)		
국고채 3년물 금리	-3.328*** (0.19)		
상수항	1.239** (0.558)	-38.419*** (13.583)	-66.112*** (14.891)
관측치수	1,644	1,644	1,644
R-squared	0.656	0.854	0.877

주: 1) 분석기간은 2012년 1월부터 2015년 6월 11일까지로 규제 시행 이후 720영업일간을 분석기간으로 산정함.
2) <표 3-10>의 분석 데이터에서 월별 CPI와 전산업생산지수를 내삽을 통해 일별화한 뒤 추정하였음.
Standard errors in parentheses.
***p<0.01, **p<0.05, *p<0.1.

바. 강건성 검증 2(콜차입 한도규제 금리 변화 MF-DNS)

<부표 2-14> 증권사 자기자본 대비 25% 콜차입 한도규제 금리 변화 MF-DNS 파라미터 추정 결과 2

	수준	기울기	곡률							
μ (1 × 3)	-0.3648 (0.2771)	-0.0009 (0.0099)	-0.0004 (0.0099)							
G_{ff} (3 × 3)	0.7947 (0.0337)	-0.0479 (0.0331)	-0.0047 (0.0091)							
	-0.0083 (0.0084)	0.9125 (0.0088)	0.0093 (0.0070)							
	-0.0099 (0.0092)	0.0043 (0.0092)	0.8208 (0.0095)							
Ω (3 × 3)	0.0011 (0.0001)	-0.0005 (0.0001)	-0.0012 (0.0004)							
	-0.0005 (0.0001)	0.0009 (0.0002)	-0.0005 (0.0004)							
	-0.0012 (0.0004)	-0.0005 (0.0004)	0.0091 (0.0014)							
σ (1 × 1)	0.0026 0.0001)									
	규제 발표	규제 시행	CPI	전산업 생산지수	한국 기준금리	미국 기준금리	미국채 10년	CP 91일	콜 1일	코스피
G_{fm} (3 × 13)	-0.0120 (0.0110)	-0.0856 (0.0176)	0.0035 (0.0031)	0.0023 (0.0006)	0.0770 (0.0521)	-0.0325 (0.3136)	0.0733 (0.0153)	0.0546 (0.0465)	-2.6.E-03 (0.0098)	2.2.E-05 (2.E-0.5)
	0.0126 (0.0064)	0.0045 (0.0079)	0.0018 (0.0010)	-0.0006 (0.0006)	0.0038 (0.0099)	0.0001 (0.0103)	-0.0282 (0.0070)	-0.0002 (0.0096)	0.0016 (0.0094)	-4.2.E-05 (2.E-0.5)
	0.0072 (0.0086)	0.0093 (0.0095)	0.0037 (0.0021)	-0.0071 (0.0017)	0.0023 (0.0104)	-0.0002 (0.0101)	-0.0012 (0.0092)	-0.0001 (0.0104)	0.0023 (0.0100)	7.8.E-05 (5.E-0.5)

주: 1) 괄호 안의 숫자는 표준편차임.
2) <표 3-11>의 DNS 분석 데이터에서 월별 CPI와 전산업생산지수를 내삽을 통해 일별화한 뒤 추정하였음.

<부표 2-15> 발행량 통제 시 증권사 자기자본 대비 25% 콜차입 한도규제 금리 변화 MF-DNS 파라미터 추정 결과 2

	수준	기울기	곡률								
μ (1 × 3)	-0.3614 (0.2857)	-0.0009 (0.0101)	-0.0002 (0.0095)								
G_{ff} (3 × 3)	0.7901 (0.0327)	-0.0486 (0.0328)	-0.0052 (0.0092)								
	-0.0088 (0.0082)	0.9121 (0.0084)	0.0096 (0.0070)								
	-0.0100 (0.0094)	0.0042 (0.0097)	0.8199 (0.0096)								
Ω (3 × 3)	0.0011 (0.0001)	-0.0005 (0.0001)	-0.0011 (0.0003)								
	-0.0005 (0.0001)	0.0009 (0.0001)	-0.0006 (0.0003)								
	-0.0011 (0.0003)	-0.0006 (0.0003)	0.0090 (0.0013)								
σ (1 × 1)	0.0026 (0.0001)										
	규제 발표	규제 시행	CPI	전산업 생산지수	한국 기준금리	미국 기준금리	미국채 10년	CP 91일	콜 1일	코스피	발행량
G_{fm} (3 × 13)	-0.0116 (0.0111)	-0.0877 (0.0177)	0.0034 (0.0032)	0.0021 (0.0007)	0.0755 (0.0516)	-0.0475 (0.3054)	0.0745 (0.0154)	0.0601 (0.0458)	-0.0019 (0.0100)	2.E-05 (2.E-05)	0.0046 (0.0044)
	0.0115 (0.0065)	0.0044 (0.0079)	0.0019 (0.0010)	-0.0005 (0.0006)	0.0029 (0.0094)	-0.0007 (0.0104)	-0.0289 (0.0071)	3.E-05 (0.0098)	0.0013 (0.0097)	-4.E-05 (2.E-05)	-0.0029 (0.0043)
	0.0056 (0.0093)	0.0096 (0.0096)	0.0041 (0.0022)	-0.0068 (0.0018)	0.0022 (0.0100)	0.0004 (0.0100)	-0.0024 (0.0087)	-0.0010 (0.0102)	0.0014 (0.0097)	0.0001 (5.E-05)	-0.0106 (0.0081)

주: 1) 괄호 안의 숫자는 표준편차임.
2) <표 3-12>의 DNS 분석 데이터에서 월별 CPI와 전산업생산지수를 내삽을 통해 일별화한 뒤 추정하였음.

<부표 2-16> 증권사 자기자본 대비 25% 콜차입 한도규제 금리 변화 MF-DNS 분석 결과 2

제도	연물	평균	표준편차	5%	50%	95%
25% 콜차입 한도규제 발표	2년	-0.0040	0.0104	-0.0208	-0.0037	0.0128
	3년	-0.0056	0.0105	-0.0224	-0.0053	0.0114
	5년	-0.0077	0.0106	-0.0245	-0.0074	0.0098
	10년	-0.0098	0.0107	-0.0277	-0.0096	0.0077
	20년	-0.0109	0.0108	-0.0289	-0.0109	0.0068
25% 콜차입 한도규제 시행	2년	-0.0808	0.0170	-0.1081	-0.0809	-0.0528
	3년	-0.0815	0.0170	-0.1090	-0.0817	-0.0530
	5년	-0.0827	0.0172	-0.1100	-0.0830	-0.0537
	10년	-0.0841	0.0173	-0.1123	-0.0845	-0.0549
	20년	-0.0849	0.0175	-0.1129	-0.0853	-0.0558

주: 1) 데이터 분석기간은 2011년 4월 27일~2012년 8월 10일임.
2) 25% 콜차입 한도규제 발표일은 2011년 5월 27일, 시행일은 2012년 7월 12일임.
3) <표 3-13>의 DNS 분석 데이터에서 월별 CPI와 전산업생산지수를 내삽을 통해 일별화한 뒤 추정하였음.

<부표 2-17> 발행량 통제 시 증권사 자기자본 대비 25% 콜차입 한도규제 금리 변화 MF-DNS 분석 결과 2

제도	연물	평균	표준편차	5%	50%	95%
25% 콜차입 한도규제 발표	2년	-0.0045	0.0106	-0.0216	-0.0043	0.0129
	3년	-0.0060	0.0106	-0.0230	-0.0058	0.0116
	5년	-0.0078	0.0107	-0.0251	-0.0077	0.0102
	10년	-0.0096	0.0108	-0.0275	-0.0097	0.0087
	20년	-0.0106	0.0109	-0.0291	-0.0106	0.0074
25% 콜차입 한도규제 시행	2년	-0.0828	0.0168	-0.1100	-0.0829	-0.0559
	3년	-0.0835	0.0170	-0.1115	-0.0834	-0.0563
	5년	-0.0848	0.0171	-0.1130	-0.0846	-0.0572
	10년	-0.0862	0.0173	-0.1146	-0.0859	-0.0589
	20년	-0.0870	0.0175	-0.1156	-0.0867	-0.0598

주: 1) 데이터 분석기간은 2011년 4월 27일~2012년 8월 10일임.
2) 25% 콜차입 한도규제 발표일은 2011년 5월 27일, 시행일은 2012년 7월 12일임.
3) <표 3-14>의 DNS 분석 데이터에서 월별 CPI와 전산업생산지수를 내삽을 통해 일별화한 뒤 추정하였음.

<부표 2-18> 증권사 콜시장 참여 원칙적 배제 발표/시행 전후 금리 변화 MF-DNS 파라미터 추정 결과 2

	수준	기울기	곡률							
μ (1 × 3)	0.0169 (0.2430)	-0.0029 (0.0309)	-0.0010 (0.0328)							
G_{ff} (3 × 3)	0.9401 (0.0248)	-0.0122 (0.0245)	0.0197 (0.0090)							
	-0.0080 (0.0195)	0.9274 (0.0195)	-0.0105 (0.0095)							
	0.0111 (0.0218)	0.0112 (0.0216)	0.9119 (0.0141)							
Ω (3 × 3)	0.0012 (0.0001)	-0.0011 (0.0001)	-0.0004 (0.0002)							
	-0.0011 (0.0001)	0.0015 (0.0001)	-5.0.E-05 (0.0002)							
	-0.0004 (0.0002)	-5.E-05 (0.0002)	0.0031 (0.0005)							
σ (1 × 1)	0.0020 (3.5E-05)									
	규제 발표	규제 시행	CPI	전산업 생산지수	한국 기준금리	미국 기준금리	미국채 10년	CP 91일	콜 1일	코스피
G_{fm} (3 × 13)	-0.0106 (0.0055)	-0.0197 (0.0103)	-0.0005 (0.0025)	0.0003 (0.0004)	-0.0211 (0.0366)	0.0054 (0.3150)	0.0650 (0.0134)	0.0555 (0.0330)	6.6.E-03 (0.0279)	-2.2.E-05 (1.3.E-05)
	0.0146 (0.0053)	0.0156 (0.0105)	0.0003 (0.0007)	-0.0001 (0.0005)	0.0169 (0.0241)	0.0018 (0.0315)	-0.0706 (0.0141)	-0.0173 (0.0255)	0.0266 (0.0253)	1.6.E-05 (1.5.E-05)
	-0.0125 (0.0075)	-0.0191 (0.0159)	-0.0014 (0.0011)	-0.0006 (0.0007)	-0.0165 (0.0256)	0.0007 (0.0315)	-0.0615 (0.0196)	0.0189 (0.0274)	-0.0166 (0.0263)	1.0.E-04 (3.1.E-05)

주: 1) 괄호 안의 숫자는 표준편차임.
2) <표 3-15>의 DNS 분석 데이터에서 월별 CPI와 전산업생산지수를 내삽을 통해 일별화한 뒤 추정하였음.

<부표 2-19> 발행량 통제 시 증권사 콜시장 참여 원칙적 배제 발표/시행 전후 금리 변화 MF-DNS 파라미터 추정 결과 2

	수준	기울기	곡률								
μ (1 × 3)	0.0926 (0.2595)	-0.0015 (0.0308	0.0021 (0.0315)								
	0.9392 (0.0247)	-0.0115 (0.0252	0.0206 (0.0092)								
G_{ff} (3 × 3)	-0.0127 (0.0197)	0.9205 (0.0209	-0.0131 (0.0097)								
	0.0052 (0.0214)	0.0030 (0.0218	0.9104 (0.0132)								
	0.0012 (0.0001)	-0.0011 (0.0001)	-0.0003 (0.0002)								
Ω (3 × 3)	-0.0011 (0.0001)	0.0015 (0.0002)	-0.0002 (0.0002)								
	-0.0003 (0.0002)	-0.0002 (0.0002)	0.0028 (0.0005)								
σ (1 × 1)	0.0020 (3.4.E-05										
	규제 발표	규제 시행	CPI	전산업 생산지수	한국 기준금리	미국 기준금리	미국채 10년	CP 91일	콜 1일	코스피	발행량
	-0.0077 (0.0055	-0.0102 (0.0110)	-0.0006 (0.0028)	-0.0001 (0.0005)	-0.0210 (0.0378)	0.0016 (0.3124)	0.0713 (0.0141)	0.0529 (0.0324)	0.0077 (0.0272)	-2.2.E-05 (1.3.E-05)	-0.0041 (0.0023)
G_{fm} (3 × 13)	0.0115 (0.0052	0.0037 (0.0117)	-0.0005 (0.0008)	0.0004 (0.0005)	0.0188 (0.0262)	-0.0005 (0.0309)	-0.0790 (0.0152)	-0.0153 (0.0236)	0.0287 (0.0250)	1.4.E-05 (1.6.E-05)	0.0053 (0.0024)
	-0.0166 (0.0074	-0.0361 (0.0167)	-0.0030 (0.0012)	0.0004 (0.0007)	-0.0123 (0.0262)	0.0040 (0.0316)	-0.0735 (0.0193)	0.0218 (0.0267)	-0.0128 (0.0270)	1.0.E-04 (3.2.E-05)	0.0100 (0.0035)

주: 1) 괄호 안의 숫자는 표준편차임.
2) <표 3-16>의 DNS 분석 데이터에서 월별 CPI와 전산업생산지수를 내삽을 통해 일별화한 뒤 추정하였음.

<부표 2-20> 증권사 콜시장 참여 원칙적 배제 발표/시행 전후 금리 변화 MF-DNS 분석 결과 2

제도	연물	평균	표준편차	5%	50%	95%
증권사 콜차입 원칙적 배제 발표 (2013. 11. 22)	2년	-0.0076	0.0042	-0.0148	-0.0075	-0.0004
	3년	-0.0090	0.0044	-0.0166	-0.0090	-0.0017
	5년	-0.0100	0.0047	-0.0179	-0.0101	-0.0024
	10년	-0.0104	0.0050	-0.0189	-0.0104	-0.0022
	20년	-0.0105	0.0053	-0.0194	-0.0105	-0.0020
증권사 콜차입 원칙적 배제 시행 (2015. 2. 24)	2년	-0.0182	0.0073	-0.0298	-0.0182	-0.0066
	3년	-0.0196	0.0078	-0.0320	-0.0200	-0.0070
	5년	-0.0203	0.0084	-0.0338	-0.0205	-0.0067
	10년	-0.0201	0.0092	-0.0346	-0.0202	-0.0053
	20년	-0.0199	0.0097	-0.0351	-0.0200	-0.0044

주: 1) 데이터 분석기간은 2012년 12월 28일~2015년 3월 24일임.
2) 증권사 콜시장 참여 원칙적 배제 발표일은 2013년 11월 22일, 시행일은 2015년 2월 24일임.
3) <표 3-17>의 DNS 분석 데이터에서 월별 CPI와 전산업생산지수를 내삽을 통해 일별화한 뒤 추정하였음.

<부표 2-21> 발행량 통제 시 증권사 콜시장 참여 원칙적 배제 발표/시행 전후 금리 변화 MF-DNS 분석 결과 2

제도	연물	평균	표준편차	5%	50%	95%
증권사 콜차입 원칙적 배제 발표 (2013. 11. 22)	2년	-0.0073	0.0040	-0.0140	-0.0072	-0.0007
	3년	-0.0083	0.0043	-0.0154	-0.0083	-0.0012
	5년	-0.0086	0.0046	-0.0163	-0.0086	-0.0011
	10년	-0.0083	0.0049	-0.0164	-0.0081	-0.0001
	20년	-0.0080	0.0052	-0.0166	-0.0079	0.0008
증권사 콜차입 원칙적 배제 시행 (2015. 2. 24)	2년	-0.0193	0.0073	-0.0316	-0.0191	-0.0074
	3년	-0.0190	0.0079	-0.0320	-0.0189	-0.0060
	5년	-0.0170	0.0087	-0.0313	-0.0167	-0.0030
	10년	-0.0138	0.0097	-0.0297	-0.0139	0.0018
	20년	-0.0120	0.0103	-0.0290	-0.0122	0.0047

주: 1) 데이터 분석기간은 2012년 12월 28일~2015년 3월 24일임.
2) 증권사 콜시장 참여 원칙적 배제 발표일은 2013년 11월 22일, 시행일은 2015년 2월 24일임.
3) <표 3-18>의 DNS 분석 데이터에서 월별 CPI와 전산업생산지수를 내삽을 통해 일별화한 뒤 추정하였음.

사. 강건성 검증 3(LCR 규제 도입 발표/시행)

<부표 2-22> LCR 규제 도입 발표/시행 전후 금리 변화 MF-DNS 파라미터 추정 결과 2

	수준	기울기	곡률								
μ (1 × 3)	-0.0337 (0.3251)	-0.0004 (0.0103)	0.0001 (0.0100)								
G_{ff} (3 × 3)	0.8774 (0.0451)	-0.0869 (0.0512)	0.0339 (0.0132)								
	-0.0076 (0.0090)	0.9062 (0.0099)	0.0060 (0.0086)								
	-0.0071 (0.0092)	0.0060 (0.0096)	0.8018 (0.0100)								
Ω (3 × 3)	0.0011 (0.0002)	-0.0008 (0.0002)	-0.0010 (0.0004								
	-0.0008 (0.0002)	0.0014 (0.0003)	0.0004 (0.0004								
	-0.0010 (0.0004)	0.0004 (0.0004)	0.0056 (0.0014								
σ (1 × 1)	0.0025 0.0001										
	규제 발표	규제수준 수정발표	규제 시행	CPI	전산업 생산지수	한국 기준금리	미국 기준금리	미국채 10년	CP 91일	콜 1일	코스피
G_{fm} (3 × 13)	-0.0160 (0.0104)	-0.0299 (0.0171)	-0.0185 (0.0163)	-0.0002 (0.0036)	0.0019 (0.0009)	0.0530 (0.0364)	-0.0055 (0.3230)	0.0451 (0.0315)	-0.0003 (0.0099)	-3.6.E-05 (0.0104)	1.1.E-05 (2.3.E-05)
	-0.0060 (0.0062)	0.0005 (0.0093)	0.0145 (0.0082)	-0.0004 (0.0012)	0.0006 (0.0008)	-0.0021 (0.0093)	-0.0003 (0.0102)	-0.0073 (0.0092)	-0.0018 (0.0096)	-0.0013 (0.0094)	-1.2.E-05 (3.1.E-05)
	-0.0118 (0.0085)	0.0001 (0.0094)	0.0116 (0.0093)	0.0015 (0.0024)	-0.0033 (0.0016)	-0.0028 (0.0096)	0.0003 (0.0100)	-0.0094 (0.0097)	-0.0014 (0.0097)	-0.0027 (0.0097)	-5.0.E-05 (0.0001)

주: 1) 괄호 안의 숫자는 표준편차임.
2) <표 3-19>의 DNS 분석 데이터에서 월별 CPI와 전산업생산지수를 내삽을 통해 일별화한 뒤 추정하였음.

<부표 2-23> 발행량 통제 시 LCR 규제 도입 발표/시행 전후 금리 변화 MF-DNS 파라미터 추정 결과 2

<table>
<tr><th></th><th>수준</th><th>기울기</th><th>곡률</th><th></th><th></th><th></th><th></th><th></th><th></th><th></th><th></th><th></th></tr>
<tr><td>μ
(1 × 3)</td><td>-0.0308
(0.3055)</td><td>0.0004
(0.0105)</td><td>0.0001
(0.0101)</td><td></td><td></td><td></td><td></td><td></td><td></td><td></td><td></td><td></td></tr>
<tr><td rowspan="3">G_{ff}
(3 × 3)</td><td>0.8705
(0.0473)</td><td>-0.0961
(0.0538)</td><td>0.0345
(0.0153)</td><td></td><td></td><td></td><td></td><td></td><td></td><td></td><td></td><td></td></tr>
<tr><td>-0.0104
(0.0089)</td><td>0.9053
(0.0096)</td><td>0.0021
(0.0090)</td><td></td><td></td><td></td><td></td><td></td><td></td><td></td><td></td><td></td></tr>
<tr><td>-0.0079
(0.0098)</td><td>0.0059
(0.0101)</td><td>0.8010
(0.0100)</td><td></td><td></td><td></td><td></td><td></td><td></td><td></td><td></td><td></td></tr>
<tr><td rowspan="3">Ω
(3 × 3)</td><td>0.0010
(0.0002)</td><td>-0.0007
(0.0002)</td><td>-0.0008
(0.0003)</td><td></td><td></td><td></td><td></td><td></td><td></td><td></td><td></td><td></td></tr>
<tr><td>-0.0007
(0.0002)</td><td>0.0013
(0.0002)</td><td>0.0002
(0.0004)</td><td></td><td></td><td></td><td></td><td></td><td></td><td></td><td></td><td></td></tr>
<tr><td>-0.0008
(0.0003)</td><td>0.0002
(0.0004)</td><td>0.0053
(0.0014)</td><td></td><td></td><td></td><td></td><td></td><td></td><td></td><td></td><td></td></tr>
<tr><td>σ
(1 × 1)</td><td>0.0025
(0.0001)</td><td></td><td></td><td></td><td></td><td></td><td></td><td></td><td></td><td></td><td></td><td></td></tr>
<tr><th></th><th>규제
발표</th><th>규제수준
수정발표</th><th>규제
시행</th><th>CPI</th><th>전산업
생산지수</th><th>한국
기준금리</th><th>미국
기준금리</th><th>미국채
10년</th><th>CP
91일</th><th>콜 1일</th><th>코스피</th><th>발행량</th></tr>
<tr><td rowspan="3">G_{fm}
(3 × 13)</td><td>-0.0187
(0.0107)</td><td>-0.0305
(0.0178)</td><td>-0.0190
(0.0204)</td><td>0.0008
(0.0035)</td><td>0.0015
(0.0009)</td><td>0.0603
(0.0384)</td><td>-0.0122
(0.3229)</td><td>0.0459
(0.0319)</td><td>0.0000
(0.0097)</td><td>0.0001
(0.0095)</td><td>5.2.E-06
(2.3.E-05)</td><td>-0.0046
(0.0051)</td></tr>
<tr><td>-0.0028
(0.0063)</td><td>0.0022
(0.0086)</td><td>0.0117
(0.0086)</td><td>-0.0021
(0.0014)</td><td>0.0015
(0.0009)</td><td>-0.0041
(0.0093)</td><td>-0.0003
(0.0102)</td><td>-0.0096
(0.0094)</td><td>-0.0044
(0.0095)</td><td>-0.0045
(0.0092)</td><td>-3.1.E-06
(3.0.E-05)</td><td>0.0094
(0.0041)</td></tr>
<tr><td>-0.0095
(0.0085)</td><td>-0.0001
(0.0101)</td><td>0.0106
(0.0095)</td><td>0.0000
(0.0027)</td><td>-0.0025
(0.0017)</td><td>-0.0032
(0.0098)</td><td>0.0002
(0.0105)</td><td>-0.0109
(0.0099)</td><td>-0.0027
(0.0097)</td><td>-0.0034
(0.0092)</td><td>-4.6.E-05
(6.6.E-05)</td><td>0.0070
(0.0065)</td></tr>
</table>

주: 1) 괄호 안의 숫자는 표준편차임.
2) <표 3-20>의 DNS 분석 데이터에서 월별 CPI와 전산업생산지수를 내삽을 통해 일별화한 뒤 추정하였음.

<부표 2-24> LCR 규제 도입 발표/시행 전후 금리 변화 MF-DNS 분석 결과 2

제도	연물	평균	표준 편차	5%	50%	95%
LCR 규제 도입 발표 (2014. 8. 27)	2년	-0.0224	0.0100	-0.0392	-0.0221	-0.0059
	3년	-0.0214	0.0099	-0.0379	-0.0212	-0.0049
	5년	-0.0199	0.0100	-0.0365	-0.0196	-0.0036
	10년	-0.0180	0.0101	-0.0347	-0.0181	-0.0016
	20년	-0.0170	0.0102	-0.0338	-0.0171	-0.0002
	30년	-0.0167	0.0103	-0.0335	-0.0168	0.0003
은행업 감독규정 개정안 의결 (2014. 12. 24)	2년	-0.0296	0.0166	-0.0556	-0.0298	-0.0027
	3년	-0.0297	0.0166	-0.0557	-0.0297	-0.0028
	5년	-0.0297	0.0167	-0.0563	-0.0295	-0.0025
	10년	-0.0298	0.0168	-0.0572	-0.0294	-0.0019
	20년	-0.0298	0.0169	-0.0579	-0.0296	-0.0018
	30년	-0.0298	0.0170	-0.0577	-0.0297	-0.0018
LCR 규제 실시 (2015. 1. 1)	2년	-0.0082	0.0158	-0.0349	-0.0082	0.0177
	3년	-0.0102	0.0158	-0.0364	-0.0101	0.0156
	5년	-0.0128	0.0159	-0.0391	-0.0127	0.0129
	10년	-0.0155	0.0160	-0.0419	-0.0156	0.0106
	20년	-0.0170	0.0162	-0.0431	-0.0170	0.0091
	30년	-0.0175	0.0162	-0.0436	-0.0175	0.0085

주: 1) 데이터 분석기간은 2014년 5월 28일~2015년 1월 30일임.
2) <표 3-21>의 DNS 분석 데이터에서 월별 CPI와 전산업생산지수를 내삽을 통해 일별화한 뒤 추정하였음.

<부표 2-25> 발행량 통제 시 LCR 규제 도입 발표/시행 전후 금리 변화 MF-DNS 분석 결과 2

제도	연물	평균	표준편차	5%	50%	95%
LCR 규제 도입 발표 (2014. 8. 27)	2년	-0.0228	0.0101	-0.0395	-0.0226	-0.0062
	3년	-0.0223	0.0101	-0.0393	-0.0221	-0.0059
	5년	-0.0213	0.0102	-0.0383	-0.0210	-0.0049
	10년	-0.0201	0.0104	-0.0376	-0.0199	-0.0029
	20년	-0.0194	0.0105	-0.0373	-0.0192	-0.0021
	30년	-0.0192	0.0106	-0.0372	-0.0190	-0.0018
은행업 감독규정 개정안 의결 (2014. 12. 24)	2년	-0.0295	0.0172	-0.0575	-0.0293	-0.0003
	3년	-0.0298	0.0172	-0.0570	-0.0296	-0.0002
	5년	-0.0300	0.0173	-0.0571	-0.0301	-0.0004
	10년	-0.0303	0.0175	-0.0576	-0.0304	-0.0010
	20년	-0.0304	0.0176	-0.0582	-0.0306	-0.0008
	30년	-0.0304	0.0176	-0.0583	-0.0307	-0.0009
LCR 규제 실시 (2015. 1. 1)	2년	-0.0104	0.0200	-0.0443	-0.0097	0.0215
	3년	-0.0120	0.0200	-0.0458	-0.0111	0.0195
	5년	-0.0142	0.0201	-0.0479	-0.0130	0.0176
	10년	-0.0165	0.0202	-0.0508	-0.0155	0.0155
	20년	-0.0178	0.0203	-0.0519	-0.0167	0.0146
	30년	-0.0182	0.0203	-0.0524	-0.0172	0.0143

주: 1) 데이터 분석기간은 2014년 5월 28일~2015년 1월 30일임.
2) <표 3-22>의 DNS 분석 데이터에서 월별 CPI와 전산업생산지수를 내삽을 통해 일별화한 뒤 추정하였음.

A3. 우리 국채시장의 변화와 정책과제: 외국인 국채 수요와 안전자산 지위를 중심으로(제4장)

가. 강건성 검증

본문에서 우리는 대외불확실성이 자본유출입에 미치는 영향을 지시(indicator)함수를 통하여 2015년 이전과 이후를 구별하여 살펴보았다. 이러한 구분을 통하여 특히 대외불확실성이 2015년 이전과 이후 자본유출입에 미치는 탄력성의 계수가 통계적으로 유의미하게 변화하였는지를 검증할 수 있다. 본 부록에서는 이와 더불어 기간을 구분하여 독립적으로 회귀분석을 시도하는 경우의 결과를 추가적으로 살펴보도록 한다.

즉, 위기 이전과 이후 단순히 대외불확실성이 자본유출입에 미치는 반응의 계수뿐 아니라 다른 모든 통제변수들의 영향이 모두 상이하다고 가정하는 경우 이러한 표본을 분리하는 것이 더욱 자연스러운 분석의 결과를 제시할 것이다. 어떠한 실증분석모형을 선호하는지는 연구자의 판단에 따라 다를 것이다. 이러한 표본 분리의 결과를 통하여 우리 분석의 강건성을 확인해 보도록 한다.

<부표 3-1>에서 우리는 2015년 이전과 2015년 이후로 표본을 구분하는 경우 대외불확실성이 순자본유출입에 미치는 영향, 즉 계수가 반대 부호를 가진 것을 확인할 수 있다. 그러나 순자본유입의 경우 통계적 유의성을 확인할 수 없다.

<부표 3-2>와 <부표 3-3>은 대외불확실성이 외국인 포트폴리오 자본과 국채 자본에 미치는 영향을 보여준다. 외국인 포트폴리오 자본의 경우 대외불확실성이 증가함에 따라 자본유출로 이어지고 있다. 2014년 2분기 이전까지 대외불확실성이 1% 확대되는 경우 외국인 포트폴리오 자본은 0.072%p 유출되는 것을 확인할 수 있다. 2014년 3분기 이후에도 외국인 포트폴리오 자본은 유출되지만 그 규모는 현격하게 감소함을 알 수 있다. 2014년 이후 대외불확실성이 1% 확대되는 경우 외국인 포트폴리오 자본은 0.030%p 유출되며, 이는 2014년 이전의 절반 정도이다.

<부표 3-1> 대외불확실성(VIX)과 환율

	명목환율 상승	
	2014년 6월 이전	2014년 7월 이후
	(1)	(2)
dln(VIX)	-0.039 (0.684)	1.706** (0.029)
Carry	-0.111 (0.528)	0.172 (0.149)
Avg. Excess Return	0.068*** (0.001)	0.024*** (0.008)
관측치	143	86

주: 괄호 안은 4기간 자기상관을 고려한 Newey-West 표준오차를 나타냄.
자료: 시카고선물거래소(CBOE); 한국은행 경제통계시스템; Datastream; FRED.

<부표 3-2> 대외불확실성(VIX)과 자본유출입: 순자본, 기간 구분

	순자본유출	
	2014년 2분기 이전	2014년 3분기 이후
	(1)	(2)
dln(VIX)	0.022** (0.030)	-0.007 (0.496)
미국채금리 인상	-0.341 (0.682)	2.028 (0.410)
국채금리 인상	-0.080 (0.936)	-0.035 (0.989)
전기 실질GDP 성장률	-0.086* (0.066)	0.033 (0.669)
위기기간	-0.015 (0.190)	N/A
시간트렌드	-0.034*** (0.000)	-0.029 (0.127)
시간트렌드sq	0.000*** (0.000)	0.000 (0.138)
관측치	45	30

주: 괄호 안은 2기간 자기상관을 고려한 Newey-West 표준오차를 나타냄.
자료: 시카고선물거래소(CBOE); 한국은행 경제통계시스템; Datastream; FRED.

<부표 3-3> 대외불확실성(VIX)과 자본유출입: 포트폴리오, 기간 구분

	포트폴리오자본 유출	
	2014년 2분기 이전	2014년 3분기 이후
	(1)	(2)
dln(VIX)	0.072*** (0.000)	0.030** (0.029)
미국채금리 인상	1.633* (0.097)	-3.211* (0.064)
국채금리 인상	-1.767 (0.177)	5.284*** (0.010)
전기 실질GDP 성장률	-0.027 (0.740)	-0.060 (0.472)
위기기간	0.016 (0.364)	N/A
시간트렌드	-0.007 (0.517)	0.017 (0.294)
시간트렌드sq	0.000 (0.501)	-0.000 (0.250)
관측치	45	30

주: 괄호 안은 2기간 자기상관을 고려한 Newey-West 표준오차를 나타냄.
자료: 시카고선물거래소(CBOE); 한국은행 경제통계시스템; Datastream; FRED.

특히 국채의 경우 2014년 2분기 이후에는 통계적으로 유의미한 유출의 기조가 확인되지 않고 있음을 알 수 있다. <부표 3-4>에서 우리는 2014년 2분기 이전까지 대외불확실성이 1% 확대되는 경우 외국인 국채 자본은 0.078%p 유출되는 것을 확인할 수 있다. 그러나 2014년 3분기 이후 대외불확실성이 1% 확대되는 경우 외국인 포트폴리오 자본은 0.011%p 유출되나 통계적으로 유의미한 결과는 아니다. 이러한 결과는, 제4장에서 살펴본 바와 같이, 2020년 이후 대외불확실성이 확대되었을 때 외국인 국채 수요는 오히려 확대되며 유입기조를 보이기도 했다는 사실에 기인하였음을 짐작할 수 있을 것이다.

<부표 3-4> 대외불확실성(VIX)과 자본유출입: 국채자본, 기간 구분

	국채자본 유출	
	2014년 2분기 이전	2014년 3분기 이후
	(1)	(2)
dln(VIX)	0.078** (0.018)	0.011 (0.493)
미국채금리 인상	2.827* (0.084)	-2.093 (0.245)
국채금리 인상	-3.096* (0.057)	3.428 (0.179)
전기 실질GDP 성장률	-0.165* (0.065)	-0.044 (0.713)
위기기간	-0.021 (0.218)	N/A
시간트렌드	-0.007 (0.483)	0.012 (0.535)
시간트렌드sq	0.000 (0.503)	-0.000 (0.478)
관측치	45	30

주: 괄호 안은 2기간 자기상관을 고려한 Newey-West 표준오차를 나타냄.
자료: 시카고선물거래소(CBOE); 한국은행 경제통계시스템; Datastream; FRED.

The Impact of Increased Government Bond Issuance and Policy Directions

Edited by Meeroo Kim

This study analyzes the repercussions of the sharp increase in government bond issuance following the economic crisis induced by COVID-19. The surge in the issuance of government bonds in South Korea was substantial, driven by the need for financial resources to support expansive fiscal policies in response to the pandemic. As government bond issuance rises, so does the yield on government bonds. Given that the demand in the financial market comprises households, businesses, the government, and external sectors, the increased issuance not only affects government bond yields but also leads to a rise in interest rates faced by households and businesses.

Conversely, the study explores the impact of government bond buy-backs on yield changes, offering a direction opposite to that of increased issuance. Utilizing a dynamic Nelson-Siegel model with macro factors, including macroeconomic variables, the study estimates changes in the yield curve resulting from both increased issuance and buy-backs. Empirical analysis reveals that a 1 trillion KRW increase in government bond issuance leads to a 2.5 to 2.9 basis points rise in yields, particularly pronounced in the medium to long-term maturities. Conversely, a 1 trillion KRW increase in government bond buy-backs results in a 1.9 to 2.1 basis points decrease in yields, with a more significant impact on medium to long-term maturities with relatively less demand.

Moving on to domestic demand factors, the study examines the influence of macroprudential regulations on government bond yields. Specifically, it analyzes the impact of restrictions on securities firms' participation in the call market and banking sector liquidity regulations, such as the Liquidity Coverage Ratio (LCR). These regulations, introduced to maintain stability in financial systems post-global financial crisis, have direct and indirect effects on government bond demand, consequently influencing market interest rates and resource allocation.

The analysis indicates that restricting securities firms' call market participation to below 25% of equity leads to a substantial increase in securities firms' participation in the repo market. Consequently, the demand for government bonds by securities firms increases, resulting in a yield decrease of approximately 10.8 to 12.5 basis points. Similarly, the phased introduction of LCR regulations leads to increased demand for government bonds by banks, contributing to a yield decrease of around 6.1 to 7.3 basis points. These findings underscore the importance of considering the ripple effects on financial markets through government bond demand when adjusting the intensity of financial stability regulations.

Lastly, the study examines the impact of external uncertainties, represented by global volatility (VIX), on foreign capital flows and exchange rates. Traditionally, an increase in VIX corresponds to capital outflows and currency depreciation. However, recent observations indicate a decrease in the magnitude of these effects, suggesting a shift in the behavior of foreign investors in government bonds. The study concludes by highlighting the need to consider the potential effects on financial markets through government bond demand when adjusting or introducing financial stability regulations in the future.

KDI 신간안내

RECENT KDI PUBLICATION

인구고령화 시대의 조세구조에 대한 연구

김학수

정책연구시리즈 | 191쪽 | 정가 6,000원

인구고령화 시기에 안정적으로 재정을 조달하기 위해 우리 사회가 추구해야 할 조세구조의 기본 방향과 함께 증세에 대한 사회적 합의를 도출하는 데 필요한 정책적 노력을 살펴보고자 하였다. 분석 결과, 부가가치세와 개인소득세의 강화 방향이 지지되었으며, 이를 위해서는 지방교육재정 교부금과 같은 불합리한 재정제도의 개혁과 장기재정전망 결과의 객관적 산출 및 투명한 공개를 통한 재정 문해력 제고 노력이 필요한 것으로 나타났다.

지역불평등 양상과 지역발전 전략에 관한 연구

김현석 · 한성민

연구보고서 | 154쪽 | 정가 6,000원

지역 간 격차와 지역 내 격차의 현황 및 주요 요인에 대해 파악하고, 지역발전 전략을 위한 정책적 시사점을 도출하고자 하였다. 실증분석을 통해 우리나라의 지역 간 격차 및 지역 내 소득불평등에 대한 이해를 높이고, 향후 지역의 발전을 추구하는 정책관계자들이 종합적 관점에서 염두에 두어야 할 시사점을 도출하고자 하였다.

통근거리의 초저출산에 대한 영향과 정책적 함의

김재훈

정책연구시리즈 | 119쪽 | 정가 5,000원

전 세계적 저출산이 도시인구집중과 깊은 관련이 있고, 이를 고려하면 선진국에서 도입했던 일-가정양립 정책은 출산율 상승효과가 없거나 오히려 그 반대의 효과를 가져올 가능성이 있음을 지적하였다. 더 나아가 임계점을 넘은 도시인구집중이 주거비용을 상승시켜 청년층을 통근시간이 긴 외곽으로 이주하도록 함으로써 그들의 혼인과 출산을 저해한다는 것을 한국의 자료를 이용하여 이론적 · 실증적으로 보였다.

디지털 시대의 자본흐름과 과제: 중앙은행 디지털 화폐를 중심으로

정대희

정책연구시리즈 | 71쪽 | 정가 4,000원

G20 내에서 CBDC에 대한 논의가 활성화되고 CBDC가 금융혁신, 통화정책 및 국제 자본이동에 미칠 수 있는 영향이 커짐에 따라, 이러한 국제 논의를 토대로 CBDC 발행이 통화정책 유효성, 금융산업 구조, 금융안정성 및 국제자본흐름에 미치는 영향을 종합적으로 검토하고 한국의 대응 전략을 제시하고자 하였다.

문화콘텐츠산업의 성장에 관한 실증적 고찰과 정책 방향

이진국

연구보고서 | 202쪽 | 정가 7,000원

국내 문화콘텐츠산업의 성장 추이와 구조적 특징을 실증적으로 분석하고 문화콘텐츠산업이 타 산업과 맺는 연관성과 국가 경제에 미치는 파급효과를 다각도로 살펴보았다. 특히 문화콘텐츠산업의 성장은 개별 기업의 발전을 통해 이루어지므로 기업 성장을 촉진하는 주요 요인을 규명하고, 문화체육관광부를 중심으로 한 정부의 기업 지원 정책을 체계적으로 진단하였다.

주택 양도소득세의 경제적 효과

문윤상

정책연구시리즈 | 69쪽 | 정가 4,000원

주택 양도소득세의 경제적 효과를 양도소득세가 중과된 2017년의 정책 변화를 이용하여 분석한 결과, 주택의 매매거래가 위축되는 동결효과를 확인하였다. 지난 주택시장 호황기의 양도소득세 변화로 인해 주택거래량은 감소하고 주택가격은 상승하였다. 이처럼 주택시장의 안정성이 저하된 원인으로 저자는 양도소득세에 대한 정책신뢰도를 지목하였다.

주택 보유과세의 귀착과 시사점

문윤상

정책연구시리즈 | 65쪽 | 정가 4,000원

주택 양도소득세의 경제적 효과를 양도소득세가 중과된 2017년의 정책 변화를 이용하여 분석한 결과, 주택의 매매거래가 위축되는 동결효과를 확인하였다. 지난 주택시장 호황기의 양도소득세 변화로 인해 주택거래량은 감소하고 주택가격은 상승하였다. 이처럼 주택시장의 안정성이 저하된 원인으로 저자는 양도소득세에 대한 정책신뢰도를 지목하였다.

연구보고서 2022-11

국채발행 증가의 영향과 정책방향

인 쇄 2022년 12월 28일
발 행 2022년 12월 31일

저 자 김미루 편
발행인 조동철
발행처 한국개발연구원
등 록 1975년 5월 23일 제6-0004호
주 소 세종특별자치시 남세종로 263
전 화 (044) 550-4114
팩 스 (044) 550-4310

ISBN 979-11-5932-961-6

값 7,000원

* 잘못된 책은 바꿔드립니다.